Anneliese Ude-Pestel:
Ahmet
Geschichte einer Kindertherapie

Deutscher
Taschenbuch
Verlag

Von Anneliese Ude-Pestel
ist im Deutschen Taschenbuch Verlag erschienen:
Betty – Protokoll einer Kinderpsychotherapie (1367)

Ungekürzte Ausgabe:
1. Auflage Januar 1983
3. Auflage März 1985: 19. bis 24. Tausend
Deutscher Taschenbuch Verlag GmbH & Co. KG,
München

ISBN 3-492-02671-0
Umschlaggestaltung: Celestino Piatti
Gesamtherstellung: C. H. Beck'sche Buchdruckerei,
Nördlingen
Printed in Germany · ISBN 3-423-10070-2

Das Buch

Ahmet, jüngstes Kind einer fünfköpfigen türkischen Familie, kam mit sechseinhalb Jahren in die Bundesrepublik. Die neue und fremde Umgebung, in der die Familie von nun an lebte, und das Streben der Eltern nach materieller Sicherung, das der Entfaltung seiner kindlichen Bedürfnisse wenig Platz ließ, führten Ahmet in die seelische Isoliertheit. Auch außerhalb des Elternhauses konnte er seine Isolation nicht durchbrechen. Die deutsche Umwelt stand ihm als Gastarbeiterkind ablehnend, ja feindlich gegenüber und bei Mitschülern und Lehrern stieß er auf Verständnislosigkeit und Gespött. Dies alles führte zu Verhaltensstörungen wie Angstzuständen, Depressionen und Kontaktarmut, die mit einigen hartnäckigen, körperlichen Leiden verbunden waren: Einschlafstörungen, Bettnässen, Kopfschmerzen.
In diesem Buch schildert die Kindertherapeutin Anneliese Ude-Pestel in Form von Gesprächsprotokollen die Kranken- und Genesungsgeschichte dieses Jungen. Der Leser erlebt dabei, welche Verlassenheitsangst und Erniedrigung ein Gastarbeiterkind in seiner deutschen, ihm so häufig fremden Umgebung erleidet, welche Gefühle sich in ihm anstauen. Die Schilderung der Therapie wird so zu einem erregenden Dokument über die Leiden von Kindern und Jugendlichen in unserer Gesellschaft. »Ahmet ist kein Einzelfall. Es gibt bei uns Hunderttausende von Ahmets ... Ich wünsche mir, daß Ahmets Geschichte viele Menschen in unserem Lande aufrüttelt und dazu bewegt, diesen Kindern auf ihrem Weg in die Zukunft zu helfen.« (Anneliese Ude-Pestel)

Die Autorin

Anneliese Ude-Pestel ist analytische Psychotherapeutin für Kinder und Jugendliche. Sie hat während mehrerer Jahre in Los Angeles im Institut von Arthur Janov gearbeitet und sich mit dessen Therapie vertraut gemacht. 1975 erschien ihr Buch ›Betty – Protokoll einer Kinderpsychotherapie‹, das mittlerweile in neun Sprachen übersetzt und für das Fernsehen vom Südwestfunk verfilmt wurde. Sie ist verheiratet mit Eduard Pestel, Vorstandsmitglied des »Club of Rome«.

Inhalt

Für Eduard in Dankbarkeit

Vorwort

Die rote Lokomotive auf dem Umschlag des Buches hat Ahmet gemalt. »Die steht still«, sagte er zu Beginn seiner Behandlung dazu, ». . . vielleicht explodiert sie mal.«

Dieses Buch ist die Geschichte von Ahmets Therapie, einer Spiel-Therapie, die er bei mir zwei Jahre lang mit nur kurzen Unterbrechungen durchlebt, ja, man kann sagen, durchlitten hat. Eigentlich war es einem Zufall zu verdanken, daß er zu mir »fand«. Der Arzt seiner Mutter, Dr. Simmel, schickte ihn mit der Bemerkung: »Der Junge macht einen zerknitterten Eindruck, vielleicht können Sie ihn ein bissel gerade bügeln.«

Ahmet litt unter einem lästigen körperlichen Symptom, worauf besonders seine engere Umwelt mit Ablehnung reagierte. Dr. Simmel sollte helfen, aber die ärztliche Untersuchung ergab, daß Ahmets Symptom psychisch bedingt war.

Eine Psychotherapie erstreckt sich über einen langen Zeitraum, und dabei geht es nur in sehr kleinen Schritten voran, ja häufig ist es auch ein »Nur-auf-der-Stelle-Treten«. Der Therapeut tut also gut daran, den Verlauf jeder Therapiestunde für sich so genau wie möglich in einem Protokoll festzuhalten. Diese Protokolle haben es mir ermöglicht, im nachhinein die wesentlichen Phasen von Ahmets Behandlung, vorwiegend in Dialogform, darzustellen. Dabei habe ich versucht, die Sprache des Jungen so authentisch wie möglich wiederzugeben. Die Namen aller im Text erwähnten Personen sind selbstverständlich geändert worden.

Was hat mich nun veranlaßt, dieses Buch zu schreiben? Mein wesentliches Anliegen ist, für die tieferen Ursachen der Ängste und Nöte, der Verhaltensstörungen vieler unserer Kinder und Jugendlichen Verständnis zu wecken, und damit vielleicht einen Beitrag zur Minderung kindlichen Leidens zu leisten. Um Eltern, Erziehern, Lehrern und anderen mit Kindern Beschäftigten nützliche Informationen an die Hand zu geben, habe ich deshalb in die Therapiebeschreibung auch Reflexionen zur Spieltherapie, zu Aufgaben und Problemen der Psychotherapie im allgemeinen sowie zum Hintergrund psychischer Leiden, speziell der Neurose, eingefügt. Dabei bediene ich mich einer allgemeinverständlichen Ausdrucksweise, ohne in Begriffsdiskussionen einzutreten.

Im Grunde genommen könnte sich das, worüber hier berichtet wird, in ganz ähnlicher Weise so zugetragen haben, hätte es sich anstelle eines türkischen um einen deutschen Jungen gleichen Alters gehandelt. Natürlich hat die Tatsache, daß Ahmet ein aus einem anderen Kulturkreis stammendes Gastarbeiterkind war, eine Erschwerung der Behandlung bewirkt: Da war einmal die Unmöglichkeit, seine Eltern wirkungsvoll mit in die Behandlung einzubeziehen, und dazu kam Ahmets fast unlösbare Schulproblematik.

Hier komme ich nun zu einem Aspekt, der für mich auch ein wesentlicher Anlaß war, dieses Buch zu schreiben. Er betrifft mein Anliegen, den Leser hautnah miterleben zu lassen, welche Entbehrungen, ja Erniedrigungen ein Gastarbeiterkind in seiner deutschen, ihm so ganz fremden, ja häufig feindlichen Umwelt erfährt und erleidet, welche Gefühle sich deshalb in ihm anstauen, die sich eines Tages auch explosiv entladen können.

Ahmet ist kein Einzelfall. Es gibt bei uns Hunderttausende von Ahmets. Ihre Eltern kamen sicherlich mit der Absicht, nur einige Jahre hier zu arbeiten, Geld zu sparen und dann in ihre Heimat zurückzukehren. Sie waren in der Regel zufrieden damit, vielleicht sogar froh, ihrer materiellen Not für einige Jahre entkommen zu sein und dann später bessere Bedingungen für einen neuen Anfang in ihrem Heimatland zu haben.

Doch ihre Kinder, denen die heimatlichen Wurzeln fehlen, besitzen nicht mehr den Vergleichsmaßstab ihrer Eltern, sondern messen ihre materiellen, beruflichen und sozialen Möglichkeiten an denen ihrer deutschen Altersgenossen, »die alles haben«, während sie sich unterprivilegiert fühlen. Sie wissen auch nicht mehr – oder noch nicht –, wohin sie gehören, wie Ahmet es einmal in seiner tiefen Verlassenheit ausgesprochen hat.

Ich wünsche mir, daß Ahmets Geschichte viele Menschen in unserem Lande aufrüttelt und dazu bewegt, diesen Kindern auf ihrem Wege in die Zukunft zu helfen.

Hannover, im Dezember 1980 — Anneliese Ude-Pestel

»Wenn Sie mir helfen und alles besser wird, will meine Mutter alles hingeben, was sie hat«

Es war an einem eiskalten Dienstagnachmittag, als Ahmet zum ersten Mal mit seiner Mutter zu mir kam. Einen Hund hätte man bei dieser schneidenden Kälte nicht hinter dem Ofen hervorlocken können.

»Ich heiße Ahmet Savas, . . . und das ist meine Mutter, . . . und wenn Sie mir helfen und alles besser wird, will meine Mutter alles hingeben, was sie hat.«

Mit diesen mühsam hervorgestoßenen Sätzen leitete der zwölfjährige Ahmet unsere erste Begegnung ein. Blickkontakt vermochte er nur ganz flüchtig aufzunehmen, der Ausdruck seiner tiefbraunen Augen hatte etwas Flehentliches. Tiefe Verunsicherung zeigte sich in Haltung und Gebärde. Er sprach leise und nuschelig.

»Kommt herein«, sage ich, »Dr. Simmel hat euch angemeldet. Ich habe euch schon erwartet.«

Die Mutter, eine einfache, kleine, rundliche Frau mit einem verhärmten Gesichtsausdruck lächelt ein wenig verlegen: »Ich nicht spreche gut Deutsch.«

Dann flüstert sie Ahmet etwas auf türkisch zu, was wohl so viel hieß wie »Zieh deine Schuhe aus!« Sie tut das Gleiche.

Nun betreten beide auf Socken den Raum, nachdem ich sie mehrfach dazu auffordern mußte; Ahmet zuerst, weil die Mutter ihn am Arm faßte und vor sich herschob.

Er macht einen durchgefrorenen Eindruck. Die viel zu dünnen, schmutzigen und zu kurzen Hosen lassen die nackten Beine hervorschauen. Auch seine Stoffschuhe mit Gummisohlen bieten keinen Schutz gegen winterliche Nässe und Kälte.

»Ein heißer Saft würde euch jetzt sicherlich gut tun.« Dabei schaue ich auf Ahmets rotgefrorene Hände, die aus einem ebenfalls viel zu dünnen Anorak hervorschauen. Er spürt meinen Blick und rollt die Finger ein wenig zusammen.

Ich lasse beide für einen Augenblick allein, um den Saft zuzubereiten. Als ich dann Ahmet den bis zum Rande gefüllten Becher reiche, leert er ihn gierig bis auf den letzten Tropfen. Er schien sehr durstig zu sein. Seine Mutter sagte dann etwas zu ihm, was ich wieder nicht verstehen konnte. Aber Ahmet reagierte darauf mit einem resignierten Gesichtsausdruck.

»Was haben Sie zu Ahmet gesagt?« frage ich die Mutter. Sie fängt sofort an zu weinen und berichtet stammelnd: »Ahmet jede Nacht macht ins Bett, immer Bett naß, immer Bett naß, und ich immer waschen, immer waschen, immer waschen.« Sie führt mir dann mit den Händen vor, wie schwer für sie das ständige Waschen sei, und schließlich klagt sie über ihre Kopfschmerzen: »Ich immer habe Kopfschmerzen. Kein Arzt kann helfen.« Dabei weint sie unaufhörlich vor sich hin, wohl überwältigt von ihrem eigenen Elend.

Als sie sich wieder etwas gefangen hatte, schien sie sich meiner Frage zu erinnern: »Ich habe gesagt zu Ahmet: ›Mehr du darfst nicht trinken heute‹.« Ihre Stimme klingt hart und unerbittlich. Es gelingt ihr, trotz des geringen Wortschatzes zu erzählen, daß Ahmet vom späten Nachmittag an Trinkverbot habe, er dieses aber oft heimlich überschreite. Des Nachts wecke sie ihn häufig zum Wasserlassen. Doch er schlafe immer so tief, und immer sei es vergebens: »Bett immer naß, immer naß, und ich immer waschen, immer waschen, immer waschen.« Es schien ihr ein dringendes Bedürfnis zu sein, diese Klagen ständig zu wiederholen. Dabei begann ihr rundes, eigentlich recht gutmütig ausschauendes Gesicht rot anzulaufen.

Mir war gar nicht wohl zumute bei diesem Dreiergespräch, und als ich Ahmet anschaute, sah ich, daß er kreidebleich geworden war. Sollte ich es kurz machen und nur die Mutter allein zu mir bestellen? Damit würde Ahmet zweifelsohne viel Peinliches erspart bleiben; . . . andererseits hätte ein vorzeitiger Abbruch dieses Gesprächs ihm wohl eine tiefe Enttäuschung bereitet. Seine ersten Worte hatten ja wie ein von letzter Hoffnung getragener SOS-Ruf geklungen: »Wenn Sie mir helfen und alles besser wird, will meine Mutter alles hingeben, was sie hat.« Dabei hatte er seine Handflächen gegeneinandergelegt, mit seinen Lippen die Fingerspitzen berührt, wie ein betender Knabe. Mit der Mutter allein, ohne Ahmet als Dolmetscher, zu sprechen, hätte ohnehin nicht viel Sinn gehabt, da ihr deutscher Wortschatz zu begrenzt war. So war es wohl das beste, das Dreiergespräch fortzusetzen, um einen Einblick in das Leben dieser türkischen Familie zu gewinnen.

Während die Mutter spricht, läßt Ahmet geistesabwesend seinen Zeigefinger über den Rand des leergetrunkenen Glases kreisen; als es plötzlich dabei zu einem quietschenden Ton kommt, erschrickt er und stellt das Glas wie ein ertappter Sünder sogleich auf den Tisch. Ich schaue die Mutter an: »Wenn Ahmet zu mir kommt, darf er von heute ab so viel trinken, wie immer er mag.«

Meine Worte scheinen Ahmet aus seiner Niedergeschlagenheit geradezu hochzureißen. Er streckt sich, seine großen, noch etwas ungläubig dreinblickenden Augen schauen mir offen ins Gesicht. So etwas hatte er wohl nicht erwartet. Aber die Mutter verstand nicht recht, was ich gesagt hatte, und so mußte Ahmet übersetzen. Er machte es kurz, aber ich hatte den Eindruck, daß er es so sagte, als ob er nun plötzlich eine Wahrheit aussprechen durfte, die er schon immer dumpf geahnt hatte: daß man einfach trinken durfte, wenn man durstig war.

Die Mutter ist sichtlich betroffen, und so sage ich noch einmal zu ihr: »Es ist alles viel einfacher als man denkt; wenn man durstig ist, darf man trinken, und wenn man traurig ist, darf man weinen.«

Nun fängt sie wieder an zu weinen. Ahmet sagt leise etwas auf türkisch zu ihr, aber sie weint immer weiter, bis ihr Taschentuch ganz naß ist. Danach wirkt sie gelöster.

Ich sage nun zu Ahmet, daß ich gerne etwas über seine Geburt und Säuglingszeit wissen möchte.

»Fragen Sie alles«, erwidert er mit ernster Miene, als sei er sich der Wichtigkeit solcher Fragen bewußt. Die Mutter kann sich anfangs nur schwer erinnern. Aber dann sagt sie, daß Ahmets Geburt leicht gewesen sei, daß er mit sieben Monaten habe sitzen können, mit elf Monaten gelaufen sei, aber erst sehr spät gesprochen habe. Nach einem Jahr habe die Mutter ihm Zwieback gegeben. Dann legt die Mutter beide Hände auf ihren Busen: »Zwei Jahre lang hier Ahmet hat getrunken.« Sie gibt zu verstehen, daß das saugende Baby für sie oft ein großer Trost gewesen sei.

Ahmet schaut zunächst etwas verlegen drein. Dann aber zieht ein Lächeln über sein Gesicht, so als stimme es ihn froh, daß damit der Beginn seines Daseins doch einen Sinn gehabt habe. Die Mutter erinnert sich daran, daß Ahmet als Säugling viel krank gewesen ist und viel gehustet hat; ein Doktor konnte aber nicht gerufen werden, da man dafür kein Geld hatte: »In Türkei ... schweres Leben, ... keine Arbeit, ... kein Geld, ... große Not!« Und sie berichtet weiter, daß drei ihrer Kinder in ganz frühem Alter gestorben seien.

Dr. Simmel hatte mir mitgeteilt, daß die Mutter als erstes Familienmitglied die Türkei wegen der großen Armut verlassen habe, um in Deutschland Arbeit zu finden. Sie habe die Angehörigen erst eineinhalb Jahre später nachkommen lassen. Ahmet war also sechseinhalb Jahre alt, als er nach Deutschland kam und somit fünf Jahre alt, als die Mutter die Türkei verließ.

Als ich Ahmet frage, ob er sich noch an diese Zeit erinnern könne, schüttelt er den Kopf.

Er übersetzt dann mit unbeweglichem Gesichtsausdruck, was die Mutter über die Großmutter väterlicherseits berichtet: »Meine Großmutter hat uns viel geschlagen. ... Sie hat uns erzogen. ... Sie wollte, daß wir ganz früh sauber würden. ... Meine Schwester war schon mit neun Monaten sauber, aber dann hat sie doch wieder ins Bett gemacht, ... auch mein Bruder. ... Und meine Mutter sagt, saß mich meine Großmutter schon als kleines Baby auf den Topf gesetzt hat, aber das hat doch nichts geholfen, ... auch die Schläge nicht.«

Mir fällt auf, daß er seine Fingerspitzen oft gegen die Schläfen drückt. Als ich ihn darauf anspreche, sagt er, daß er Kopfschmerzen habe. Die Mutter nickt und bestätigt, daß Ahmet auch immer viel Kopfschmerzen habe, genau wie sie, daß er als kleiner Junge immer viel geweint habe ..., daß sie ihn im Alter von fünf Jahren verlassen habe: »Aber Not war so groß. ... Ich mußte suchen Arbeit in Deutschland. ... Und ich auch ohne Eltern gewesen. Eltern früh gestorben. ... Alles war schlimm, große Not!« Wieder beginnt sie zu weinen.

Ahmet schien sie trösten zu wollen: »Aber jetzt leben wir alle zusammen.«

Das »Wir« bedeutete: Vater Mustafa, 44 Jahre alt, Mutter Pembe, 42 Jahre alt, Schwester Emine, 24 Jahre alt, Bruder Osman, 17 Jahre alt und Ahmet, 12 Jahre alt.

»Und wir haben eine ganz große Wohnung«, fährt er hastig fort, »und jeder hat sein eigenes Zimmer.«

»Sein eigenes Zimmer?« frage ich ein wenig erstaunt.

»Ach, nein, nein, nein, ich meine doch, jeder hat sein eigenes Bett.«

Er spricht leise, hastig, nuschelig. In sich zusammengesunken sitzt er vor mir, ein für sein Alter großer, gutgewachsener, braunhäutiger Junge mit flächigem, harmonischem Gesicht, einem kräftigen, dunklen Haarschopf und tiefbraunen ängstlichen Augen, die meistens zu Boden blicken.

Ich schaue auf seine schönen, schlanken Hände, deren Finger sich voller Unruhe miteinander beschäftigen. Die Fingernägel sind bis auf den Nagelrand abgekaut. In seinem erstarrten Körper scheint eine gefesselte Seele zu wohnen. Wenn sie einmal frei wird, dachte ich, werden seine ersten Regungen nicht die friedlichsten sein.

Um ihn etwas abzulenken, gebe ich ihm einen Zeichenblock und Malstifte: »Wenn du Lust hast, Ahmet, dann mal mir doch mal einen Baum.« Er tut es sogleich. Er zeichnet einen Baum ohne Wurzeln, an dessen Stamm ein großer Vogel mit spitzem Schnabel sitzt. Dazu sagt er: »Das ist ein Specht, und der pickt immer am Baum herum.« Die Baumkrone ist blätterlos, von den dünnen Ästen hängen spitze, nadelförmige Zweige herab. Ich werfe einen flüchtigen Blick auf diesen Baum ohne Wurzeln, an dem »ein Specht immer herumpickt«.

Als ich ihn frage, wie er denn so mit seinen Klassenkameraden zurechtkommt, nimmt sein Gesicht den Ausdruck tiefen Schmerzes an. Er gibt keine Antwort.

Meine Sorge um eine tiefe Störung, die ich schon vor einigen Tagen nach dem Anruf von Dr. Simmel befürchtet hatte, schien sich zu bestätigen. Ahmet war seit längerer Zeit wegen des nächtlichen Bettnässens, das seit der Säuglingszeit besteht, bei Dr. Simmel in Behandlung. Dr. Simmel hatte mich gebeten, Ahmet in psychotherapeutische Behandlung zu nehmen, da die verabreichten angst- und spannungslösenden Medikamente auf das Symptom des Bettnässens keine Wirkung ausgeübt hatten. Auch der Versuch, den abnormen Tiefschlaf Ahmets mit Medikamenten zu beeinflussen, war erfolglos gewesen. Eine gründliche urologische Untersuchung hatte gezeigt, daß das Bettnässen nicht auf organische Ursachen zurückzuführen war. »Das Bürschle«, so Dr. Simmel, »macht einen etwas zerknitterten Eindruck. Vielleicht können Sie es wieder ein bissel geradebügeln.«

Ich frage nun Ahmet, ob er denn Lust habe, zu mir zu kommen: »Ich habe ein großes Spielzimmer, wo wir dann, wenn du willst, spielen können.«

Es fällt ihm schwer, einfach ja zu sagen: »Uuuuuund . . .ich werde den Weg schon ganz allein zu Ihnen finden . . .« Nach wenigen Sekunden fügt er hinzu: »Ich kann ja auch vorher Probefahren üben.«

Er wollte also gern kommen. Ich beruhige ihn, der Weg zu

mir sei leicht zu finden, die Straßenbahn halte ganz in der Nähe meines Hauses.

Ich wende mich nun an die Mutter und versuche, ihr klarzumachen, daß Ahmet wohl mindestens ein Jahr lang zu mir kommen müsse – wöchentlich zwei bis drei Stunden –, und daß man Ahmet nicht davon abhalten dürfe, zu seinen Stunden zu kommen.

Während Ahmet der Mutter meine Worte ins Türkische übersetzt, hebt sie ihre Schultern, zeigt mir ihre offenen Handflächen und sagt: »Aber ich nicht habe viel Geld, kann nicht viel zahlen.«

Als ich sie nun frage, wieviel sie denn für eine Stunde zahlen könne, antwortete sie nicht. An der Art. wie sie sich gibt, ist zu spüren, daß sie eigentlich nicht bereit ist, überhaupt etwas zu zahlen. Eine Frau wie Pembe, die elternlos, in tiefster Not aufgewachsen war, konnte wohl einfach nichts hergeben, ohne sogleich von Existenzangst befallen zu werden. Es war mir aber dennoch wichtig, daß sie sich mit einer kleinen Summe beteiligte, weil man in der Praxis immer wieder die Erfahrung macht, daß das, was umsonst gegeben ist, am Ende auch umsonst gewesen ist. Alles fordert in irgendeiner Weise seinen Preis.

Die Mutter schweigt weiter. ... Ahmet schaut zu Boden. Zweifel scheinen ihm zu kommen, ob seine Mutter wirklich alles hingeben will, was sie hat, wenn ihm nur geholfen würde.

Auf einmal tut Ahmet etwas, was mich sehr rührt. Er kramt in seiner Hosentasche herum, holt eine türkische Briefmarke heraus und schiebt sie mir schüchtern über den Tisch zu. Dazu sagt er: »Es ist prima, endlich mal bei einer Deutschen zu sein, sonst immer nur Türken, immer nur Türken.«

Und nun hatte sich auch die Mutter zu einem Beitrag von zwei Mark fünfzig pro Stunde durchgerungen.

Ich war damit einverstanden. Vielleicht würde auch die Krankenkasse einen Zuschuß leisten. Bettnässen ist ein so hartnäckiges Symptom für ein Leiden, das in einer schweren seelischen Störung ihren Ursprung hat. Man kann nicht voraussagen, wann oder ob überhaupt dieses Symptom zum Abklingen gebracht werden kann. Bei der inneren Einstellung der Mutter, wie auch sicherlich der ganzen Familie, konnte ich voraussehen, daß Ahmet auch in Zukunft wegen des Bettnässens jeden Morgen beschimpft werden würde. Doch die hier wohl an sich notwendige Familientherapie* ließe sich allein schon wegen der Verständigungsschwierigkeiten nicht durchführen. So mußten andere Wege zu Ahmets Erleichterung gesucht werden. Vielleicht würde hier die Anschaffung einer Waschmaschine eine erste große Hilfe sein; denn damit würde sicherlich das Jammern der Mutter über das ständige Wäschewaschen weniger werden, zumal Ahmet dann für die Reinigung der Wäsche selber sorgen könnte. Ich wußte auch, daß jedes Familienmitglied Arbeit hatte und Geld verdiente, so daß ein Widerstand gegen eine solche Anschaffung aus materiellen Gründen nicht gerechtfertigt war. So mache ich der Mutter den dringenden Vorschlag, eine Waschmaschine zu kaufen, führe ihr die Vorteile vor Augen, die sie dann bei ihrer großen Familie haben würde, und erwähne auch, daß bei einer Beteiligung der ganzen Familie der Preis erschwinglich sei.

Die Mutter weicht zunächst aus: »Ich muß sprechen mit Vater, Emine und Osman.« Spontan sagt Ahmet: »Mein Bruder ist bestimmt dagegen. Er freut sich immer, wenn alle mit mir schimpfen.«

Ich wende mich nun nochmals eindringlich an die Mutter und beende das Gespräch mit der Mahnung: »Damit das Schimpfen aufhört, braucht ihr dringend eine Waschmaschine. Wenn die Waschmaschine da ist, ruft ihr mich gleich an, damit wir Tage und Stunden für die Behandlung vereinbaren können.«

Sie nickt halbherzig, offenbar nicht so ganz überzeugt.

Auf dem Weg zur Tür bedankt sie sich, so gut es ihr kleiner Wortschatz erlaubt. Ihre Augen werden wieder feucht. Dann zögert sie ein wenig, öffnet schließlich ihre Handtasche und fischt eine Praline heraus, um sie mir zu schenken. Sie zaudert einen Augenblick, dann bekommt auch Ahmet ein Stück Schokolade.

Sie ziehen ihre Schuhe an und machen sich auf den Weg. Ich schaue beiden noch eine Weile aus dem Fenster nach, wie sie so durch den hohen Schnee dahinstapfen, Ahmet in seinen dünnen Gummischuhen, den viel zu kurzen, zerschlissenen Hosen, unter denen die nackten Beine hervorschauen: Als Säugling war er viel krank, ... soll viel gehustet haben. ... Für einen Arzt war

* In der Familientherapie kann die Behandlung eines Kindes wesentlich effektiver sein, weil das »krankmachende Umfeld« mitverändert wird. Die ganze Familie wird hier als Patient gesehen und behandelt.

kein Geld da. . . . Drei seiner Geschwister sind im frühen Kindesalter gestorben. . . .

Mir scheint, auch heute sieht niemand, daß er friert. Lustlos geht er hinter der Mutter her, hält immer einen gewissen Abstand und streift dabei mit seinem Ärmel an der Hauswand entlang. Hin und wieder tritt er heftig gegen Eisklumpen. Die Mutter schaut weder nach rechts noch nach links; zuweilen nestelt sie an ihrem Kopftuch herum. Der Abstand zwischen beiden wird immer größer. Die Mutter biegt um die Ecke und entschwindet als erste meinen Blicken.

Ich setze mich hin und mache meine Aufzeichnungen.

»Ich wollte mal fragen, ob Sie zu meinem Geburtstag kommen wollen ...?«

Vierzehn Tage später. ... Das Telefon klingelt, es meldet sich Ahmet: »Ich wollte Sie mal fragen, ob Sie zu meinem Geburtstag kommen wollen ... am nächsten Mittwoch?«

»Aber gern, Ahmet, um welche Zeit denn?«

»Um vier Uhr. ... Da freue ich mich aber! ... Sie sind dann die einzige Deutsche.«

»Es ist für mich eine Freude, deine ganze Familie und deine türkischen Freunde kennenzulernen, Ahmet! Aber ich werde erst um fünf Uhr kommen können.«

»Das ist auch gut. ... Und dann wollte ich Ihnen noch sagen, daß wir gestern unsere Waschmaschine bekommen haben. ... Ganz prima ist das! ... Mein Bruder Osman wollte nicht, daß ich an den Knöpfen drehe, ... aber Emine hat mir gezeigt, wie man das macht, und ich kann es jetzt auch.«

»Das freut mich, Ahmet. Nun sag mal, was wünschst du dir denn zum Geburtstag? Ich würde dir gern eine kleine Freude machen.«

Keine Antwort.

»Hallo, Ahmet, hast du gehört? Was wünschst du dir zum Geburtstag?«

»Sie ... Sie ... Sie wollen mir was schenken? ... Ach ... Ach, ... ich träume immer, daß ich ein Spielzeug habe, eine Eisenbahn ... vielleicht! ... Aber das ist wohl zu teuer. ... Eine kleine Lokomotive, ... eine schwarze, die man aufziehen kann ...«

»Na gut, Ahmet, da wollen wir mal sehen. Also dann bis zum kommenden Mittwoch um fünf Uhr.«

»Wissen Sie denn auch, wo wir wohnen?«

»In der Lilienstraße fünf, Ahmet, nicht wahr?«

»Ja, hoffentlich finden Sie es auch!«

»Ich werde es ganz bestimmt finden, Ahmet.«

Es ist Ahmets Geburtstag, Mittwoch, der 12. Dezember. Wie versprochen, stehe ich einigermaßen pünktlich vor Ahmets Wohnhaus, einem alten, verkommenen Backsteinhaus. Es ist ein typisches Mietshaus mit vier Etagen und einem Dachgeschoß aus der Zeit vor dem ersten Weltkrieg, das offenbar als einziges bisher vom Abbruch verschont geblieben ist. Auch die gegenüberliegende Häuserfront war, wahrscheinlich wegen städtebaulicher Maßnahmen, abgerissen worden. Der eisige Wind fegte vergilbte, alte Zeitungsfetzen durch die Luft. Eine trostlose Straße. Ich suche nach dem Namen »Savas« unter den vielen Namensschildern der im Hause lebenden Familien: Toprak, Baris, Alem, Par, Gul . . . Savas. In diesem Haus wohnen also nur Türken. Die Haustür ist nicht verschlossen. Weder Licht noch Klingel funktionieren.

Im Treppenhaus riecht es stark nach Knoblauch. Es ist der gleiche Geruch, den Ahmet und seine Mutter vor vierzehn Tagen in meine Wohnung trugen. Hier ist er allerdings noch intensiver! Schon als ich die ersten Stufen betrete, öffnet sich zaghaft eine Tür. Ein dunkelhaariger Kinderkopf wird sichtbar, dann ein zweiter, ein dritter, und schon sind es fünf. Wie die Orgelpfeifen stehen sie in der Tür und beäugen mich neugierig. Als ich sie begrüße, kichern sie nur. Sie scheinen kein Deutsch zu verstehen. Dann kommt die Mutter, das Jüngste, ein Baby, im Arm. Ich frage sogleich, ob hier im Hause eine Familie Savas wohne. Sie lächelt mich freundlich an: »In der vierten Etage! . . . Sind Sie die Deutsche, die heute besuchen will Savas?«

»Ja, das bin ich«, antworte ich erstaunt. »Woher wissen Sie denn das?«

»Mutter Savas hat es uns allen erzählt: . . . Heute hat Ahmet Geburtstag und eine Deutsche wird kommen.«

Sie faßt mich bei der Hand und bittet mich, hereinzukommen. Viele Kinderhände zerren nun lachend an mir herum, um mich in die Wohnung zu ziehen. Freundlich wehre ich ab und sage, es ginge jetzt nicht, weil ich schon verspätet sei und keine Zeit habe. Ich steige zur vierten Etage hinauf. Vor den Wohnungstüren stehen überall Kinderwagen, Kinderkarren, und durch die Türen dringt ein Schwall von Geräuschen: Weinen und Lachen, Toben und Schelten. Dieses Haus scheint von Kindern überzuquellen.

Ahmet saß schon auf der obersten Treppenstufe und erwartete mich mit einem etwas gespannten Gesichtsausdruck. Als er mich erkennt, springt er sofort auf und streckt mir seine Hand entgegen.

»Ich hatte schon Angst, Sie hätten es vergessen.«

Ich gratuliere und überreiche ihm das kleine Geschenk. Seine Augen leuchten.

»Ist das die kleine schwarze Lokomotive?«

Er packt sie sofort aus: »Davon habe ich immer geträumt, daß ich mal ein Spielzeug habe!«

Er zieht sie sofort auf und läßt sie über die holprigen Fußbodenbretter laufen.

»Wieviel Geld haben Sie denn dafür bezahlt?«

»Ist es dir wichtig, das zu wissen, Ahmet?«

Er wirkt verunsichert, seine Stimme ist hastig: »Nur so ungefähr, so ungefähr nur!«

»So ungefähr acht Mark fünfzig, Ahmet.«

Seine Augen weiten sich vor Erstaunen: »Soooooo viel Geld haben Sie für mich ausgegeben?«

»Nun, du hast doch heute Geburtstag.«

»Ich habe aber nicht gedacht, daß ich ein Spielzeug bekommen würde. ... Wissen Sie, ich träume immer, daß ich ganz, ganz, ganz viel Spielzeug haben werde, ... und nun habe ich ein Spielzeug! ... Ja, und auch ein Buch ... von den Dinosauriern.«

»Von den Dinosauriern?«

»Ja, von den Dinosauriern, ...und wissen Sie, das waren ganz, ganz schlimme, gefräßige Tiere. ... Die haben alles, aber auch alles aufgefressen, was es auf der Erde gab. ... Es waren richtige Räuber.«

»Und dieses Buch magst du gern, Ahmet?«

»Ich muß es immer und immer wieder lesen. ... Ich werde es Ihnen gleich mal zeigen. Es ist mit Bildern, und man sieht richtig, wie die alles, alles aufgefressen haben, alle Bäume, alle Pflanzen, alles, alles, was ihnen in den Weg gekommen ist. Nichts, aber auch gar nichts, haben die übrig gelassen.«

»Von wem hast du denn das Buch bekommen?«

»Eigentlich habe ich es von Dr. Simmel geschenkt bekommen.«

»Eigentlich?«

»Ja ... ich meine, ... ich hab in seinem Wartezimmer dadrin gelesen, ... und dann hab ich gar nicht gehört, daß ich reinkommen sollte. ... Und dann hat er gefragt, was ich denn da Spannendes gelesen hätte. Na ja, ... und dann hat er es mir geschenkt.«

Während dieser Unterhaltung hatten wir uns beide auf die Treppe gesetzt. Es war aber sehr ungemütlich hier. Ein eisiger Wind fegte durch eine zerbrochene Fensterscheibe.

Als ich aufstehe, fragt er hastig: »Und wann, wann kann ich denn nun zu Ihnen kommen? Kann ich heute schon mitfahren?«

»Heute nicht, Ahmet, aber ich dachte, du kommst an jedem Dienstag- und Freitagnachmittag zu mir, wenn es dir paßt.«

»Es paßt mir immer! Ich kann auch dreimal, viermal kommen, ... ich könnte jeden Tag kommen! ... Ich weiß genau, wie ich zu Ihnen finde. Ich habe schon Probefahren gemacht.«

»Probefahren?«

»Ja«, fährt er hastig fort, »mit der Straßenbahn, ... uuuund ich habe es gleich gefunden, mußte nur einmal umsteigen.«

Jetzt öffnet sich die Tür; im Dunkeln erkenne ich seine Mutter, hinter ihr eine junge Türkin, offenbar die Schwester Emine.

»Schön, daß Frau kommen«, sagt die Mutter spontan. Sie nimmt mich sofort in die Arme und begrüßt mich wie einen alten Freund nach langer Trennung. Der Zeigefinger ihrer linken Hand ist mit einem großen Verband bewickelt. Emine erklärt mir sogleich, daß sich die Mutter beim Brotschneiden in den Finger geschnitten habe. Als ich der Mutter mein Mitleid bekunde, wehrt sie ab: »Jetzt nicht schlimm mehr, nicht mehr waschen. Waschmaschine tut waschen. ...«

Sie hastet mit wenigen Schritten durch den dunklen Gang, winkt mir zu, ihr zu folgen und öffnet die Klotür. Da steht sie, die Waschmaschine, zwischen Klo und einer alten Sitzbadewanne.

Für Sekunden schauen wir drei schweigend auf das neue Möbelstück. Emine legt ihre Hand darauf und meint: »Die hätten wir schon viel früher kaufen sollen.«

»Na ja«, sage ich, »manchmal braucht man einen kleinen Anstoß.«

Wir drei Frauen stehen nun allein in dem engen Kloraum. Ahmet war im Treppenhaus zurückgeblieben. Es bot sich hier eine gute Gelegenheit, mit Emine ein paar Worte zu wechseln. Ich hatte das Gefühl, daß sie eine zweite Stütze in dem nun anlaufenden Behandlungsprozeß sein könnte, und so frage ich sie ohne Umschweife, ob sie wüßte, warum ich gekommen sei. Sie nickt mit dem Kopf und schaut mir offen in die Augen: »Sie wollten sehen, ob die Waschmaschine da ist, und Sie wollen nun Ahmet helfen, daß alles besser mit ihm wird.« Sie wird lebhaft: »Ahmet kann nichts dafür, glauben Sie mir! Er kann nichts dafür, daß er immer ins Bett macht, und es tut mir leid, daß er deshalb immer geschimpft wird. ... Aber jetzt ist es schon etwas besser, wo Mutter nicht mehr selbst waschen muß. ... Wissen Sie, das Schlimmste ist, daß er oft stundenlang auf dem Sofa sitzt, nur so vor sich hinguckt, nichts spielt, nichts tut. Er sitzt nur da, und morgens kann er nicht aus dem Bett finden. Und wenn man mit ihm schimpft, kriegt er einen Wutanfall. Aber das ist noch besser als das andere.«

»Ich glaube auch«, sage ich, »daß er dringend Hilfe braucht und finde es gut, daß Sie ihn verstehen.«

Offenbar konnte die Mutter unserem Gespräch nicht folgen. Sie schien aber Vertrauen zu ihrer Tochter zu haben. Hin und wieder nickte sie mit dem Kopf. Wir verabreden, daß Ahmet an jedem Dienstag und Freitag nachmittags von drei bis vier Uhr zu mir kommt. Dann unterrichte ich Emine noch etwas über die Art der Behandlung: Ahmet solle sich bei mir ganz einfach im Spielen von seinen bedrückenden Gefühlen befreien. Dadurch könne er glücklicher und gesünder werden.

Während Emine mich ins Wohnzimmer führt, ruft Mutter Pembe laut nach Ahmet, der sich immer noch im Treppenhaus aufhält.

In der Wohnstube sitzt ein Kreis von Männern, Frauen und zwei kleineren Kindern vor dem Fernseher. Als Emine auf türkisch etwas zu ihnen sagt, wird das Gerät sofort ausgeschaltet. Ein großer, schlanker, recht gut aussehender Mann schnellt von seinem Stuhl hoch, um mir zur Begrüßung seine Hand entgegenzustrecken. Dabei nennt er seinen Namen: Mustafa Savas. Er macht eine tiefe Verbeugung, und man hört, wie seine Hakken leise aneinanderschlagen. Dabei drückt er meine Hand so fest, daß es schmerzt.

»Sie sind Ahmets Vater?«

Mit einer etwas steifen Pose legt er seine rechte Hand auf die Brust: »Ich Ahmets Vater, und das ist Ahmets Bruder Osman, und das sind unsere Freunde.«

Mir fiel sogleich auf, daß Emine und Osman ganz der Mutter ähneln, während Ahmet auffallend dem Vater gleicht. Reihum schütteln wir uns nun die Hände, und ich gebe meiner Freude Ausdruck, die ganze Familie und auch die Freunde kennenzulernen. Alle nicken freundlich mit dem Kopf, und als der siebzehnjährige Osman meine Worte ins Türkische übersetzt, wird mir von allen Seiten versichert, wie schön es sei, sich einmal mit einer Deutschen unterhalten zu können.

»Ist gut, mit deutscher Frau sprechen«, sagt der neben Mustafa stehende kleinere Mann und streicht mit seiner Hand durch den dicken, schwarzen Haarschopf seines sich an ihn lehnenden, kleinen Töchterchens.

Ich habe den Eindruck, daß der Besuch einer Deutschen für

alle hier ein wirkliches Ereignis ist. Jeder hatte sich auf seine Weise bemüht, hübsch auszusehen. Der Mann, der eben zu mir gesagt hatte, daß es gut sei, einmal mit einer Deutschen zu sprechen, trug im Knopfloch eine rote Nelke, und seine Frau hatte sich einen silbernen Schal um die Schultern gelegt. Unter ihrem langen Rock schauten die Spitzen silberner Schuhe hervor. Vater Mustafas leuchtende Krawatte hatte noch den Glanz des Neuen, und auch an Osmans äußerer Erscheinung fielen mir die blitzblank geputzten, schwarzen Schuhe auf.

Viel Erwartung lag in der Luft. Wir standen uns etwas hilflos gegenüber, wohl nicht nur wegen der Sprachbarrieren. Da kommen mir drei Worte in den Sinn, die wie Zauberworte wirken: »Istanbul . . . schöne Stadt . . .«

Auf einmal ist Leben und Bewegung in der Gesellschaft.

»Frau kennen Istanbul?«

Vater Mustafa holt sofort aus einer kleinen, wackligen, zwischen zwei Betten stehenden Kommode etwas sorgsam Gebündeltes heraus. Es sind Fotos aus der Heimat und auch eine Landkarte der Türkei. Man zeigt mir die schönsten Aufnahmen von Istanbul und ist glücklich, daß ich diese Stadt kenne und auch so schön finde.

Dann aber, als man die Bilder des Heimatortes Bilecik, die Fotos der dort lebenden Freunde und Verwandten herumreicht, bricht das Heimweh durch. Die Mutter der beiden kleinen Mädchen weint. Jeder scheint hier ein gewaltiges Bündel von Problemen mit sich herumzuschleppen. Es genügt nur ein leichtes Antippen, und schon kommen angestaute, unbewältigte Gefühle zum Durchbruch. Das Weinen der Frau treibt deren Mann die Röte ins angespannte Gesicht. Er herrscht sie an, sie schluckt und hält die Tränen zurück. Die Kinder legen die Hand auf den Schoß ihrer Mutter und versuchen, ganz unauffällig, ganz lieb zu sein.

Bedrückend!

Der Mann versucht, mir nun zu erklären, daß seine Frau immer Heimweh habe, viel weine, zurückwolle. Er zeigt mir seine offenen Hände, zieht die Schultern hoch. Eine Geste der Verzweiflung: »Aber in Türkei keine Arbeit, kein Geld, kein Brot. Was tun?«

Ich weiche seinem flehentlichen Blick aus und versuche, mich auf das zu besinnen, was ich hier heute erreichen wollte: Einem einzigen von ihnen zu helfen, Ahmet.

Doch, wo war er? Mutter Pembe, Emine und Ahmet waren

immer noch nicht erschienen. Ich frage Osman: »Wo ist Ahmet?« Er zuckt gleichgültig mit den Schultern: »Ja, wo ist Ahmet ...? Wir wissen nie, wo Ahmet ist!«

Der Vater geht hinaus, und nach kurzer Zeit kommen sie alle ins Zimmer. Zuerst die Mutter mit einer großen Kaffeekanne, dahinter Emine mit einer Geburtstagstorte, auf der zwölf Kerzen brennen, und als letzter Ahmet. Sehr fröhlich schaut er nicht drein. Als er an Osman vorbeigeht, bekommt er von diesem einen Knuff, wodurch das unter den Arm geklemmte Buch auf die Erde fällt. Es war sein Buch von den Dinosauriern, was er mir wohl zeigen wollte.

Wir drängen uns nun alle um den gedeckten Kaffeetisch. Ahmet an meiner linken Seite. Emine fotografiert: erst ein Gruppenbild und dann eines von Ahmet und mir allein. Nun muß Ahmet alle Kerzen mit einem Male auspusten. Er schafft es. Ein Lächeln geht über sein Gesicht.

»Und jetzt darfst du dir auch etwas wünschen. Wenn man alle Geburtstagskerzen mit einem Mal ausgepustet hat, darf man einen Wunsch aussprechen, und der wird in Erfüllung gehen.«

Nach kurzem Zögern folgt er meiner Ermunterung: »Ich würde mir wünschen, daß ich tausend Wünsche haben dürfte. ... Ein Millionär möchte ich sein! ... Ganz, ganz viel Geld möchte ich haben und ein Schloß! Und dann würde ich immer nur allein in diesem Schloß bleiben, würde nicht mehr herauskommen.«

Das findet Osman komisch, er lacht schrecklich laut darüber. Die Mutter belädt nun meinen Teller mit Kuchen, und Ahmet drängt mich, in sein Buch zu schauen.

»Sehen Sie doch hier, das sind die Dinosaurier, die alles, aber auch alles aufgefressen haben, was es auf der Erde gab. Aber sie haben doch nicht überlebt.«

Er blättert unruhig im Buch herum.

Ich wundere mich, daß er nicht auch die kleine Lokomotive bei sich hat, frage aber nicht danach. Er wird schon wissen, warum er sie nicht zeigen will.

Nun erkundige ich mich, wer denn den schönen Kuchen gebacken habe. Es war Emine, und die zwölf Kerzen seien das Geburtstagsgeschenk von Mutter und Vater. Dazu sagt die Mutter, die offensichtlich mehr versteht, als sie ausdrücken kann: »Frau sich über Kerzen freuen soll auch.« Ich verstand. Diese kleinen Kerzen sollten also nicht nur ein Geburtstagsgeschenk für Ahmet sein, sondern sie sollten auch mich erfreuen.

Sozusagen nur ein halbes Geschenk für Ahmet, wenn überhaupt.

Ich frage dann, ob Ahmet denn einen Geburtstagstisch habe. Nein, es gab keinen, denn es gab auch keine Geschenke. Dafür kommt vom Vater der Hinweis auf die Anschaffung der Waschmaschine, und seine Augen schauen dabei vorwurfsvoll auf Ahmet. Auch Osmans Blicke sind nicht sehr freundlich, und Ahmet weiß nichts Besseres zu tun, als die Augen niederzuschlagen und in seinem Buch über die gefräßigen Dinosaurier zu blättern. Der Einzug der Waschmaschine hatte sich also doch nicht so problemlos vollzogen, wie es für mich in der Unterhaltung mit Mutter Pembe und Emine zunächst den Anschein gehabt hatte.

In der spannungsgeladenen Atmosphäre versucht Ahmet, sich ganz klein zu machen; regelrecht zusammengeschrumpft sitzt er neben mir.

Da stützt Mutter Pembe wortlos ihren rechten Ellbogen auf den Tisch, so daß der große Verband ihres verletzten Zeigefingers wie ein Ausrufezeichen aufragt und die Tischrunde beherrscht. Der Vater räuspert sich, Verlegenheit scheint ihn zu überkommen. Dann seufzt er tief, der Bann ist gebrochen: Er redet und redet und redet und ist nicht mehr zu stoppen. Er spricht Deutsch und Türkisch durcheinander, so, wie es ihm gerade in den Sinn kommt und dabei sind seine Augen nur auf mich gerichtet. Seinem türkischen Freund scheint es ebenfalls wichtig zu sein, daß ich ja auch alles verstehe. Flüsternd wiederholt er auf deutsch, was Vater Mustafa nur in seiner Muttersprache ausdrücken konnte.

Es war eine lange Geschichte des Leidens, die mir der Vater erzählte. Sie begann mit den vielen Unfällen seiner Frau: wie sie sich jetzt wieder mit einem Brotmesser beinahe den Finger abgeschnitten habe, kürzlich die Treppe hinuntergefallen sei. Dann sei sie auch vor ein Auto gelaufen und habe deshalb im Krankenhaus gelegen. Ihre Schlaflosigkeit würde immer schlimmer, ... die Migräne, ... da könne auch kein Arzt helfen, auch Dr. Simmel nicht.

Während er dies erzählt, senkt sich Mutter Pembes Gesicht immer tiefer über den Tisch. Dann bricht sie in Schluchzen aus.

Der Vater kneift die Augen zusammen. Die hageren Wangen röten sich. Verzweifelt versucht er, sich zu beherrschen. Doch dann schleudert er seine Anklagen gegen alle und jeden heraus. Zunächst gegen seine Frau. Sie sei schuld an dem ganzen Elend.

Sie habe als erste die Türkei verlassen, weil die Not so groß war, ... ja, das gebe er zu, ... aber auch, weil sie sich immer mit seiner Mutter gestritten habe und eigentlich vor ihr geflohen sei. ... Die sei jetzt tot. Dafür sei jetzt die ganze Familie zerrissen. Die Eltern wollten wieder zurück in die Heimat, weil sie sich hier so isoliert, so unverstanden fühlten. Alles sei hier anders, das Klima, die Menschen, die Sprache. Ja, nicht einmal beten könne man hier wie in der Türkei. Kontakt mit den Deutschen sei nicht möglich ... auch kaum während der Arbeit. Ich sei die erste Deutsche, die nach so vielen Jahren in ihr Haus gekommen sei. Auch Ahmet und Osman hätten keinen Kontakt zu Deutschen ... Emine würde bald heiraten, ... einen Türken. Der verdiene gutes Geld im Volkswagenwerk. Die würden dann auch nicht wieder mit zurück in die Türkei gehen. ... Vielleicht auch Ahmet und Osman nicht ...

Immer wieder kommt die Klage: »Die Familie ist jetzt ganz zerrissen!«

Im Sparen sieht er die einzige Lösung, um in dem türkischen Heimatort ein Haus zu bauen, wovon man dann besser leben könne. Er klagt, die Kinder stellten zu hohe Ansprüche. Osman wolle jetzt ein Moped, weil das alle, vor allem die deutschen Jungen, hätten. Ahmet wolle ein Fahrrad, auch nur, weil die deutschen Jungen alle Fahrräder hätten. ... Und nun das viele Geld für die Waschmaschine. ...

Er ist äußerst erregt, springt auf und geht zum Fenster. Er bittet mich, hinauszuschauen: Alle Häuser seien abgerissen, nur vor diesem habe man Halt gemacht. Wie lange würden sie hier noch wohnen können? Ich biete ihm meine Hilfe bei Verhandlungen mit den Behörden an. Darüber ist er sehr erleichtert. Langsam beruhigt er sich wieder und findet zu ausgewogenerer Stimmung sich selbst und seiner Familie gegenüber.

Die Zeit für meine Verabschiedung ist gekommen.

Vater Mustafa schenkt mir noch eine Postkarte von der schönen Sultan-Ahmet-Moschee in Istanbul: »Wenn wir erst wieder in Türkei leben, Frau müssen uns besuchen. Wir Ihnen werden zeigen alles Schöne in Türkei.« Dazu nicken alle mit dem Kopf. Mutter Pembe hatte noch schnell ein paar Kuchenstückchen eingepackt: »Für Frau ... von Ahmets Geburtstag«, sagt sie und drückt mir lange die Hand.

Ahmet hatte offenbar das Zimmer schon etwas früher verlassen. Niemandem schien das aufgefallen zu sein, und so frage ich auch nicht nach ihm.

Als ich das spärlich beleuchtete, kalte Treppenhaus hinabsteige, finde ich ihn auf einer alten Kiste vor der Haustür hockend. Wir schweigen beide eine Weile. Schließlich sage ich: »Ich freue mich, daß ich dich hier unten noch antreffe. ... Ich hatte dich oben schon vermißt.«

Dazu sagt er nichts. Er geht mit mir hinaus zum Auto. Es ist ein eiskalter Winterabend. ...

»Auf Wiedersehen, Ahmet, bis Freitag, übermorgen, um drei Uhr!«

Er macht keinerlei Anstalten, sich zu verabschieden. Er scheint auch gar nicht zu wissen, was er will. ... Er steht nur so da, ... äußerlich wie innerlich erstarrt.

Als ich schon im Auto sitze, stammelt er: »Kann ich nicht jetzt schon mitfahren?«

»Nein, Ahmet, es ist kalt und dunkel, und du mußt jetzt ins Haus gehen.«

»Ich könnte doch mit der Straßenbahn zurückfahren. ... Ich kenne doch den Weg.«

»Auch das geht nicht, Ahmet. Es ist schon so spät.«

»Nur ein kleines Stückchen mitfahren möchte ich.«

»Auch das geht nicht, Ahmet. Es ist kalt, und du mußt jetzt zurück ins Haus gehen. Wir sehen uns am kommenden Freitag.«

Er geht zurück, bleibt in der Haustür stehen und schaut mir nach.

»Der zieht sich daran hoch«

Freitag, 14. Dezember. Heute kommt Ahmet zu seiner ersten Behandlungsstunde.

Er klingelt eine halbe Stunde zu früh an der Tür. Ich sage ihm, daß es noch nicht drei Uhr sei, und schlage ihm vor zu warten. Bücher lägen zum Lesen bereit.

Als ich um drei Uhr nachschaue, ist das Wartezimmer leer. Er muß sich lautlos aus dem Haus entfernt haben. Zwanzig Minuten später steht er wieder in der Haustür, hastig keuchend, als ob er schnell gelaufen sei.

»Was ist, Ahmet?«

Angst und Verwirrung stehen auf seinem Gesicht. Er stammelt: »Ist meine Stunde schon vorbei?«

»Nein, Ahmet, wir haben noch viel Zeit. ... Was war los?«

Er streicht sich mit der Hand über die Stirn, so, als ob er einen Spuk wegwischen wollte.

»Ich konnte Ihr Haus nicht wiederfinden. ... Ich hab mich verlaufen, ... wußte nicht mehr, wo ich war.«

»Komm herein, Ahmet!«

Er bückt sich hastig, seine Schuhe auszuziehen.

»Du kannst deine Schuhe immer anbehalten, Ahmet. Wir gehen gleich ins Spielzimmer.«

Hier bleibt er wie angewurzelt in der Mitte des Raumes stehen. Er kommt mir vor wie ein gejagtes Tier: wie ein gehetzter Hase, der seinen Jäger nicht kennt.

»Ich bin immer durch die Straßen gelaufen, ... gerannt. ... Ich konnte Ihr Haus nicht wiederfinden.«

»Und konntest niemanden fragen, der dir den Weg gezeigt hätte?«

»Ich konnte mich doch an nichts mehr erinnern! ... Ich wußte nicht mal mehr Ihren Namen und wußte auch die Straße nicht. ... Alles, alles war weg aus meinem Kopf! ... Und dann bin ich gelaufen und gelaufen, und ... plötzlich stand ich wieder vor Ihrem Haus.«

Für einen Augenblick huscht ein befreites Lächeln über sein Gesicht.

»Und warum, Ahmet, mußtest du überhaupt von hier fortgehen, weißt du das?«

Er zögert und schaut zu Boden, so, als ob er fürchtet, etwas Schlimmes getan zu haben.

»Als ich allein im Zimmer war, da hatte ich plötzlich solche Angst, ... und da mußte ich weglaufen.«

»Ist das zu Hause auch manchmal so?«

Er schaut mich an: »Ja, wenn ich ganz allein zu Hause bin, ... dann habe ich auch Angst, ... und dann laufe ich auch oft weg.«

Ich dringe nicht weiter in ihn. Er sieht so blaß und elend aus, durchgefroren bis auf die Knochen. Wieder trägt er viel zu dünne Kleidung. Die nackten Beine schauen unter den zu kurzen Hosen hervor, knallrot gefrorene, rissige Hände aus den Ärmeln einer alten, fadenscheinigen Jacke. Er trägt keine Handschuhe, Schal oder Kopfbedeckung; und dies bei minus 15 Grad!

»In diesem Raum kannst du dich ganz so geben, kannst du ganz so sein, wie du dich fühlst. Wenn du zum Beispiel hungrig bist, kannst du es sagen. Du kannst dir dann in der Kochecke selbst etwas zu essen machen oder mich darum bitten.«

Schweigen. Nach einer Weile setzt er sich ganz vorsichtig in die Schaukel und schwingt sachte hin und her. Ich wiederhole noch einmal, daß er in seiner Stunde hier alle seine Wünsche und Gefühle frei aussprechen und ausleben könne, und daß er mit all diesen Spielsachen um uns herum spielen könne, mit mir oder auch allein, ganz so wie er es wolle.

»Und Sie würden mir auch ein Wurstbrot machen?«

»Wenn du das möchtest, Ahmet?«

Ich gehe zum Eisschrank und mache ihm eine Schnitte Brot mit Leberwurst. Er verzehrt die Stulle, dann eine zweite, ... anschließend noch ein Glas Milch mit Kaba.

»Das ist mein Lieblingsessen, Leberwurstbrot mit Milch und Kaba.«

»Ich freue mich, daß es dir geschmeckt hat.«

Er schaut mich an: »Warum tun Sie das für mich?«

Ich zögere ein wenig mit der Antwort, denn die Frage überrascht mich in diesem Moment.

»Nun, du kommst doch zu mir, damit ich dir helfe, Ahmet. Und nun habe ich dir erst mal geholfen, daß du satt bist.«

Seine Blicke wandern durch den Raum: »So viel Spielzeug gibt es hier. ... Haben Sie dies alles nur für mich gekauft?«

»Wie meinst du das, Ahmet?«

»Ich meine, ob Sie das alles für mich gekauft haben?«

»Ich habe dieses alles für die Kinder gekauft, die hier zum

Spielen herkommen. Und nun bist du auch eines von diesen Kindern.«

Er bleibt hartnäckig: »Aber gehört mir denn nun dieses Spielzeug hier richtig?«

»Du meinst als dein Eigentum?«

Er nickt mit dem Kopf.

»Nein, Ahmet, die Spielsachen sind nicht dein Eigentum. Sie gehören in dieses Zimmer, damit jedes Kind damit spielen kann.« Er stellt keine Fragen mehr. Eine ganze Weile verharren wir in Schweigen. Dann schlendert er lustlos durch den Raum und setzt sich auf eine kleine Bank in der Malecke. Er scheint mit sich und der Welt nichts anfangen zu können, sitzt nur so da und schweigt mit gesenktem Kopf und hängenden Schultern. Auch ich sage nichts.

Nach einer Weile beginnt er zu sprechen: »Zu Hause, ... da quält mich so die Langeweile, ... da sitz ich oft ganz lange so auf dem Sofa und kann einfach nicht mehr aufstehen.«

»Das muß ein schlimmes Gefühl sein, Ahmet. Du meinst, dir ist dann, als ob du dich nicht mehr bewegen könntest? Ist es so?«

Er nickt mit dem Kopf.

Zaghaft greift er nun zur schwarzen Farbe, zögert ein wenig und gießt sie dann in großen Mengen über die Malblätter. Ein Blatt nach dem anderen beschmiert er mit schwarzer Farbe. Dann nimmt er einen Bleistift und zieht in die dicke, schwarze Farbsauce die Kontur eines Hundes. Fast wie zu sich selbst murmelt er: »Vor Hunden habe ich immer Angst.«

»Vor Hunden?«

»Ja, wenn ich einen Hund sehe, hab ich immer Angst, daß er mich gleich anspringt und beißt.«

»Und ist das schon passiert, Ahmet?«

Er schüttelt den Kopf: »Nein, noch nie!«

Pause. Schließlich sagt er: »Wissen Sie noch, als ich zum erstenmal zu Ihnen kam, wollten Sie, daß ich einen Baum male?«

»Ja, Ahmet, das weiß ich noch. Es war ein Baum, an dem ein Specht immer herumpickte.«

Er lächelt und scheint sich zu freuen, daß ich mich daran erinnere.

»Das wissen Sie noch?«

Nun malt er wieder einen Baum, mit einer riesigen Baumkrone, aber alle Äste hängen schlaff bis auf die Erde herunter. Er reicht mir das Bild. Ich betrachte es eine Weile.

»Ja, solche Bäume habe ich schon oft gesehen. Es könnte eine Trauerweide sein. ... Du hast sie echt gemalt.«

Es scheint ihm gut zu tun, daß er für jemanden malen kann, der Interesse hat. Er nimmt nun die rote Farbe und malt eine gewaltige, nach links gerichtete Lokomotive.*

»Das ist ja eine riesengroße Lokomotive mit viel Kraft und Energie. Die gefällt mir, Ahmet.«

Ich merke, daß er sich freut, wenn ich möglichst lange sein Bild anschaue. Dann erklärt er mir: »Die Lokomotive steht still.«

Seine Äußerung darüber verblüffte mich, weil sie mehr Bewußtseinsnähe offenbarte, als ich erwarten konnte, und so wiederhole ich: »Die steht still?«

Er nickt mit dem Kopf und wiederholt: »Ja, die steht still. ... Die kann nicht mehr fahren.«

»Aber die hat doch so viel Kraft und Energie in sich, diese gewaltige Lokomotive. ... Das muß schlimm für sie sein.«

»Vielleicht explodiert sie mal«, sagt er darauf, steht auf und geht unruhig durch den Raum.

Hier gewinnt eine Schachtel mit riesengroßen Streichhölzern sein Interesse. Er öffnet sie zögernd und fragt, ob er wohl mal so ein Riesenstreichholz anzünden dürfe. Mit kräftigem Schwung bringt er den langen Holzstab zum Brennen und betrachtet die Flamme, wie sie sich immer tiefer nach unten frißt und dann erlischt. Das wiederholt er einige Male.

Dann fällt sein Blick auf den Sceno-Kasten**, den ich vorher aufgeklappt hingestellt hatte. Die vielen verschiedenen Puppen, Tiere, Bäume und anderen Gegenstände interessierten Ahmet sichtlich. Zunächst greift er zum Feuerwehrauto. Er spricht dabei über Feuer: ... daß manchmal ein großes Feuer ausbreche, und daß man dann viele Feuerwehrautos zum Löschen brauche.

»Hast du schon mal ein großes Feuer erlebt?«

* Vgl. mein Buch ›Betty‹. In der Ausgabe der Deutschen Verlags-Anstalt, Stuttgart 1975, S. 17; in der Ausgabe des Deutschen Taschenbuch Verlags (dtv 1367), München 1978, S. 15.

** Im Sceno-Kasten liegen viele kleine Gegenstände, wie Möbel, Hausrat, ja ein Klo, Nachttöpfchen, Geschirr, Nuckelflasche, Bäume und Blumen, wilde und zahme Tiere, eine große Kuh, viele verschiedene, biegbare Puppen, auch ein Baby und vieles mehr, womit das Kind eine »Szene« aufbauen kann. An der Art, wie das Kind mit dem Material umgeht, was für eine Szene es damit aufbaut, kann man Einblicke in seine unbewußten Gefühle gewinnen, die seinem gestörten Verhältnis zu seiner Umwelt, insbesondere zu seinen Eltern und Geschwistern, zugrunde liegen. Das Ganze nennt man einen Sceno-Test.

Er schüttelt den Kopf: »Nein!«
Er nimmt das Krokodil in die Hand, sagt nur: »Oh ho!« und legt es gleich wieder weg.
Längere Zeit interessiert ihn das Klo. Er stellt es dann in die untere rechte Ecke der Spielfläche und setzt im Wechsel mal einen Jungen, mal einen Affen darauf. Dann drückt er dem Affen die Klobürste in die Hand.
»Aha! Der Affe mit der Klobürste!«
Auf meine Bemerkung reagiert er nur mit einem dünnen Lächeln und kramt weiter im Sceno-Kasten herum. Dann nimmt er eine Bank und stellt sie an den oberen Rand der Spielfläche. Darauf setzt er zwei weibliche Puppen.
»Das ist eine Mutter und eine Großmutter.«
»So?«
Daneben setzt er dann einen Hocker mit einem kleinen Jungen. »Aha«, sage ich, »ein kleiner Junge sitzt neben Mutter und Großmutter.«
Schnell wechselt er den Hocker durch einen Schaukelstuhl aus: »Das mag der kleine Junge lieber, geschaukelt werden.«
»Ach ja, das ist ja auch schön, mal geschaukelt zu werden.«
Ich bestätige ihm seine Wünsche und Gefühle, damit er mehr und mehr Mut gewinnt, sie auf irgendeine Weise auszudrücken und mir mitzuteilen.
»Man erzählt ihm Märchen«, sagt er nun. »Das hat er auch gern.«
»O ja, das wird ihm Spaß machen.«
Dann stellt er in die Mitte der Spielfläche einen Tisch und deckt ihn mit Tellern, Gläsern, Messern und Gabeln. Mittendarauf setzt er einen Kuchen. Dann nimmt er ein Mädchen mit weißer Schürze und breitet ihre Arme ganz weit auseinander, so daß er ihr ein Tablett darauf legen kann.
»Was macht sie?«
»Sie ist eine Serviererin, sie bringt denen allen was Schönes zu essen und zu trinken!«
»Was bringt sie ihnen denn?«
»Och, Kuchen, Schokolade, Milch und Früchte.«
Während er alles aufzählt, legt er ihr Miniatur-Früchte auf das Tablett.
Links neben den Tisch setzt er dann ein kleines Faß.
»Ein Faß? . . . Was mag da wohl drin sein?«
»Bier«, sagt er sogleich, »viel, viel Bier. Die sind hier alle so durstig und wollen trinken!«

»Ach ja, wenn die so durstig sind, dann müssen sie wohl trinken.«

In einen Liegestuhl, den er rechts auf die Aufbaufläche stellt, legt er dann noch einen »Opa«: »Der ruht sich aus.«

Jetzt sucht er wieder etwas länger in dem Spielmaterial herum, nimmt dann ein kleines Blümchen, stellt es in die linke äußere Ecke und setzt auf den Rand des Blumentopfes ein kleines Vögelchen.

»Was könnte das wohl für ein Vogel sein?«

»Ein Spatz«, antwortet er spontan. »Er kann nicht singen, aber hier sitzt er sicher und gemütlich.«

»Ach ja, so weit weg von allen, unter einer Blume, das kann ja manchmal ganz schön sein.«

Nun legt er seinen Arm auf den Kastenrand. Schlaff und antriebslos hängt die Hand herunter.

Ich zähle nochmals auf, was auf dem Sceno zu sehen ist: »Der Opa liegt entspannt im Liegestuhl, hier schaukelt der kleine Junge und wartet darauf, daß ihm Märchen erzählt werden, und alle anderen warten auf all das Schöne, was die Serviererin hereinträgt.«

Ahmet schweigt dazu.

Ich erwähne noch einmal den kleinen Spatzen, der einen so gemütlichen, sicheren Platz in der Ecke gefunden hat: »Alle, alle ruhen sich aus.«

Plötzlich gibt Ahmet sich einen Ruck und fährt im Sceno-Aufbau fort. Er nimmt ein Spielzeug, das er zum Turngerät erklärt, stellt es an den unteren Rand der Aufbaufläche, etwa in die Mitte, und hängt einen Jungen daran.

»Und was macht der?«

Mit immer noch leiser, nuscheliger Stimme sagt Ahmet: »Der zieht sich daran hoch.«

»Ach so? Der zieht sich also am Turnreck hoch? Er will etwas tun, während sich alle anderen ausruhen und warten, daß man ihnen etwas Schönes bringt?«

Dazu sagt er nichts. Sein Interesse an diesem Sceno schien damit erloschen.

Die Stunde war ohnehin um. Es war schon dunkel geworden. So begleite ich Ahmet auf seinem kurzen Weg zur Straßenbahn.

»Wann kann ich denn nun wiederkommen?«

»Am kommenden Dienstag um drei Uhr ist wieder deine Stunde, Ahmet.«

Wegen seiner Vergeßlichkeit notiere ich auf einen Zettel Tag und Uhrzeit seiner nächsten Behandlungsstunde, dazu meine Anschrift mit Telefonnummer. Im Falle eines sich wiederholenden Erinnerungsverlustes könnte er sich damit – so hoffe ich – helfen. Ich sage ihm auch noch, daß er mich jederzeit anrufen dürfe.

Mechanisch steckt er den Zettel in seine Hosentasche. . . .

Würde er sich je wieder daran erinnern? Ich hatte den Eindruck, daß er bereits von aufsteigenden Angst- und Unruhegefühlen weit fortgetragen war.

Nach einer halben Minute Wartezeit kommt auch schon die Straßenbahn. Ahmet läuft davon, ohne auch nur das kleinste Zeichen einer Verabschiedung zu geben.

Ich gehe sogleich ins Haus, um die erste Stunde mit Ahmet zu protokollieren und den Sceno-Test auszuwerten.

Was sagt uns nun dieser Test?

Wünsche nach Zuwendung werden ausgedrückt, und zwar in allen Bereichen: Märchen-Erzählen, Schaukeln, Essen und Trinken, wobei speziell die Passivität betont wird. Bei kontaktgestörten Kindern treten oft Tiere in der Scene auf, mit denen sie gleichsam ihre eigenen Gefühle der Verlorenheit, Isolation und Hilflosigkeit ausdrücken. Hier ist es der Spatz unter einer Blume. »Er kann nicht singen«, sagt Ahmet, »aber hier hat er einen gemütlichen, sicheren Platz.«

Das Klo ist für Ahmet ein wichtiges Symbol für sein körperliches Symptom, das Bettnässen. Die in der frühesten Kindheit erlebte Reinlichkeitsdressur durch die Großmutter wird damit unbewußt angesprochen.

Daß er nach längerem Zögern dann doch noch das Turnreck aufstellt, an dem sich ein Junge hochzieht, ist bedeutsam, da es der einzige Hinweis auf in ihm unbewußt wirkende Kräfte zur Überwindung seiner Passivität ist.

Am folgenden Tag klingelt um die Mittagszeit das Telefon. Es ist Ahmet. Er stammelt vor Aufregung: »Iiiiich wollte nur mal liebe Grüße sagen.«

»Das ist nett, Ahmet.«

Nach kurzer Pause: »Iiiiich glaube, ich werde krank, ... uuuund was wird werden, wenn ich krank bin?«

»Was werden wird, wenn du krank wirst? Wie meinst du das, Ahmet?«

»Ja, dann kann ich nicht zu Ihnen kommen, und wie wird das dann?«

»Sag mir doch erst mal, von wo du jetzt telefonierst, Ahmet.«

»Von einem Telefonhaus auf der Straße«, antwortet er sogleich.

»Und ist das in eurer Nähe?«

Nun berichtet er mir, wie nahe dieses Telefonhäuschen zur Wohnung läge, und daß er mich auch schon am Vorabend angerufen habe. Es habe sich aber niemand bei mir gemeldet.

»Hattest du schon gestern Sorgen, krank zu werden?«

Er weicht aus: »Ich weiß nicht, was ich tun soll. ... Die Langeweile quält mich so.«

»Würdest du denn lieber dreimal statt zweimal in der Woche zu mir kommen?«

Er fragt sogleich: »Ja, wann ist denn das? Wann kann ich denn noch kommen?«

»Dann würdest du an jedem Montag, Mittwoch und Freitag kommen und immer um die gleiche Zeit, um drei Uhr nachmittags.«

Er überlegt kurz: »Dann ist ja immer nur noch ein Tag dazwischen, wo ich nicht zu Ihnen kommen kann?«

»So ist es Ahmet. Du kommst also schon übermorgen.«

Er spricht hastig: »Dann werde ich noch mal Probefahren machen, damit ich es pünktlich schaffe.«

Ich wiederhole nochmals die Tage und die Uhrzeit und erkundige mich, ob seine Eltern zu Hause seien.

»Meine Mutter ist da«, antwortet er mit ausdrucksloser Stimme.

»Wird es deinen Eltern denn recht sein, wenn du dreimal zu mir kommst?«

»Ja, ganz bestimmt, das ist denen ganz egal.«

Ich übernehme nun die Verabschiedung: »Also dann bis Montag um drei Uhr, Ahmet. Ich freue mich auf dich!«

Bevor er den Hörer einhängt, sagt er noch: »Uuuund ich werde es schon pünktlich schaffen.«

»Ahmet, met met met, ... du bist der Sohn von Mohammed«

Er schaffte es aber nicht ganz pünktlich. Zwanzig Minuten zu spät kommt er keuchend angelaufen. Er spricht ganz aufgeregt: »Am Anfang war alles ganz prima, ... aber dann hab ich vergessen auszusteigen.«

»Vergessen, aus der Straßenbahn auszusteigen, Ahmet?«

Mit einer fahrigen Handbewegung wischt er sich über die Stirn: »Ja, ich hab einfach vergessen auszusteigen, und dann mußte ich so weit zurücklaufen! ... Wieviel Zeit haben wir denn nun noch?«

»Wir haben noch vierzig Minuten, Ahmet.«

»Nur noch vierzig Minuten? ... Da muß ich mich ja mit dem Spielen beeilen!«

Kaum ins Spielzimmer getreten, wandert Ahmet rastlos durch den Raum. Schließlich geht er hinter die Kasperbude, nimmt das Krokodil in die Hand und läßt es mit weit geöffnetem Rachen herausschreien: »Ich habe Hunger, ... ich habe Hunger, ... ich habe Hunger! ... Ach, wenn doch nur der Kasper käme! Er würde mir bestimmt was geben!«

Es kommt aber der Teufel. ... Das Krokodil beißt den Teufel. Dann erscheint der Polizist und ruft: »Jeden Tag ein Gangster, jeden Tag ein Gangster!«

Jetzt kommt der Kasper und sagt: »Was, jeden Tag ein Gangster? Ich hänge jetzt ein Schild 'raus, und wer den Gangster findet, der bekommt tausend Mark!«

Ahmet schweigt einen Augenblick und läßt dann – wieder den Kasper – ausrufen: »Kinder, Kinder, morgen gibt es Kartoffelpuffer!«

Worauf das ausgehungerte Krokodil ruft: »O, da will ich aber dabei sein?«

Kasper: »Ja, bei Kartoffelpuffern will immer jeder gerne dabei sein. Da machen wir gleich zwei Teller Kartoffelpuffer mehr.«

Danach bricht er ganz plötzlich sein sprunghaftes Theaterspiel ab. Schweigend bleibt er hinter der Kasperbude sitzen.

»Ein spannendes Kaspertheaterspiel ... von dem ausgehungerten Krokodil«, sage ich schließlich.

Nun fällt ihm ein, daß er sein Buch von den Dinosauriern vergessen hat: Es sei so spannend, und ich solle es mir doch mal ansehen.

»Du kannst mir ja auch die Geschichte von den Dinosauriern hier vorspielen, Ahmet. ... Wir haben da noch viele Krokodile liegen.«

Darauf geht er aber nicht ein. Wieder schlendert er ziellos durch den Raum. Man spürt deutlich, daß er gegen aufsteigende Unruhewellen anzukämpfen hat.

Ich wollte in dieser Stunde gerne einen Sätze-Vollende-Test mit ihm machen, um damit einen weiteren Einblick in seine verdrängten, unbewußten Ängste und Wünsche zu bekommen. Ich frage ihn, ob er Lust hätte, mir noch einige Sätze zu vollenden, von denen ich nur die ersten Worte sagen würde. Dazu ist er bereit.

Ich lese ihm vor:

»Verheiratet sein ...«

Er vollendet diesen Satz: »ist schön, dann ist man nicht mehr so allein.«

»Im Dunkeln ...«

»... fürchte ich mich.«

»Ich träume in der Nacht, ...«

»... daß ich viel Spielzeug habe.«

»Wenn ich nur ...«

Ahmet: »ein eigenes Zimmer hätte.«

Er erzählt dazu, daß er mit seinem Bruder und Vater in einem Zimmer schlafe, und daß besonders sein Bruder Osman ihn so viel ärgere.

»Die Welt ist schön, wenn ...«

»... nur meine Eltern nicht so viel schimpfen würden!«

Ich schweige länger, um ihm Gelegenheit zu geben, noch mehr darüber zu sprechen. Das tut er aber nicht.

»Ich spiele ...«

»... gerne Zug.«

»Ich wollte ...«

»... einen Zug haben, ein Spielzeug.«

»Ich wünsche ...«

»... mir Spielzeug im Traum.«

»Wenn ich allein bin, ...«

»... weiß ich nicht, was ich tun soll.«

»Es ist schön, ...«

»... wenn ich Spielzeug habe.«

»Manchesmal habe ich schon gedacht, ...«

»... daß ich ganz viel Spielzeug hätte.«

Ich sage ihm, daß in diesem Spielzimmer ganz viel Spielzeug

für ihn bereitläge, daß wir auch einen Zug zum Spielen hätten. Darauf sagt er aber nichts. Ich stelle ihm nun weitere Fragen:

»Als ich noch klein war, ...«

»... wollte ich nicht zum Klo.«

»Kannst du dich noch daran erinnern, Ahmet?«

»Nein, aber das sagt meine Mutter immer.«

»Ich erschrecke, ...«

»...wenn es dunkel ist ... vor einem Mann.«

Er fügt hinzu, daß er besonders vor betrunkenen Männern Angst habe. Warum, das wisse er auch nicht.

»Ich bin froh, ...«

»... daß ich einen guten Freund habe. Der Freund heißt Thomas.« Ich war erstaunt: »Thomas war aber nicht auf deinem Geburtstag. Konnte er nicht kommen?«

»Nein, der wohnt ganz weit weg, in Nürnberg. ... Aber wir schreiben uns manchmal eine Postkarte.«

»Ach so, ... wann hast du ihn denn das letzte Mal gesehen?«

Er überlegt lange: »Ich weiß nicht, ... vor ein paar Jahren, ... als ich mit meiner Mutter und Schwester mal in Nürnberg war.«

»Schade, daß dein Freund Thomas so weit weg wohnt. Gibt es denn in deiner Klasse keinen Jungen, der auch dein Freund sein könnte, Ahmet?«

Er kneift seine geröteten Augen wie unter einem nervösen Schmerz zusammen: »Die sind doch alle so klein.«

Er zeigt mit seiner Hand bis weit unter die Schulter: »Die gehen mir doch nur bis hier.«

»Wieso?«

»Die sind doch alle zwei oder auch drei Jahre jünger als ich. ... Ich bin doch erst mit acht Jahren in Deutschland in die Schule gekommen, und weil ich die deutsche Sprache nicht konnte, mußte ich zu den ganz Kleinen.«

»Zu den Sechsjährigen?«

Er nickt. Zögernd fügt er dann noch hinzu: »Und weil ich nicht so schnell Deutsch lernen konnte, mußte ich zwei Jahre in der ersten Klasse bleiben.«

»Ach so, jetzt verstehe ich. Dann bist du ja viel älter und größer als alle deine Klassenkameraden. Wie fühlst du dich denn da?«

Er zuckt mit den Achseln: »Ach, das ist mir egal.«

Ich lasse ihm etwas Zeit und sage dann: »Nun ja, manchmal wird so etwas einem egal, wenn man fühlt, daß man sich nicht dagegen wehren kann. Das kann ich schon verstehen.«

Er stützt seine Ellbogen auf den Tisch und drückt die Fingerkuppen gegen die Schläfen. Dann sagt er mit leiser, kaum hörbarer Stimme: »Wenn ich in die Klasse komme, rufen sie immer: ›Ahmet, ... met met met, ... du bist der Sohn von Mohammed‹!«

Er verharrt weiter in gebeugter Körperhaltung. Wehrlos scheint er alles über sich ergehen lassen zu müssen, keine Zeichen der Auflehnung, keine geballten Fäuste.

Nach einem Augenblick des Schweigens sage ich:

»So, das sagen die Kinder immer zu dir?«

Ein Ausdruck von tiefer Traurigkeit steht auf seinem Gesicht. Er wiederholt: »Ach, das ist mir ja ganz egal ...«

Ich sage nichts darauf. Aber als er mich dann anschaut, sogar länger anschaut und meinen Blicken standhält, bemerke ich: »Daß es dir egal ist, sagt dir jetzt dein Kopf, ... aber hier unten, ganz tief unten fühlt es sich anders an.«

Er zuckt darauf nur ein wenig mit den Mundwinkeln. Unvermittelt fragt er dann: »Haben Sie wieder Leberwurst?«

Als er die erste Stulle verzehrt hat: »Haben Sie auch wieder Milch mit Kaba?«

Die Zeit ist um. Als er sich zum Gehen anschickt, sagt er: »Wissen Sie, was heute das Schönste war?«

»Nun, Ahmet?«

»Daß Sie heute wieder Leberwurst hatten.«

»Wer mit dem Feuer spielt, macht auch ins Bett«

Ahmet kommt zu seiner dritten Behandlungsstunde. Wortlos geht er in das Spielzimmer und setzt sich gleich auf einen kleinen Stuhl in der Kochecke. Er schweigt weiterhin.

»Du weißt, Ahmet, du kannst hier spielen, was du willst, wozu du Lust hast«, versuche ich ihn zu animieren. Doch in schlaffer Haltung sitzt er da, offenbar völlig ohne Antrieb. Heute ist seine Kleidung total verschmutzt. Löcher über Löcher in Pullover und Hose. Und wieder riecht er stark nach Knoblauch.

»Dies ist für Sie ...«, sagt er schließlich und gibt mir einen kleinen Reklame-Kalender. ... Dann, als ob dies nicht genug sei, holt er noch schnell eine Briefmarke aus der Hosentasche: »Und dieses auch« ...

Ich halte Kalender und Briefmarke in den Händen und sage: »Du hast mir ja schon einmal eine Briefmarke geschenkt, Ahmet.«

Er schaut mich an: »Als ich das erste Mal bei Ihnen war.«

Als er nichts weiter hinzufügt, sage ich: »Es ist gut, wenn man manchmal mit kleinen Geschenken das sagt, was man mit Worten noch nicht richtig ausdrücken kann.«

Auch darauf keine Reaktion.

Als ihm dann offenbar unser Schweigen zu lange dauert, erhebt er sich gequält, geht schlaksig durch den Raum, faßt mal dieses, mal jenes Spielzeug an, setzt sich in die Schaukel, und läßt sich hin und her pendeln.

Dann erinnert er sich an die langen Streichhölzer. Ohne zu fragen, zündet er wieder ein Holz an, ein zweites, ein drittes. Er bündelt mehrere Streichhölzer, um sie alle auf einmal anzuzünden. Das wiederholt er eine ganze Weile und schaut dabei mit aufgerissenen Augen in die Flammen.

»In der Türkei sagt man, wer mit dem Feuer spielt, macht auch ins Bett.«*

* Ich kannte diesen Ausspruch nicht, erinnerte mich aber, in einer Studie über Bettnässer von Peter W. Rosenberger (›Enuresis‹, Göttingen 1976) gelesen zu haben, daß unter den pathologischen Brandstiftern eine hohe Anzahl von Bettnässern sei. Es gibt auch eine schlesische Redensart: »Wer gokelt (zündelt), pullt auch gern ins Bette.« Auch der unter dem Namen »Feuerteufel von Lüneburg« bekannte Brandstifter war Bettnässer.

Worauf wollte er wohl hinaus?

Nun kam auch schon seine Frage, die ihn große Überwindung zu kosten schien.

»Wie wollen Sie es denn machen, daß es mit mir besser wird, ... ich meine, ... daß ich nicht mehr ins Bett mache?«

Offenbar erleichtert, diese Frage los zu sein, blickt er auf und schaut mir erwartungsvoll ins Gesicht.

»Ich finde es gut, Ahmet, daß du mich fragst. ...«

Nach leichtem Zögern spreche ich weiter: »Es ist nur sehr schwierig, das zu erklären. ... Vielleicht kann ich deine Frage besser mit einem Beispiel beantworten: Wenn du dich tief in den Finger geschnitten hast, eine tiefe Wunde hast, dann können weder ich noch du, noch irgend jemand anderes mit dem Willen diese Wunde zum Heilen bringen. Aber du wirst sehen, daß in wenigen Tagen die Wunde von selbst zugeheilt ist. Das Innere, deine Natur, hat ohne dein Zutun die Wunde heilen lassen.«

Er nickt dazu.

»Wenn nun aber in diese Wunde Schmutz und dadurch Eiter gekommen ist, dann kann die Wunde nicht zuheilen. Man muß dafür sorgen, daß der Schmutz und der Eiter aus der Wunde herausfließen. Verstehst du das?«

Er nickt und ich fahre fort: »Ich habe dir gesagt, daß du dich hier ganz so geben kannst, wie du dich fühlst, daß du alle deine Gefühle, die frohen und die traurigen, herausfließen lassen kannst ... wie den Schmutz und Eiter aus der Wunde. Und wenn du dazu den Mut hast, – und dazu gehört viel Mut, weil es auch manchmal Angst macht –, dann tut das Innere in dir das gleiche, wie die Wunde, die zuheilt, ohne daß ich oder du mit dem Willen etwas dazu tun könnte. Und so ähnlich wird auch das Bettnässen eines Tages zu Ende sein.« Ich konnte so lange reden, weil ich spürte, daß der Kontakt zwischen uns beiden nicht abriß. Den Vergleich hatte er begriffen, das, was ich damit aussagen wollte, wohl nur dumpf erahnt, ... aber das machte nichts: Auch wenn der Verstand nicht ganz begreift, so verfehlt eine nur dumpf geahnte Wahrheit im Unbewußten nicht ihre Wirkung.

Er schlendert nun wieder lustlos durch den Raum. Nichts von den Spielsachen scheint ihn sonderlich zu locken. Er nimmt wieder sein altes Spiel auf, das Zündeln von Streichhölzern. Es geht ihm darum, die Flamme möglichst lange am Leben zu halten. ... Dann greift er zu einem Feuerzeug, dessen Flamme beliebig verstellbar ist, von winzig klein zu riesengroß. Wortlos beschäftigt er sich damit eine ganze Weile, und ich finde, daß dabei sein Gesichtsausdruck entspannter wird.

»Ach, ich wollte Ihnen etwas sagen, ... aber ich habe es schon wieder vergessen.«

Er spielt weiter mit dem Feuer. ...

Nach einer Weile des Schweigens überwindet er sich: »Nun muß ich Ihnen doch mal was sagen.«

»Ja, Ahmet?«

Er zögert.

»Nun, Ahmet?«

»Meine Eltern kennen jemanden, der sagt ... der sagt, ... man müßte Kindern, die ins Bett machen, ganz große Angst einjagen. ... Dann ginge das weg.«

»Wer hat das gesagt, Ahmet?«

»Ein Türke, ... der bei uns im Hause wohnt.«

»Erzähle mir doch mal alles, Ahmet.«

Stammelnd fährt er fort: »Dieser Mann hat das zu meinen Eltern gesagt. ... Ich habe das gehört, ... ich war mit im Zimmer.«

»Daß man dir Angst machen solle, Ahmet? Hat er das gesagt?«

Jetzt bricht es aus ihm heraus: »Er hat gesagt, er hat gesagt, daß man Kindern, die ins Bett machen, einen glühenden Nagel in den Oberschenkel einjagen soll! ... Dann ginge das weg.«*

Ich war erschüttert!

Für einen kurzen Augenblick treffen sich unsere Blicke. ... Seine Schultern schieben sich immer höher, so als ob der Kopf am liebsten ganz in seinem Körper verschwinden wollte. Tiefer Schmerz steht auf seinem Gesicht. ... Er rührt sich nicht.

»Und was hast du darauf gesagt, Ahmet?«

Er zögert, ... sagt dann, mit kaum hörbarer Stimme: »Ich habe gesagt: ›Hau ab‹!«

»Das hast du gesagt: ›Hau ab‹?«

Er schaut mich an ...: »Aber nur von innen, wissen Sie, nur von innen habe ich das gesagt.«

»Ach so, nur von innen hast du das gesagt, ... aber hier, Ahmet, hier kannst du es ihm auch von außen sagen. Sag ihm, was du fühlst, ... sag ihm alles, Ahmet.«

* Auch in unserem Kulturkreis gibt es von alters her grausame Vorstellungen über die Beseitigung des Bettnässens (vgl. z. B. Peter W. Rosenberger: ›Enuresis‹, Göttingen 1976, S. 143).

Er verzieht keine Miene, sein Gesichtsausdruck bleibt maskenhaft; es kommt zu immer stärkeren Verdrehungen seines Körpers, und als die Spannung ihn zu zerreißen droht, springt er plötzlich auf, geht einige Schritte durchs Zimmer und wirft sich auf den Fußboden in einer Ecke, die mit dicken Fellen ausgelegt ist. Sein ganzer Leib fängt an zu zittern. ... Sein Gesicht ist ins Fell gedrückt. ... Er stöhnt, wimmert und endlich, endlich beginnt er aus tiefstem Innern heraus zu weinen. Die Zwangsjacke seiner eingesperrten, verdrängten Gefühle hat sich gelockert, das Elend seines Lebens, seiner Entbehrungen und Verletzungen bricht durch, er befreit sich in hemmungslosem Schluchzen – ohne Worte –, manchmal mit geballten Fäusten auf den Boden schlagend. Ich bin ganz still, um ihm das einzige zu lassen, was er jetzt schon für seine Heilung tun kann: seinen gegenwärtigen Schmerz fühlen, und aus sich herausweinen.

Wohl zehn Minuten sitze ich an seiner Seite ... ganz still. Das ist eine lange Zeit, wenn man so tief weint wie Ahmet jetzt.

Das Weinen klingt allmählich ab. Ahmet sitzt nun auf dem Fell, mit angezogenen Knien, um die er seine Arme schlingt, den Kopf niedergebeugt, wortlos. So sage ich nach einer Weile: »Da ist 'ne Menge Eiter aus der Wunde geflossen. Das war gut, Ahmet.«

Er schweigt dazu. Nach kurzer Zeit schon hebt er den Kopf und fragt: »Haben Sie wieder Leberwurst?«

»Ja, Ahmet, die habe ich. ... Möchtest du, daß ich dir ein Brot mit Leberwurst mache?«

Er nickt mit dem Kopf: »Und vielleicht machen Sie mir ganz kleine Häppchen?«

Er verzehrt dann mit sichtlichem Genuß erst eine, dann zwei, drei Scheiben Leberwurstbrot, in kleine Häppchen geschnitten, dazu wieder Milch und Kaba.

Während des Essens schaut er mich an und meint: »Wie kommt es nur, daß es mir so gut schmeckt? Liegt es an der Leberwurst oder am Brot?«

»Vielleicht auch mit an den kleinen Häppchen, Ahmet?«

Er lächelt ein wenig verlegen.

»Wer hat dir denn schon mal so kleine Häppchen geschnitten, Ahmet?«

»Emine, wenn ich krank war.«

»Ja, das braucht man dann. Und hat dir sonst noch jemand Häppchen geschnitten außer Emine?« frage ich ganz beiläufig.

Er schüttelt nur den Kopf, steht hastig auf und geht unruhig durch den Raum.

Schon kommt seine stereotype Frage: »Wieviel Zeit haben wir noch?«

Ich weise auf die Uhr ...: »Wie du siehst, Ahmet, die Zeit ist um.«

Er reagiert darauf mit Panik. Ohne ein Wort der Verabschiedung will er den Raum fluchtartig verlassen.

»Warte, Ahmet, warte, ich will dir noch etwas für deine Eltern mitgeben.«

Ich gebe ihm einen offenen Brief: »In diesem Brief habe ich deinen Eltern geschrieben, daß euer Wohnhaus zunächst nicht abgerissen wird. ... Ich habe mich danach erkundigt. Man hat mir gesagt, daß ihr ganz bestimmt noch zwei Jahre dort wohnen könnt. ... Du mußt diesen Brief deinen Eltern übersetzen.«

Erfreut über diese Nachricht steckt er den Brief sorgfältig in seine Hosentasche.

»Das ist ja ganz prima. ... Dann ist ja heute abend gute Luft zu Hause!«

Er bemerkt, daß ich meinen Mantel anziehe.

»Wollen Sie mit mir wieder zur Straßenbahn gehen?«

»Ich muß meinen Hund noch ein wenig spazierenführen, Ahmet, aber ...« Er fällt mir ins Wort: »Oh, kann ich da mitgehen?« »Das kannst du Ahmet, ... aber ... wie ist das, mußt du nicht zu Hause Bescheid geben, daß du später kommst?«

Er schüttelt den Kopf: »Das ist denen ganz egal, wann ich nach Hause komme.«

Wir verlassen den Spielraum, um den Hund zu holen.

»Wie groß ist denn Ihr Hund?« fragt er ein wenig verunsichert. Ich schaue ihn an: »Was für einen Hund hättest du denn lieber, einen großen oder einen kleinen?«

Er wehrt ab: »Ach, das ist mir egal.«

»Ich glaube nicht, Ahmet, daß es dir egal ist. ... Du weißt doch, daß du immer ehrlich sagen kannst, was du denkst und fühlst.«

»Nun ja, wenn Sie schon so fragen ... Ein kleiner Hund wäre mir schon lieber. ... Ich habe Angst vor Hunden.«

»Und kannst du sagen, warum, Ahmet?«

Er stottert: »Immer wenn ich einen Hund auf der Straße sehe, habe ich Angst, daß er mich anspringt und beißt.«

»Ich hab dich in der ersten Stunde schon mal gefragt, ob dich ein Hund gebissen hat und du hast nein gesagt. Ist das so?«

Er nickt mit dem Kopf.

»Hast du diese Angst, auch wenn der Hund fest an der Leine ist?«

»Ja, dann auch. Ich denke immer, er wird sich gleich von der Leine losreißen und sich auf mich stürzen.«

»Du fühlst dich also immer bedroht, wenn du einen Hund siehst?«

»Ja, wenn ich auf der Straße gehe, passe ich immer auf, ... und wenn ich dann einen Hund sehe, gehe ich einen anderen Weg.«

»Aber was machen wir denn nun heute? Mein Hund ist ein ganz kleiner, ein Rauhhaardackel. Sie heißt Mücke.«

Er lacht ein bißchen: »Na ja, mit 'ner Mücke kann es ja nicht so schlimm werden!«

Ich hole den Dackel. ... Doch, wie immer, wenn Mücke Kinder sieht, ist sie nicht sehr erfreut. Sie steht im Raum mit eingezogenem Schwanz.

»Der sieht so traurig aus, als ob er gerade Schläge bekommen hätte.«

Ich sage bewußt nichts dazu, um ihn in seinen Schmerz zu führen. Er aber deutet offensichtlich mein Schweigen als Bejahung. Sein Gesichtsausdruck zeigt wieder Resignation. Er beißt die Lippen aufeinander, den Blick nur auf den Hund gerichtet. Dann, von Mitleid übermannt, beugt er sich nieder, um dem Hund leise über den Kopf zu streicheln. Für Angstgefühle hat er in diesem Augenblick keinen Raum, das Gefühl des Mitleids ist stärker. Während er mit langsamen Bewegungen immer wieder seine Hand über den Kopf des Hundes gleiten läßt, sage ich:

»Du kannst mit ihr sprechen, Ahmet, sie versteht es. Sag ihr doch, was du ihr sagen möchtest.«

Mücke gefiel das Kraulen. Ihr melancholischer Hundeblick rührte Ahmets mitleidvolle Seele.

Wieder fing er an zu weinen, doch ohne es zu wissen, weinte er eigentlich über sich selbst. Sicherlich hat er selbst viel Schläge bekommen. Seine, oft peinlich wirkende, unterwürfige Haltung deutet darauf hin.

»Glaubst du, Ahmet, daß Mücke so traurig aussieht, weil sie Schläge bekommen hat? ... Sie hat noch niemals Schläge bekommen.«

Er schaut mich ungläubig an: »Noch niemals?«

»Nein, noch niemals, Ahmet.«

»Aber Sie haben das doch gesagt, Sie haben das doch selbst gesagt.«

»Nein, Ahmet, das habe ich nicht gesagt. Ich habe auf deine Frage vorhin nur geschwiegen.«

Er schaut mich mit großen Augen an.

»Vielleicht ist irgendein Gefühl in dir, was dich bei Mückes Anblick glauben läßt, sie hätte Schläge bekommen.«

Mit einer fahrigen Bewegung wischt er sich über die Augen. Dann folgt eine Reihe von Fragen wie: »Aber würden Sie denn auch keine Kinder schlagen?«

»Nein, Ahmet, ich würde auch keine Kinder schlagen.«

»Ja, ... aber wenn die Kinder etwas Böses getan haben, würden Sie sie dann auch nicht schlagen?«

»Auch dann nicht, Ahmet. Wenn Kinder etwas Böses tun, sind sie unglücklich, und das wird nicht besser, wenn man sie schlägt.«

Jetzt hatte er den gleichen, ruhigen Gesichtsausdruck wie bei seinem ersten Besuch, als ich ihm sagte, daß er von nun an so viel trinken könne, wie er Lust habe. Für einen kurzen Augenblick schien für ihn die Welt in Ordnung zu sein, aber wohl nur für einen ganz kurzen.

Wir gehen hinaus in die Dunkelheit. Es ist bitterkalt. Ahmet wünscht, Mücke an der Leine zu führen. Er bleibt stehen, wo sie will und rennt mit ihr davon, wenn sie will. Am Ende unseres Spazierganges meint er: »So einen Hund wie Mücke hätte ich auch gerne, ... dann wäre ich nicht mehr so allein zu Haus.«

Ich mußte ohnehin in die Stadt fahren. So bot ich ihm an, mit mir zu fahren. Das findet er ganz toll. Wir steigen ein: »Wissen Sie, was ich mir jetzt wünschte?«

»Nein, Ahmet.«

»Daß mich jetzt alle die Jungens aus meiner Klasse sehen würden ...«

Er streckt seine Beine ganz lang und lehnt behaglich und stolz den Kopf zurück: »Wenn die mich jetzt hier sehen würden, ... daß ich im Auto fahre ... und noch dazu mit einer Deutschen.«

Nach einer Weile: »Besuchen Sie mich doch mal in meiner Klasse. Bitte, bitte, tun Sie das!«

»Warum ist dir das so wichtig, Ahmet?«

»Ach nur so«, meint er abwehrend.

»Nun sag mal, warum ist es dir so wichtig?«

Er ringt mit der Begründung: »Meine Mutter kann ja nicht kommen, mein Vater auch nicht; sie sprechen ja kein Deutsch ... und überhaupt ...«

Dieses vage »Und überhaupt« drückt so viel Hoffnungslosigkeit aus, daß ich ihm verspreche, bald in die Schule zu kommen.

»Mein Lehrer heißt Pickmann.«

»Pickmann?«

Nun bricht wieder sein leiser Humor durch: »Wir nennen ihn Nickel-Pickelmann! ... Er trägt nämlich so eine komische Nikkelbrille.«

»Aha?«

Er fährt nun eifrig fort: »Gut wäre es schon, wenn Sie auch meinem Rektor mal guten Tag sagen würden. ... Den mag ich gerne leiden. ... Der spricht manchmal mit mir.«

»Und wie heißt dein Rektor?«

»Herr Keune.«

Er holt nun aus seiner Hosentasche einen Kugelschreiber und den gleichen kleinen Kalender, den er mir heute geschenkt hat, reißt ein Blatt heraus und meint: »Ich will Ihnen erst mal die beiden Namen aufschreiben, damit Sie sie nicht vergessen.«

Den Kugelschreiber legt er dann direkt unter die Windschutzscheibe: »Den lasse ich hier liegen. ... Immer, wenn ich dann in der Stadt bin und so ein Auto wie dieses sehe, brauche ich nur nach meinem Kugelschreiber zu gucken, und dann weiß ich gleich, daß Sie es sind.«

Wir sind am Ziel. Ich hatte mich entschlossen, Ahmet schon am Mittwochmorgen in der Schule zu besuchen. Als ich ihm dies sage, freut er sich riesig: »Das ist ja Klasse.« ... Er wird nachdenklich. ...

»Nun, Ahmet, gibt es noch etwas zu klären?«

»Ja, das ist ja schwierig. ... Wenn Sie in meine Klasse kommen, ... was sind Sie denn dann für mich? Sie können denen doch nicht sagen, warum ich zu Ihnen komme.«

Wir überlegen beide einen kurzen Augenblick, dann sagt er entschlossen: »Ach wissen Sie, ich sage denen einfach, Sie sind meine Freundin.«

Er schaut mich fragend an.

»Tja, Ahmet, ob das die richtige Bezeichnung ist?«

»Nun ja ... Die Hauptsache ist, Sie sagen denen nicht, warum ich zu Ihnen komme.«

»Darauf kannst du dich verlassen.«

Das war also Herr Pickmann, Ahmets Klassenlehrer, mit dem ich bereits telefoniert hatte. Ich hatte mich als die Betreuerin von Ahmet vorgestellt und gebeten, einmal an einem Klassenunterricht teilnehmen zu dürfen. Dies sollte nun heute morgen geschehen.

Auf unserem Weg zum Klassenzimmer läßt Herr Pickmann verlauten: »Nun, Sie betreuen Ahmet Savas? Das ist gut. ...Das ist notwendig. ... Er hat es dringend nötig. Es ist kein dummer Junge, ... spricht hervorragend Deutsch, ... aber sonst ist er faul, ... zu schmutzig, und kommt immer zu spät und stört dadurch den Unterricht.«

Ich bemerke dazu, daß Ahmet von seiner schwierigen Lebensgeschichte her innerlich zerrissen und unglücklich sei, und viele seiner Verhaltensweisen da ihren Ursprung hätten. Darauf sagt er nur: »Bei uns, ... Sie werden sehen, ... geht es immer locker und fröhlich zu. ... Da gibt's keinen Grund zum Traurigsein.«

Von nun an gingen wir schweigend nebeneinander her.

Kaum ist die Tür zur Klasse geöffnet, da springen die Kinder von ihren Plätzen auf und sagen im Chor: »Guten Morgen, Herr Pickmann!«

In der letzten Reihe der Schulbänke sehe ich Ahmet hilflos, mit hängenden Schultern dasitzen. Er überragt alle. Als er mich sieht, drängt es ihn von seinem Platz, um mich zu begrüßen. Aber so weit kommt es nicht. Herr Pickmann ruft ihn zur Ordnung. Ahmet fügt sich widerstandslos. Er schleicht zurück, verfolgt von den hämischen Blicken seiner Mitschüler.

»Das ist Frau Ude«, sagt Herr Pickmann. Er räuspert sich. ...

»Nun Kinder?!«

»Guten Morgen, Frau Ude«, tönt es sogleich im Chor, und Herr Pickmann ist zufrieden.

Alles läuft nun mit der Präzision eines Uhrwerks ab. Zunächst werden drei »fröhliche Liedchen« gesungen: Lied Nummer 3, ... Nummer 5 ... und Nummer 6! Diese knappe Anweisung von Herrn Pickmann hatte genügt, und die Klasse wußte, was sie zu singen hatte.

Anschließend sagt Herr Pickmann: »Frau Ude will mal sehen, wie es bei uns so in der Klasse zugeht. ... Sie betreut

Ahmet. ... Nun Kinder, erzählt mal, ... wie geht's so mit Ahmet?«

Er wartet aber die Antwort gar nicht erst ab: »Es muß vieles besser werden mit ihm.«

Seine Finger trommeln auf den Tisch.

»Fleißiger ... pünktlicher ... sauberer.«

Als eine leichte Unruhe in die Klasse kommt, hebt er nur seine Hand: *»Ruhe!«*

Er winkt nun Ahmet nach vorn.

»Spiel uns etwas vor, Ahmet! ... Du weißt schon ...« Zu mir gewandt: »Das kann er besonders schön.«

Nun bietet sich mir ein erschütterndes Bild: Der große Junge tritt in seiner üblichen unterwürfigen Haltung vor die Klasse, um vorzuspielen, wie ein Türke auf einem Esel sitzend, durstig durch die Wüste reitet. Dabei ruft er mit klagender Stimme: »Kein Wasser, kein Wasser! ... Ich verdurste, ich verdurste ...!« Er läßt sich dann zu Boden fallen, als habe ihn der Esel abgeworfen. Die Klasse grinst dazu. Herr Pickmann spürt nichts von dem Grausigen dieser vermeintlichen Komik.

»Zeige uns einmal, wie man in der Türkei betet, Ahmet!«

Nun kniet Ahmet nieder, um ein mohammedanisches Gebet vorzuführen. Seine gegeneinander gepreßten Handflächen berühren die Lippen, die ein monotones Gemurmel von unverständlichen Lauten hervorbringen. Dabei verneigt er sich immer wieder und berührt mit seinem Kopf den Fußboden.

Die Klassenkameraden grinsen weiter und Ahmets Verzweiflung wächst. Aber niemand sieht es. Um dem Unerträglichen zu entkommen, versucht er sich mit einer neuen Vorführung.

»Meine Mutter hat mich ein Liedchen gelehrt«, sagt er mit nuscheliger Stimme und blickt zu Boden. Dann fängt er an zu singen:

> »Vater, Vater schicke Mutter Geld. ... Sie will auch nach
> Deutschland kommen, ... weil es dort so schön ist. ...
> Es ist ja so schön in Deutschland, ...
> es ist ja so schön in Deutschland, ...
> es ist ja so schön in Deutschland!«

Er steht wie angewurzelt auf seinem Platz, ohnmächtig, grenzenlos ohnmächtig gegenüber einer unbegreiflichen Macht, die ihn zwingt, seinen Klassenkameraden wohl die größte Lüge seines Lebens vorzusingen: »Es ist ja so schön in Deutschland!«

Sein ganzer Vortrag war ein unterwürfiges, verzweifeltes Heischen um Mitleid, doch seine Mitschüler hatten für dieses peinliche Schauspiel nichts weiter übrig als ein hämisches Grinsen. Und Herr Pickmann spürt von alledem nichts.

»Geh nun auf deinen Platz«, sagte er mit frostiger Stimme zu Ahmet. Zögernd fügte er hinzu: »Das hast du ja ganz nett gemacht!«

In der Klasse herrscht feindliche Stille.

Ahmet rührt sich nicht vom Fleck.

»Nun geh schon«, sagt Herr Pickmann.

Endlich geht Ahmet mit gesenktem Kopf auf seinen Platz, mitten durch die Klasse. Er schaut weder rechts noch links.

Ich wende mich an Herrn Pickmann: »Darf ich die Klasse mal etwas fragen?«

»Aber natürlich, Frau Ude!«

»Wer ... von euch«, setze ich an und warte, bis sich auch der letzte Grinser auf meine Frage einstellen kann, »wer von euch ist schon mal im Ausland gewesen?«

Sogleich fliegen mir die Namen aller Länder – von Finnland bis Afrika – entgegen.

»So«, sage ich, »dann habt ihr ja auch fast alle schon mal erlebt, daß im Ausland vieles anders ist als bei uns in Deutschland. Was zum Beispiel fällt euch da ein? Was ist wohl im Ausland anders als bei uns?«

Es kommen Hinweise:

»Andere Menschen!«

»Andere Sprachen!«

»Anderes Wetter!«

»Anderes Essen!«

Da meldet sich Ahmets Nachbar, um zu sagen, daß er in Griechenland immer so schlimme Bauchschmerzen gehabt habe. Das sei wohl von dem vielen Öl gekommen, meine seine Mutter. Ein anderer Junge berichtet, daß er in Spanien schon mal im Krankenhaus gelegen habe; ... wegen eines Hundebisses, der habe zu einer Blutvergiftung geführt. Ich lasse ihn darüber ausführlicher erzählen und frage ihn dann, wie er sich denn so im Krankenhaus gefühlt habe.

»Da war ich sehr traurig, ... weil ich so allein war und mich niemand verstehen konnte. ... Die sprachen doch alle Spanisch.«

»Nehmt jetzt alle mal einen Bleistift und ein Stück Papier zur Hand und schreibt nach Beendigung der Geschichte, die ich euch jetzt erzähle, ein Wort auf. Nur ein einziges Wort sollt ihr herausfinden, und das ist die Antwort auf die letzte Frage meiner Geschichte.«

Die Jungen sind nun sehr gespannt auf das, was kommt.

»Ich möchte«, fahre ich fort, »daß ihr euch jetzt alle einmal folgendes vorstellt: Ihr seid mit euren Eltern ins Ausland gefahren, um dort die Ferien zu verbringen. Nach vierzehn Tagen bekommt Euer Vater die Nachricht, daß ihr aus irgendwelchen Gründen nicht wieder nach Deutschland zurückkommen könnt. Alles, was euch lieb und teuer ist, ... eure Freunde, eure Stadt, eure Wohnung, vielleicht auch euren Hund, könnt ihr nun nicht mehr wiedersehen.«

Dagegen lehnen sich schon einige auf, und es kommen Kommentare wie: »Das kann uns doch niemand verbieten, wieder nach Haus zu kommen!« oder: »Sowas gibt es doch gar nicht, daß wir nicht wieder in unser Land zurückkommen dürfen!«

»Ich sagte euch ja schon, daß ihr euch einmal vorstellen sollt: durch höhere Gewalt, zum Beispiel durch einen Krieg, würdet ihr an der Rückkehr nach Deutschland gehindert.«

Das scheint sie zum Nachdenken zu bringen. Einige suchen Auswege: »Man könnte sich ein Boot zimmern und dann auf dem Wasser wieder nach Deutschland zurückkommen«, ... »oder mit einem Fahrrad«, ... »oder auch sogar zu Fuß!«

Ich sage ihnen, daß in meiner Geschichte nichts glücken würde. Die Grenzen seien alle gesperrt, und es gäbe keinen Weg zurück ins Heimatland.

»Schon bald«, fahre ich fort, »werden eure Ersparnisse aufgebraucht sein und euer Vater muß versuchen, irgendwo Arbeit zu finden, damit ihr leben könnt. Eines Morgens müßt ihr euch auf den Weg in eine fremde Schule machen. Und nun stellt euch vor: Ihr steht in einer Klasse, wo euch alle fremd sind, die Lehrer, die vielen Schüler, die ganze Umgebung. Ich möchte, daß ihr jetzt nicht denkt, sondern fühlt, wie euch da wohl zumute wäre.«

Nach einer kleinen Pause fordere ich sie auf: »Und nun schreibt mal auf euren Zettel ein Wort, nur ein einziges Wort! Was würdet ihr dringend brauchen, wenn ihr in einer solchen Lage wäret?«

Es herrscht große Stille und nach kurzem Zögern tun die Jungen, worum ich gebeten hatte. Es dauert nicht lange, da melden sich schon die ersten: »Mitleid braucht man dann wohl«, meint einer oder »Verstehen« ein anderer. Doch viele hatten »Hilfe« hingeschrieben.

»Das ist wohl das richtige Wort, das habt ihr richtig nachempfunden. ›Hilfe‹ brauchte man dringend, wenn man in einer solchen Lage wäre.«

Damit verabschiede ich mich von der Klasse und von Herrn Pickmann, der sich ziemlich umständlich die Augen reibt, als wolle er sich damit wieder in die Gegenwart zurückholen.

Ich spreche noch kurz bei Rektor Keune vor, der mich sofort empfängt.

Ahmet hatte Recht. Sein Rektor Keune hatte Zeit und Mitgefühl für seine Schüler. Er zeigte sich im Gespräch sehr aufgeschlossen für Ahmets Schwierigkeiten. Allerdings wußte er in diesem schwierigen Fall auch keine Lösung. Unangenehm auffallend sei sein übergroßes Kontaktbedürfnis zu den Lehrern. Er liefe auf alle zu und käme dabei ganz nahe, ganz auf Tuchfühlung: »Wenn er mich sieht, stürzt er sich geradezu auf mich, in einer so unterwürfigen Haltung, als wolle er mir am liebsten die Schuhe putzen.«

Rektor Keunes Beobachtung war sicherlich zutreffend, denn Kinder mit großen Kontaktschwierigkeiten gehen entweder in die Isolierung oder suchen ständig zu große Nähe.

Ahmet werde wegen dieser unterwürfigen Haltung auch von den Klassenkameraden abgelehnt. Abstoßend wirkten auch seine äußere Erscheinung, seine schmutzige Kleidung und der penetrante Knoblauchgeruch.

Ein weiteres großes Problem sieht Rektor Keune darin, daß seine Mitschüler zwei und teilweise drei Jahre jünger als Ahmet seien.

Ahmet hatte dies übrigens auch so gesehen.

Als wir uns verabschieden, legt mir Rektor Keune ans Herz: »Wenn dem Jungen nur soweit geholfen wird, daß er nicht in die Verwahrlosung abgleitet, dann ist wohl schon viel getan!«

»Ja, vielleicht muß man sich damit bescheiden. ...«

Im Innern war ich jedoch noch nicht bereit, mein Behandlungsziel so weit zurückzustecken!

»Jetzt gibt's einen Selbstmord«

Noch am gleichen Tage hatte Ahmet seine nächste Behandlungsstunde. Er kam eine halbe Stunde zu früh.

»Ich bin schon ganz lange hier, ... bin immerzu um Ihr Haus gelaufen. ... Ich wußte nicht, was ich zu Hause tun sollte.« Unter seinem Arm hält er ein Buch: »Das ist mein Buch von den Dinosauriern. ... Das wollte ich Ihnen doch immer schon mal zeigen!«

»Schön, wir können nachher zusammen darin lesen. Aber du mußt noch ein Weilchen warten. In einer halben Stunde bin ich wieder hier. Wenn dir die Zeit zu lang wird und du Lust zum Malen hast, findest du alles Nötige dafür in diesem Regal.«

Beim Abholen finde ich ihn untätig, in apathischer Haltung auf dem Stuhl sitzend. Vor ihm auf dem Tisch liegen Berge von vollgeschriebenen Zeichenblättern: »Ahmet Savas«, ... nichts weiter als »Ahmet Savas« in großen schwarzen Buchstaben, wohl hundertmal, kreuz und quer und übereinander. Ein verzweifelter Versuch, sein schwaches Ich abzustützen.

Im Spielraum legt er dann das unter den Arm geklemmte Buch von den Dinosauriern beiseite, so, als ob es ihn im Augenblick nicht interessiere. Er geht unruhig umher, berührt zuweilen geistesabwesend einige Gegenstände, hebt in einer Geste hoffnungsloser Verzweiflung die Hände und läßt sie wieder fallen. Manchmal trifft mich ein flüchtiger Blick. Er seufzt, beißt sich auf die Lippen, bleibt in sich gekehrt, schweigt.

Jetzt bekommt er einen Gegenstand in den Blick, der ihn zu fesseln scheint: Die Kinderpistole. Er nimmt sie in die Hand und fragt, wie zu sich selbst sprechend: »Ist die geladen?«

Er legt Zündplättchen hinein, geht einige Schritte weiter bis zum Spiegel, starrt sich länger schweigend, mit verkniffenem Gesichtsausdruck an.

»Jetzt gibt's einen Selbstmord«, sagt er schließlich und feuert auf sein Spiegelbild.

Das ist kein Spiel! Starr aufgerichtet steht er mitten im Zimmer, die Hände nervös ineinander verkrampft. Ich warte schweigend. In diesem Zustand hätten ihn Ratschläge oder Belehrungen ohnehin nicht erreicht. Es bestand keine Eile zu irgend etwas.

Nach einer Weile sagt er: »Ich würde ganz gerne nochmal knallen, aber Sie haben wohl Kopfschmerzen?«

»Du meinst, ich habe Kopfschmerzen, Ahmet?«

»Ja«, sagt er, »ich habe so das Gefühl, als ob Sie Kopfschmerzen hätten.«

»Kennst du jemanden, Ahmet, der viel Kopfschmerzen hat?«

»Meine Mutter«, antwortet er sofort. »Meine Mutter hat doch immer so schlimme Kopfschmerzen, und da muß man ganz leise sein.«

»Ach so.«

»Und manchmal bin ich dann doch zu laut, und dann schlägt sie mich mit dem Schuh auf den Kopf.«

»Mit dem Schuh?«

»Mit dem Absatz vom Schuh«, antwortet er ergänzend mit einer schon viel kräftigeren Stimme. Dabei versucht er aber gleichzeitig, das Ganze mit einem Lächeln herunterzuspielen.

»So, mit dem Hacken vom Schuh schlägt sie auf deinen Kopf?«

Er zuckt mit den Schultern und schweigt.

»Aber ich habe keine Kopfschmerzen, Ahmet. Es geht dir wohl so ähnlich wie in der letzten Stunde, als du dachtest, Mücke hätte Schläge bekommen.«

»Komisch«, dabei faßt er sich an den Kopf, »komisch, daß mir so ist. Mir ist einfach so, als ob Sie Kopfschmerzen hätten!«

»Nun, das ist nicht komisch, sondern verständlich. Weil deine Mutter so viel Kopfschmerzen hat, glaubst du, daß auch andere darunter leiden.«

Er ist nachdenklich geworden. Nach einer längeren Schweigepause meint er dann: »Ich finde es gut, daß man hier in Deutschland keine Tiere schlägt.« Er beißt die Lippen aufeinander: »Die Türken schlagen Tiere. ...«

Dann bricht es aus ihm heraus: »Ich hasse die Türken.«

»Nicht nur die Türken«, denke ich bei mir, »sondern die ganze Welt scheint er zu hassen, ja sogar sich selbst!«

Erschöpft und antriebslos verharrt er einige Minuten schweigend im Raum. Dann erinnert er sich an sein Dinosaurier-Buch.

»Ich weiß, was wir jetzt machen. Sie machen mir warme, süße Milch und vielleicht auch ein Leberwurstbrot, und dann setzen wir uns auf die Bank, und ich erzähle Ihnen etwas von den Dinosauriern.«

Er trinkt gierig seine Milch, schlägt dann sein Buch auf und beginnt zu erzählen: »Sehen Sie doch mal, dieser Saurier hatte zweitausend Zähne. ... Zweitausend Zähne hatte der ...«

»Ist ja unglaublich, Ahmet!«

»Ja, zweitausend Zähne hatte der. Er war der größte Räuber auf dieser Erde. ... Er hat alles, aber auch alles aufgefressen, was ihm in den Weg kam.«

»So verfressen waren die Dinosaurier?« fragte ich erstaunt.

Mit vollem Munde erzählt er weiter: »Am Ende haben sie sogar ihre eigenen Eier aufgefressen, die Eier ihrer eigenen Verwandten. ... Stellen Sie sich das mal vor!«

Inzwischen hatte er schon seine zweite Stulle verschlungen. Wie lebendig jetzt seine Mimik war!

Ich wiederhole nur: »Die waren also so gefräßig, daß sie sogar die Eier ihrer eigenen Verwandten aufgefressen haben?«

Er nickt mit dem Kopf: »Ja, denken Sie, so gefräßig waren die, die Dinosaurier. Aber trotzdem haben sie nicht überlebt, obwohl sie so groß und stark waren. ... Verstehen Sie? ... Sie waren eigentlich schwach.«

Er denkt etwas länger nach: »Denn nur der Stärkere, nicht, nur der Stärkere überlebt?«

»Das mag wohl so sein, Ahmet.«

Er grübelt weiter und kommt nicht von seinen Dinosauriern los: »Sie waren eigentlich schwach, obwohl sie so viel gefressen haben ... Es hat ihnen nichts genützt. ... Sie blieben trotzdem schwach, obwohl sie alles um sich herum verschlungen haben!«

»Ja, die hatten wohl einen unstillbaren Hunger, die Dinosaurier.«

Er läßt sich nun Zeit mit der Fortführung seines Gesprächs über die Dinosaurier. Ich beobachte, daß er an seinen Nägeln kaut. Dann aber legt er seine Hände ganz ruhig auf den Schoß, stützt den Kopf gegen die Rückenlehne und sagt: »Die Dinosaurier sind so etwas wie ein böser Traum.«

»Wie meinst du das?«

Er zögert mit der Antwort.

»Ja«, sagt er schließlich, »ich habe oft schlimme Träume.«

»So?«

»Ich träume, daß ich winzig klein bin, dann aber schrecklich groß werde, immer größer und größer, weil ich an etwas herankommen muß.«

»An was, Ahmet, an was mußt du herankommen?«

»An was, was ich sonst nicht kriegen kann.«

»Und was für ein Gefühl hast du dann im Traum, wenn du so an was herankommen mußt, was du sonst nicht kriegen kannst?«

»Ein schreckliches Gefühl! ... Ich habe Angst, wenn ich mich so aufblase. ... Aber ich muß es tun, weil ich so große Angst habe, nicht an das heranzukommen, was ich haben muß.«

»Das ist also das Gefühl im Traum, daß du dich aufblasen mußt, um größer zu werden und damit an etwas heranzukommen, was du haben mußt?«

»Ja«, sagt er, »alles ist eine große Angst.«

»Und weißt du im Traum, was es ist, was du haben mußt?«

»Nein, das weiß ich nie. Aber immer und immer wieder kommen diese schrecklichen Träume.«

Als er längere Zeit nichts sagt, erwähne ich, daß er mir in der ersten Stunde auch schon einmal einen Traum erzählt hat. Daran kann er sich nicht mehr erinnern.

»Nun, du sagtest, daß du dir im Traum oftmals ganz, ganz viel Spielzeug wünschtest.«

»O ja«, meint er sogleich, »das ist ein schöner Traum, und das träum ich auch manchmal, daß ich ganz, ganz viel Spielzeug bekomme.«

»Und wie ist das am Tag, Ahmet? Am Tag kann man ja auch träumen und sich etwas wünschen?«

Er lächelt ein wenig: »Am Tag träume ich manchmal, daß ich ein Millionär wäre, ganz, ganz viel Geld und ein Schloß hätte, ... und in dieses Schloß brauchte ich niemand 'reinzulassen. ... Mit meinem vielen Geld könnte ich mir alles kaufen, und ich hätte allein über alles zu sagen.«

»Ich erinnere mich, Ahmet! Das war auch dein Geburtstagswunsch, als du die Kerzen ausgepustet hast und dir dabei etwas wünschen durftest.«

Dazu nickt er nur und schweigt.

Nach einer längeren Schweigepause springt er plötzlich voller Unruhe auf: »Wieviel Zeit haben wir denn noch?«

Ich weise auf die Uhr: »Wie du siehst, Ahmet, wir haben noch fünfzehn Minuten.«

»Nur noch fünfzehn Minuten? Da kann man ja nichts mehr machen. ... Kann ich nicht länger bleiben? ... Kann ich nicht morgen schon wiederkommen?«

»Übermorgen ist deine nächste Stunde, Ahmet. Du weißt, daß du dreimal in der Woche kommst. An jedem Montag, Mittwoch und Freitag.«

Er beginnt wieder, durch den Raum zu geistern. Abrupt kommt die Frage: »Haben Sie noch Leberwurst?«

»Ja, natürlich habe ich die, Ahmet. Möchtest du dir das Brot selbst streichen, oder soll ich es für dich tun?«

»Ach, tun Sie es doch!«

Während ich beschäftigt bin, betrachtet er die Boxhandschuhe. Er zieht sie an, legt sie aber schnell wieder beiseite. Dann greift er hastig nach einem geschlossenen Kasten und fragt: »Kann ich das mit nach Hause nehmen?«

»Weißt du denn, was da drin ist?«

Er schüttelt den Kopf.

»Du möchtest etwas mit nach Hause nehmen, obwohl du gar nicht weißt, was da drin ist?«

Er legt das Kästchen zur Seite und greift hastig zu einem anderen geschlossenen Spielzeugkasten.

»Oder kann ich das mitnehmen?«

»Du willst etwas mitnehmen, weißt aber nicht recht, wozu?«

Er zuckt mit den Schultern: »Ach, nur so.«

Während er mit Genuß sein Leberwurstbrot verzehrt, sage ich ihm, daß in dem ersten Kästchen ein Mikadospiel ist.

»Kennst du das Spiel, Ahmet?«

»Mikado? Nein, das kenne ich nicht.«

Ich erkläre es ihm, indem ich die Stäbchen aus dem Kasten herausfallen lasse und zu einem Häufchen aufeinanderlege.

»Wer von diesen übereinanderliegenden Stäbchen die meisten abheben kann, ohne damit andere Stäbe zum Wackeln zu bringen, hat das Spiel gewonnen.«

»O ja«, das möchte er gern mit mir spielen.

Es fesselt ihn bis zum Ende der Stunde. Er ist meistens Sieger. Indem er alle Stäbchen des Spieles zählt, meint er: »Jetzt, wo Sie mir das Spiel gezeigt haben, und es auch mit mir gespielt haben, ist es erst schön. Vorher hätte ich einfach gesagt: ›Ich mag es nicht.‹«

»Ja, man muß alles erst einmal kennenlernen.«

Nun fragt er wieder, ob er denn das Mikadospiel heute mit nach Haus nehmen dürfe.

»Ja, das kannst du Ahmet, aber nur, wenn du es übermorgen wieder zurückbringst.«

»Darauf können Sie sich verlassen.«

Dann tut er einen tiefen Seufzer: »Da wird es ja heute abend Ärger zu Hause geben.«

»Warum Ärger, Ahmet?«

»Der Osman wird heute abend immer zu mir sagen: ›Die Stäbchen haben gewackelt.‹«

»Du fürchtest, daß Osman das auch sagen wird, wenn die Stäbchen nicht gewackelt haben, Ahmet?«

»Er wird es immer sagen! ... Immer muß er mich ärgern!«

Er tut einen tiefen Seufzer und schweigt. Dann zieht er seine Jacke an, klemmt sich das Mikadospiel unter den Arm und sagt, indem er einen Blick auf sein Buch wirft: »Das lasse ich hier liegen ... Das kann ich ja tun, denn Sie sind ja keine Ausländerin.«

Er geht ... Aber schon nach wenigen Minuten klingelt er nochmals an der Haustür.

»Nun, Ahmet?«

»Es ist schon so dunkel«, kommt es kleinlaut. »... Ich habe Angst!«

»Möchtest du, daß ich dich zur Straßenbahn bringe, Ahmet?«

»Es wäre genug, wenn ich die Boxhandschuhe anziehen könnte, dann hätte ich auch keine Angst mehr.«

Wir gehen zurück ins Spielzimmer, wo er sich beide Boxhandschuhe anzieht. Er strahlt.

»Jetzt wagt sich keiner an mich heran.«

»Wenn man sich stark fühlt, Ahmet, ist schon vieles gewonnen.«

Als er zur Tür hinausgeht, ist er es, der sagt: »Also bis übermorgen!«

»Geh doch hin, wo du hergekommen bist! Du bist keiner von uns!«

Aber bis übermorgen konnte Ahmet nicht warten.

Schon am nächsten Tag klingelte das Telefon. Ahmet stammelte: »Iiiiich wollte nur mal anrufen, nur mal guten Tag sagen!«

»Das ist nett, Ahmet, ich wünsche dir auch einen guten Tag.«

Danach große Stille. Nach einer längeren Pause füge ich hinzu: »Du hattest Glück, mich zu erreichen.«

»Ich habe es heute schon mehrere Male versucht, aber Sie waren nie da.«

»Du weißt ja, Ahmet, daß ich in unserem Spielzimmer kein Telefon habe.«

»Ach so, ... ja ... Es waren heute andere Kinder bei Ihnen? ... Waren es Jungens oder Mädchen?«

»Beides, Ahmet, Jungens und Mädchen.«

»Ach so. ... Wie alt sind die denn, die Kinder, die heute bei Ihnen waren?«

»Der Junge war sechzehn und das Mädchen fünfzehn.«

»Ach so. ... Dann bin ich ja der Jüngste von den Kindern, die zu Ihnen kommen?«

»Ja, Ahmet, heute wärst du der Jüngste gewesen.«

Wieder kommt eine Weile nichts aus dem Hörer.

»Nun, Ahmet?«

»Kkkkkkann ich nicht auch noch heute zu Ihnen kommen? ... Ich bin immer so allein.«

»Bist du allein, Ahmet, oder *fühlst* du dich so allein?«

»Hier auf dem Hinterhof spielen deutsche Kinder Fußball.«

Pause.

»Und, Ahmet?«

»Ich wollte gerne mitspielen, ... aaaaaber ... das ging nicht. ...«

»Das ging nicht?«

Es fällt ihm schwer weiterzusprechen.

»Warum ging das nicht, Ahmet?«

»Die haben gesagt: ›Geh doch hin, wo du hergekommen bist! Du bist keiner von uns.‹«

In meiner Betroffenheit bin ich zunächst sprachlos.

»Hallo, sind Sie noch da?«

»Aber natürlich, Ahmet, und ich bin sehr froh, daß du mich jetzt am Telefon erreicht hast, um mir von deiner Enttäuschung zu erzählen.«

»Ist schon gut«, sagt er kurz, aber sein Ton verrät, daß meine Anteilnahme allein schon seinen Schmerz etwas lindert.

»Sind Sie krank?« fragt er nun ohne jeden Übergang.

»Wie kommst du darauf, Ahmet?«

»Ich finde, Sie sehen so aus.«

»Aber Ahmet, du telefonierst mit mir, du kannst mich doch gar nicht sehen?«

»Aber mir ist so, als ob Sie krank wären.«

»Nein, ich bin nicht krank, Ahmet, und ich freue mich auf die Stunde mit dir morgen.«

»Erst morgen kann ich zu Ihnen kommen?« fragt er leise zurück.

»Ja, Ahmet, erst morgen. ... Du kommst dreimal in der Woche zu mir.«

»Ja, ja ... Ich bringe morgen auch alles wieder mit, was Sie mir gegeben haben. ... Es ist nichts damit passiert.«

»Schon gut, Ahmet.«

Ich übernehme die Verabschiedung.

»... und da konnte ich plötzlich aufstehen«

Am nächsten Tag war der Beginn von Ahmets Behandlungsstunde bereits um eine halbe Stunde überschritten, ohne daß er erschienen wäre.

Dann klingelt das Telefon.

»Hier ist Ahmet.«

»Ja, Ahmet?«

Wie immer, wenn er aufgeregt ist, beginnt seine Stimme zu stolpern: »Wie ... wie ... wieviel Zeit haben wir denn noch?«

»Ich warte schon eine halbe Stunde auf dich.«

»Iiiiiich komme sofort. ... Ich bin hier in der Telefonzelle. ... Wwwwwarten Sie auf mich?«

»Ja, Ahmet, ich werde auf dich warten. ... Wir können dann hier über alles sprechen.«

Ich hatte mir wohlweislich nach jeder Behandlungsstunde mit Ahmet eine Stunde Spielraum gelassen, so daß ich zeitlich nicht in Bedrängnis kam.

Sehr abgehetzt und in einem komisch wirkenden Aufzug steht Ahmet nach weiteren fünfundzwanzig Minuten in der Haustür.

Wir gehen sogleich in den Spielraum. Als ich ihn betrachte, schaut er auch an sich herunter und sagt mit einem etwas verlegenen Lächeln: »Das ist mein Schlafanzug.«

Damit meint er die zerschlissene, dünne, bunte Hose, die unter der Tageshose hervorschaut.

»Ach so, das ist dein Schlafanzug«, sage ich nur, um ihm ein Echo zu geben.

Er setzt sich in die Schaukel.

»Sie haben wirklich auf mich gewartet!«

Nichts Fragendes lag in diesem Satz, sondern nur so etwas wie eine Feststellung.

»Ja, Ahmet, das habe ich dir doch am Telefon gesagt.«

Allmählich beginnt er zögernd zu sprechen: »Eigentlich wollte ich heute nicht kommen, ... wissen Sie. ... Ich wollte von innen kommen, aber nicht von außen. ...«

Ich nicke als Zeichen des Verstehens solcher Zustände mit dem Kopf: Er wollte wohl zum Ausdruck bringen, daß er eigentlich kommen wollte, aber sich einfach nicht dazu aufraffen konnte.

»Wissen Sie ..., aber jetzt bin ich froh, daß mein Innen gesiegt hat.«

»Du bist also jetzt froh, hier zu sein, Ahmet.«

»Ja.«

Als er länger nichts sagt, frage ich, auf seinen Schlafanzug weisend: »Lagst du vor deinem Telefongespräch im Bett?«

»Ich fühlte mich so schlecht. ... Ich dachte, ich würde krank. ... Da habe ich mich ins Bett gelegt. ... Aber, wissen Sie, dann wird es erst richtig schlimm, ... dann komme ich gar nicht wieder hoch.«

»Du meinst, Ahmet, du möchtest dann aufstehen, aber du kannst es einfach nicht. Ist es so?«

»Ja, so ist es.«

Er schaukelt mit gleichgültiger Miene hin und her, mutlos.

»Immerhin hast du noch Kraft genug gehabt, um hierher zu kommen.«

Allmählich kommt etwas Leben in sein Gesicht: »Wissen Sie, ... da habe ich plötzlich Leberwurst gerochen, ...und da habe ich an Sie gedacht, ... und da konnte ich aufstehen.«

»Aha, die Erinnerung an Leberwurst hat dir geholfen, aufzustehen. Und dann hast du schnell Hose und Pullover über den Schlafanzug gezogen und bist zur Telefonzelle gelaufen. Ja, Ahmet?«

Er nickt bestätigend mit dem Kopf: »Damit Sie doch auf mich warten.«

»Hmmm ... du wußtest dir zu helfen! Das ist gut!«

Etwas entschlossener verläßt er nun die Schaukel und holt aus der mitgebrachten Plastiktüte die Boxhandschuhe und das Mikadospiel. Er legt alles auf den Tisch: »Es fehlt nichts. ... Wir konnten nicht damit spielen. Wir mußten leise sein ... wegen meiner Mutter.«

»Wegen deiner Mutter?«

»Ja, die hatte wieder so schlimme Kopfweh.«

»Ach so. ... Und dann konntet ihr nicht in einem anderen Raum spielen?«

»In dem andern Zimmer saß doch mein Vater und wollte fernsehen.«

»Ach so?«

Aus seiner Plastiktüte holt er nun noch ein anderes Päckchen heraus und überreicht es mir. Während ich es auspacke, fährt er fort: »Gestern abend wußte ich mal, was ich tun wollte. Ich habe dies für Sie gemacht.«

»Eine Kerze, Ahmet?«

»Nicht die Kerze hab ich gemacht, ... aber das, was drauf gemalt ist. ... Gucken Sie mal, ... die Kerze hat nun zwei Seiten: ... auf die eine Seite hab ich eine Sonne gemalt und auf die andere ein böses Jungengesicht.«

»Aha?«

Nun holt er den Kerzenhalter.

»Hier stellen wir jetzt die Kerze drauf, und dann brauch ich nur an der Kerze zu drehen, und dann wissen Sie immer, wie mir grade ist.«

»Manchmal ist es schwer, Ahmet, seine wirklichen Gefühle zu zeigen. So kann dir die Kerze eine gute Hilfe sein.«

Darauf antwortet er nicht.

Zögernd fahre ich fort, indem ich auf die Kerze weise: »Welche Seite soll sie denn nun zeigen?«

Ein leichtes Zucken um seine Mundwinkel, ... mehr nicht. Er wendet sich von mir ab und geht fahrig und nervös durch den Raum. Hin und wieder greift er nach Spielsachen, legt sie aber sofort wieder teilnahmslos zur Seite.

Schließlich findet er eine künstliche Seerose. Er hält sie länger in den Händen als die anderen Spielsachen: »Das ist eine Seerose ... Die ist sehr schön, aber gefährlich. ... Die kann einen hinabziehen!«

»Sooo?«

»Ja, wissen Sie«, fährt er fort und zeigt mir die aufgeblühte Seerose, »dieses hier schwimmt oben auf dem Wasser, ... aber unten, tief im Wasser, hat sie Schlingen, und die können einen 'runterziehen. Das ist gefährlich.«

»Ja«, bestätige ich ihm, »Schlingen im Wasser können gefährlich sein, ... aber ... wenn man darin verhakt ist, ... wenn man dann also nicht mehr weiterschwimmen kann, ... dann gibt es nur eine Lösung: Hinuntertauchen und sich davon befreien!«

Er schaut mir offen in die Augen und wiederholt noch einmal: »Das kann gefährlich werden.« ...

Ich lasse eine Pause eintreten und wiederhole dann meinerseits: »Das kann es. Aber es kann auch sehr gefährlich werden, wenn man nichts tut, um sich aus seinen Verschlingungen zu befreien.«

Die Seerose war offenbar ein Symbol für Ahmets Angst vor der Rückkehr zu den Wurzeln seiner Störungen.

Er legte die Seerose beiseite und schlenderte unschlüssig durch den Raum.

Schließlich bleibt er vor der Wandtafel stehen. Ein wenig zögernd greift er zur Kreide, malt dann aber mit schnellen Strichen ein großes Bild darauf: Unter einem großen Baum mit weit herunterhängenden Ästen steht eine Bank, auf der eine Frau sitzt. Ihre rechte Hand hat sie auf einen Kinderwagen gelegt, der neben ihr steht. Auf die Bank zeichnet er einen Korb mit der Aufschrift »Äpfel«, und auf dem Rande dieses Korbes sitzt ein Vogel.

Ich betrachte teilnahmsvoll seine Zeichnung, ohne gleich etwas dazu zu sagen. Deutlich hat Ahmet hier seiner Sehnsucht nach frühkindlicher Geborgenheit Ausdruck gegeben.

»Ein schönes Bild«, bemerke ich. »Unterm Baum sitzt die Mutter mit dem Kinderwagen.«

»Sie schiebt ihn hin und her«, sagt er dazu. »Und der Vogel singt ein Lied.«

»Da wird das Kind gut schlafen können«, füge ich hinzu.

Allmählich schienen sich seine wie versteinert wirkenden Gesichtszüge zu lösen.

»Ach ja«, beginnt er, »das wollte ich Ihnen noch sagen ...«

»Nun Ahmet?«

»Iiiiich kann immer so schlecht einschlafen, ... und mein Vater immer so schnell. ... Ich fühle mich dann immer so allein! Manchmal weine ich dann, ... manchmal bete ich auch, ... und dann kann ich besser einschlafen.«

»Wie gut, Ahmet, daß du einen Weg findest, dich von deinen traurigen Gefühlen zu befreien.«

Er malt weiter an seinem Bild: Ein Zweig des Baumes hängt direkt über dem Kinderwagen. Auf diesen Zweig setzt er einen zweiten Vogel.

Ich zeige mein Interesse, indem ich nur aufzähle, was ich alles auf dem Bild sehe.

»Ja«, meint er, »wenn der eine Vogel fortfliegt, dann kann dieser Vogel für das Baby singen.«

»Wie schön für das Baby, dann fühlt es sich nie allein.«

Nun legt er die Kreide zur Seite und setzt sich auf die Bank.

»Raten Sie, was ich mir jetzt wünsche? Es fängt mit ›L‹ an.«

»Leberwurst, Ahmet.«

Er nicht beifällig: »Und mit süßer Milch und Kaba!«

Als er mit offensichtlich großem Genuß wieder seine Leberwurstbrote verzehrt, kommt ein befreites Lächeln in sein Gesicht: »Jetzt fühle ich mich wieder besser. ... Wie gut, daß mein Innen gesiegt hat.«

»Als du dich heute mittag so krank fühltest, Ahmet, warst du da allein zu Hause?«

»Ja, ganz allein, meine Mutter hatte Frühschicht. ... Wenn meine Mutter Frühschicht hat, ist es schlimm.«

»Was ist dann schlimm?«

»Dann habe ich immer so ein schlimmes Gefühl.«

Als ich nicht sogleich antworte, fährt er fort: »Emine hat gesagt, sie würde bald heiraten und dann in eine andere Wohnung ziehen. ... Da habe ich solche Angst gekriegt. ... Ich habe geweint und gesagt, Emine sollte immer bei uns bleiben, aber da haben alle gelacht.«

Dann schweigt er. Nach einer Weile versuche ich wieder, ihn an den Grund seiner Verlassenheitsangst heranzuführen.

»Du hast also immer so ein schlimmes Gefühl, wenn du allein bist, oder wenn dich jemand verlassen will, wie jetzt Emine?« Er zuckt die Achseln: »Ich weiß nicht, was mit mir los ist.«

»Nun, als du fünf Jahre alt warst, hat deine Mutter die Türkei verlassen, um hier in Deutschland Arbeit zu finden. Wie war denn das für dich? Hast du dich da auch sehr verlassen gefühlt?«

Er schüttelt den Kopf: »Das weiß ich doch alles nicht mehr!«

»Du warst doch sechseinhalb Jahre alt, als du nach Deutschland kamst. Kannst du dich noch erinnern, was davor war?«

Er überlegt lange. Dann streicht er gequält über seine Stirn: »Dr. Simmel hat mich doch auch schon gefragt. ... Aber es ist alles raus aus meinem Kopf, ... darum habe ich wohl auch immer solche Kopfschmerzen.«

Es dauert wieder eine Weile bis er weiterspricht: »Dr. Simmel hat zu mir gesagt, daß wir im Gehirn viele Schubladen haben. Und ich sollte mir keine Sorgen machen, es wäre in meinen Schubladen alles drin. ... Nur könnte ich manche nicht aufziehen, weil sie knarrten. Ich glaube, wenn mir alles zu viel wird, dann wird es ganz leer in meinem Kopf. ... Dann passiert es, ... dann weiß ich gar nichts mehr, ... und das ist schlimm!«

»Das war wohl auch so, als du zum ersten Male zu mir kamst, als du fortliefst, weißt du noch? Da wußtest du meinen Namen und meine Straße nicht mehr. ... Da mußt du dich sehr verloren gefühlt haben.«

Jetzt holt er tief Atem: »Wie kommt es, daß Sie das verstehen? ... Aber so was verstehen wohl nur die Deutschen.«

»Nur die Deutschen?« frage ich zweifelnd.

Darauf reagiert er nicht, stellt aber sehr schnell die Frage: »Kommen noch andere Türkenkinder zu Ihnen?«

»Nein, Ahmet, du bist das einzige.«

Er denkt eine Weile nach.

»Sie haben wohl auch keine Freunde ... Aaaach, ich meine, Türken, das sind wohl nicht Ihre Freunde?«

Ich besaß ein Buch über Istanbul. Es war ein Geschenk eines türkischen Kollegen meines Mannes mit der Widmung als Dank für unsere Gastfreundschaft. Dieses Buch hatte ich schon vorsorglich in den Spielraum gelegt, damit es Ahmet bei passender Gelegenheit in die Hände kommen sollte. Ich gebe es ihm nun. »Ein türkischer Freund hat uns dieses Buch geschenkt.«

Ahmet ist ganz erstaunt, schlägt es sogleich auf und liest die Widmung:

»An die Anneliese und Eduard
in Freundschaft und Dankbarkeit
Bekir Ulukan«

Er kann es gar nicht fassen, daß ein Türke unser Freund ist: »Und der lebt auch in Deutschland? Uuuuund der ist auch ein Gastarbeiter, wie wir?«

Als ich ihm sage, daß dieser hier als Universitätsprofessor tätig ist, staunt er mit offenem Munde wie über ein Weltwunder: »Das gibt es, einen türkischen Professor hier in Deutschland?«

»Wenn du möchtest, kannst du ihn einmal kennenlernen.«

Blitzartig verwandelt sich jetzt seine Haltung in Ablehnung: »Nein, keine Türken, keine Türken, ... ich bin schon satt, wenn ich nur das Wort ›Türke‹ höre!«

Er wendet sich von mir ab, greift nach einem spitzen Wurfpfeil, schleudert ihn mit Bravour auf die Zielscheibe und trifft genau in die Mitte.

»Wissen Sie, warum ich genau die Mitte getroffen habe?«

»Nun, Ahmet?«

»Weil ich sie treffen wollte«, sagt er im Stakkato, jedes einzelne Wort betonend.

Jetzt beherrschen ihn wieder ganz andere Gefühle als noch vor wenigen Minuten, als er das Bild der Mutter mit dem Kinderwagen zeichnete. Hastig durchquert er das Spielzimmer und holt sich aus dem Regal das Feuerzeug, dessen Flamme er beliebig verstellen kann.

»Ein ganz großes Feuer möchte ich mal machen!«

Dabei drückt er so auf den Hebel des Feuerzeugs, daß die Flamme ruckartig herausschießt und wieder erlischt.

»Wenn du das mal willst, können wir es machen, draußen im Garten.«

Er wehrt ab: »Ach, schon gut. ... Wiewiewieviel Zeit haben wir denn noch?«

»Die Zeit ist gleich um, Ahmet.«

Seine Unruhe steigert sich: »Kkkkkkann ich heute wieder etwas mit nach Haus nehmen?«

Völlig wahllos greift er zu Dingen und Spielsachen, zu denen er noch gar keine Beziehung hergestellt hat. Und da er gerade neben dem Kaufmannsladen steht, nimmt er die kleine Waage: »Kann ich die mitnehmen, bitte. Es passiert auch nichts. ... Ich bringe alles wieder mit. ... Oder diese Kasse, diese Dosen?« ...

Er greift zum Billardspiel. »Oder dieses. Ich kann es schon tragen ... oder das Schaukelpferd, ... die Kasperpuppen?«

Mein passives Verhalten ließ ihn spüren, daß er von alledem nichts mitnehmen durfte. Und so wandelt sich seine Verzweiflung schließlich in tiefe Resignation.

Ich erinnere ihn an die Dinosaurier, die auch einen unstillbaren Hunger hatten: »Wenn ich dir jetzt alles mitgeben würde, alles, was du haben möchtest, würde es dir doch nicht helfen. Es würde dir kein bißchen besser gehen.«

Mit einem Stückchen Kreide in der Hand saß er nun, in sich zusammengesunken, auf der Bank. Wie ein Korkenzieher hatten sich seine Beine ineinander verdreht. Sein Äußeres spiegelte seinen inneren Zustand wider.

Dann legt er die Arme wie einen Schutzwall um seinen Kopf und beugt sich bis zur Tischplatte hinunter. Aber nur für einen kurzen Augenblick. ... Dann donnern seine Fäuste plötzlich auf den Tisch: »Ich will nicht! ... Ich will nicht! ... Ich will nicht!«

Er explodiert – wie seine Lokomotive, die er in der ersten Stunde gemalt hatte, und von der er gesagt hatte: »Die steht still, ... vielleicht explodiert sie mal.«

Nach einer Weile hält er schließlich vor Erschöpfung inne: »Ich möchte gern noch einmal mit den Stäbchen spielen, mit den Stäbchen, die nicht wackeln dürfen.«

Während ich die Stäbchen auf den Tisch lege, schaut er verlegen auf seine Hände: »Die sind wohl zu schmutzig. ... Die muß ich wohl vorher mal waschen.«

Als er sich dann die Hände abtrocknen will, wagt er nicht, das Handtuch zu benutzen: »Das ist wohl für mich zu sauber.«

Wieder war er in seine depressive Grundhaltung zurückgefallen. Wir spielen nur ein einziges Spiel. ... Danach, so hat es den Anschein, kann er sich lösen.

Während Ahmets Behandlungsstunde hatte starkes Schneetreiben eingesetzt. Beim Verlassen des Hauses müssen wir uns den Weg freifegen. Schweigsam gehen wir nebeneinander her. Dann, auf halbem Wege zur Straßenbahnhaltestelle, sagt Ahmet schließlich: »Schade ... schade, daß es nicht noch fester geschneit hat.«

»Wieso, Ahmet?«

»Das ganze Haus hätte eingeschneit werden müssen, ... die Türen, die Fenster ... bis zum Dach. ... Dann hätten wir nicht hinauskönnen. ... Wir hätten drinbleiben müssen im eingeschneiten Haus.«

»Das klingt fast wie im Märchen, Ahmet, wo man sich etwas wünschen kann. Was würdest du gerne tun im eingeschneiten Haus?«

Ohne zu überlegen antwortet er: »Wir könnten Kartoffelpuffer backen.«

»Wir können es, Ahmet, schon in der nächsten Stunde, wenn du magst. Schon übermorgen können wir Kartoffelpuffer backen. Fällt dir sonst noch etwas ein, was du dir wünschen würdest für die nächste Stunde?«

»Ja, Mücke möchte ich mal wiedersehen. ... Mücke soll dabei sein!«

»In der nächsten Stunde ist Mücke mit uns im Spielzimmer, und wir können zusammen Kartoffelpuffer backen. Fällt dir noch ein dritter Wunsch ein? Aller guten Dinge sind doch bekanntlich drei.«

Er überlegt, ... schüttelt dann aber den Kopf.

Seine Traurigkeit ist zwar nicht ganz von ihm gewichen, aber als er auf die Straßenbahn springt, hebt er sogar ein wenig die Hand zum Gruß.

Gedanken am Ende einer Stunde:

Ich fand, eine bedeutungsvolle Stunde war zu Ende gegangen. Ahmet war es diesmal besonders schwer gefallen, sich zu lösen. Indem er wahllos alles mitnehmen wollte, machte er deutlich, wie sehr ihn die Angst bedrängte, sich von den Dingen trennen zu müssen, deren Besitz ihm, dem nur das Dinosaurierbuch gehörte, so lebensnotwendig schien.

Angst – in ihren unterschiedlichsten Erscheinungsformen – war sein ständiger Begleiter. Sie machte ihn antriebslos, ja ließ ihn fürchten, krank zu werden, so daß er sich gar ins Bett flüchtete. Da hatte er dann plötzlich Leberwurst gerochen. In der Phantasie? Wer weiß das schon? Jedenfalls konnte er durch die Erinnerung an die damit verbundenen positiven Erlebnisse aktiv werden, zum Telefon laufen und mich anrufen, so dem Sog ins Bett (mütterliche Geborgenheit) widerstehen.

Wo liegen die Wurzeln von Ahmets seelischer Störung?

Wann nahm seine Fehlentwicklung ihren Anfang?

Sicherlich schon in der allerfrühsten Säuglingszeit.

Aber die Mutter hatte ihn doch zwei Jahre gestillt? Und das sollte doch Gewähr dafür sein, daß keine seelischen Störungen entstehen? Doch das Stillen allein genügt nicht; das Wie ist entscheidend. Denn der Gemütszustand einer stets traurigen, depressiven Mutter, die ihrem Säugling keine Zärtlichkeitsgefühle vermitteln kann (die ihn nicht zur rechten Zeit streicheln, liebkosen, im Arm wiegen kann, die ihn nicht anlächelt, nicht mit ihm redet und ihm nichts vorsingt), legt sich auf ihren Säugling wie Mehltau auf junge Blüten. Auch Ahmet hatte solch eine depressive Mutter. Wir erinnern uns, daß Mutter Pembe im Erstgespräch sagte, sie habe ihm zwei Jahre zu ihrem Trost gestillt, also zur Bewältigung ihrer eigenen Depression.

Mir kam Grimms Märchen ›Von der Unke‹ in den Sinn, in dem von einer Mutter erzählt wird, die ihrem Kinde nur die Speisen zuschiebt, aber niemals mit ihm spricht. Doch dann – erzählt das Märchen – kommt eine gute Hausunke Tag für Tag aus einer Mauerritze, ißt, trinkt und spricht mit dem Kind. Und das Kind gedeiht. Die Mutter aber, die eines Tages hört, daß das Kind mit jemandem spricht, entdeckt die Unke und schlägt sie tot.

Nun nimmt das Märchen folgendes Ende:

»Von der Zeit an ging eine Veränderung mit dem Kinde vor. Es war, solange die Unke mit ihm gegessen und gesprochen hatte, groß und stark geworden, jetzt aber verlor es seine schönen roten Bäckchen und magerte ab. Nicht lange, so fing in der Nacht der Totenvogel an zu schreien, und das Rotkehlchen sammelte Zweiglein und Blätter zu einem Totenkranz und bald hernach lag das Kind auf der Bahre.«*

* Brüder Grimm: ›Kinder- und Hausmärchen‹, München 1966, S. 513.

Das Märchen ist voller Weisheiten, man muß es nur in seiner Tiefe verstehen. Es drückt sich – genau wie das freie Spiel und die Träume – in einer verschlüsselten Symbolsprache aus. Diese ist bilderreich und kommt aus den tiefsten Schichten des Unbewußten. Nichts anderes als dieses will das Märchen aussagen: Ein Säugling und später ein Kind kann ohne tätige Liebe nicht gedeihen. Ahmets Mutter hatte diese Liebe dem kleinen Ahmet nicht geben können. Sie war Frühwaise gewesen. Ständig fühlte sie sich überwältigt von der großen Not. Drei ihrer Kinder waren in ganz frühem Alter gestorben. Hinzu kam das schwierige Zusammenleben mit ihrer harten Schwiegermutter, wegen derer sie wohl in erster Linie die Türkei verlassen hatte. So mußte Ahmet, nach einer liebeleeren Säuglingszeit und nach einer Kindheit, in der er neben Entbehrungen auch häufig körperliche und seelische Strafen erleiden mußte, im Alter von fünf Jahren eine lange Trennung von seiner Mutter hinnehmen. An diese Zeit konnte er sich aber nicht mehr erinnern. Der Erinnerungsverlust war wohl ein »gütiger Schachzug der Natur«, um den erlittenen seelischen Schmerz aus dem Bewußtsein zu verdrängen und ihn so – oberflächlich gesehen – unwirksam zu machen.

Wenn solches, in früher Kindheit erlittene Leid ins Unbewußte verdrängt wird, kommen im Laufe der Zeit unvermeidbar »verzerrte Abkömmlinge« dieses unterdrückten Leides zutage: z. B. organische Krankheitssymptome, die den Zusammenhang mit dem seelischen Leid gar nicht mehr erkennen lassen (wie Ahmets Bettnässen) oder z. B. für die Mitmenschen unverständlich große Ängste.

Wenn verdrängter Schmerz mit Hilfe des Therapeuten schrittweise ins Bewußtsein zurückgeholt wird und somit im Wieder-Erfühlen, im Nacherleben des erlittenen Schmerzes und – als letzte Station – im Gespräch durchgearbeitet werden kann, wird der Patient auf den Weg der Heilung gebracht.

Wo es, wie bei Ahmet, durch äußere und innere Not zu so starken Verdrängungen unbewältigten, tiefen Schmerzes gekommen ist, wo keine Lebenswurzeln da sind, muß man allerdings damit rechnen, daß nur in ganz kleinen, vorsichtigen Schritten der weite Weg zu einem weniger angstbedrängten Dasein gegangen werden kann.

Noch ist er das, was er in der ersten Stunde symbolisch mit seiner Zeichnung ausgedrückt hat: Ein Baum ohne Wurzeln, an dem ein Specht immer herumpickt.

». . . sie haben mir Reißzwecken auf den Sitz gelegt«

Bis zum nächsten Mittwoch konnte Ahmet wieder nicht warten. Er stand schon am folgenden Tag in der Mittagsstunde vor der Haustür.

»Was ist los, Ahmet?«

Er keucht so, als ob er lange und schnell gelaufen sei.

»Komm ins Spielzimmer, Ahmet!«

Wie eingefroren steht er da, ein Bild totaler Hilflosigkeit.

Meinen Blicken weicht er aus, wie jemand, der sich immerfort schuldig fühlt. Seine Jacke steht offen, sie hat keine Knöpfe, ist von oben bis unten mit Flecken übersät. Er scheint das alles nicht zu merken, auch nicht, daß er stark nach Knoblauch riecht. Es ist ihm offenbar schon eine ungeheure Anstrengung, allein nur so dazustehen, wie betäubt von innerem Schmerz.

»Du brauchst dich hier nicht zusammenzureißen, Ahmet. Gib dich so, wie du dich fühlst!«

Er drückt die Hände gegen die Schläfen, dann bricht es aus ihm heraus: »Das halte ich nicht mehr aus!« . . .

Er läßt sich zu Boden fallen, wälzt sich mit angezogenen Beinen hin und her. Unaufhörlich stößt er heraus: »Das halte ich nicht mehr aus! . . . Das halte ich nicht mehr aus! . . .«

Als er ruhiger wird, frage ich ihn: »Was hältst du nicht mehr aus, Ahmet?«

»Die Jungens, die Jungens in meiner Klasse halte ich nicht mehr aus. . . . Sie haben gesagt: ›Du paßt nicht zu uns‹ . . . Sie haben immerzu gerufen: ›Ahmet, Ahmet met, met met, du bist der Sohn von Mohammed‹ . . . und ›Angsthase, Angsthase‹ haben sie mich beschimpft, und dann haben sie mir Reißzwecken auf den Sitz gelegt, . . . Ich hab mich da drauf gesetzt, . . . und sie haben alle gelacht, und da bin ich weggelaufen!« Er bedeckt sein Gesicht mit den Händen, als wollte er seine Not vor mir verbergen.

Als er dann seine Hände fallen läßt, zeigt sich mir sein Gesicht voll trostloser Resignation. Ich schiebe ihm sacht die Boxhandschuhe zu und weise auf den Punching-Ball: »Dem kannst du sagen, was du denkst und fühlst.« Zögernd steckt er die Hände in die Boxhandschuhe, unsicher und kraftlos ist der erste Schlag gegen den Punching-Ball. Doch je öfter der Ball auf Ahmet zurückfedert, desto härter treffen ihn seine Fäuste. Immer schneller, immer härter, immer verbissener schlägt er zu ... Längst ist es nicht mehr der Punching-Ball, gegen den sich seine Gefühle entladen. Es ist, als sei für ihn die Stunde gekommen, all denen das zurückzuzahlen, was er von ihnen immer wieder ohnmächtig hatte einstecken müssen.

Ohne das Heraussetzen der bislang unterdrückten Aggression kann die Therapie nicht in Fluß kommen. Man muß dem Kinde alle Möglichkeiten zur Destruktion geben, die vertretbar sind. Sicherlich ist dies die schwierigste Phase im Behandlungsprozeß, deren Anfang jetzt für Ahmet gekommen zu sein scheint.

Allmählich werden seine Schläge matter. ... Er streift die Boxhandschuhe ab, lehnt sich gegen die Wand und wischt mit dem Unterarm den Schweiß von der Stirn. Dann schaut er mir gerade in die Augen.

»Nun, Ahmet, ... mir scheint, du hast eben nicht nur gegen einige wenige geboxt ... Es war wohl eine ganze Armee!«

Er lächelt ein wenig.

»Das, was sich heute morgen in der Schule ereignet hat, war wohl so etwas wie der berühmte Tropfen, der das Faß zum Überlaufen gebracht hat.«

Er reagiert mit fragender Miene.

»Stell dir vor, ... ein Faß ist bis zum Rand mit Wasser gefüllt. Da braucht es nur noch einen einzigen Tropfen, um das Faß zum Überlaufen zu bringen. Dieser eine Tropfen war das Verhalten deiner Klasse. Aber in deinem Faß sind viele, viele Tropfen. Ich meine, du brauchst jetzt öfter so einen Boxball ... oder irgend einen Gegenstand zum Draufhauen, wenn dich die Wut packt.«

Das scheint er zu begreifen. ... Er nickt verstehend.

Leider hatte ich heute nicht länger Zeit für Ahmet. Da ich aber noch zehn Minuten mit Mücke laufen wollte, bot ich ihm an, mit uns zu kommen.

Ein Hund ist in der Therapie von Kindern manchmal der beste Therapeut. So auch heute. Ich ließ Mücke frei laufen. Sie trug in ihrer Schnauze einen langen Stock. Es dauerte nicht lange, da kam ein großer Schäferhund und wurde aufdringlich. Mücke ließ den Stock fallen, um ihm wütend an die Kehle zu springen. Der Schäferhund trat den Rückzug an, und Mücke trabte mit ihrem großen Stock siegesbewußt weiter.

Ahmet hatte dieses Schauspiel aufgeregt verfolgt:

»Hat die aber Mut!«

»Ja, Ahmet, weil sie Mut hat, wird sie nicht so leicht von anderen Hunden angegriffen! ... So ist es in der Tierwelt. Dort werden immer die ängstlichen Tiere, die ›Angsthasen‹, angegriffen.«

Ahmet ist nachdenklich geworden. Nach einer Weile sagt er kurz und knapp: »Das werde ich mir merken.«

Inzwischen haben wir die Straßenbahnhaltestelle erreicht. Ahmet ist schweigsam geworden. Sein Mut hatte ihn offenbar schon wieder verlassen.

»Was soll ich nur Herrn Pickmann sagen ...? Da kann ich schon wetten, daß er mir ja doch nicht glaubt, immer nur den andern. ... Und das wird schlimm. ... Ich bin doch einfach aus der Schule weggelaufen!«

Er schaut immer wieder ängstlich in die Richtung, aus der seine Straßenbahn kommen muß, wohl weil er fürchtet, zu früh mit der ungeklärten Frage: »Was wird morgen?« davonfahren zu müssen.

»Vielleicht könntest du dich jemandem in der Schule anvertrauen, Ahmet? Wüßtest du jemanden?«

Er überlegt: »Der einzige wäre wohl Herr Keune, ... unser Rektor. Ja, der würde mich vielleicht verstehen. ... Wissen Sie, was der schon mal zu mir gesagt hat?«

»Nun?«

»›Freund Ahmet‹, hat er gesagt, ... und er hat seine Hand auf meine Schulter gelegt. ... Und wissen Sie, ... das haben sogar die anderen Jungens gesehen. ... Wissen Sie, das war am selben Tag, als Sie auch in meiner Klasse waren.«

»Siehst du, Ahmet, nun weißt du einen Weg. Vertrau' dich deinem Rektor Keune an.«

Ihm fällt nun noch ein, daß es wohl am sichersten sei, wenn er Rektor Keune vor Beginn seiner ersten »Pickmann-Stunde« aufsuchen würde. Das konnte ich ihm nur bestätigen.

Sein Blick war jetzt wieder zuversichtlicher. Nun fiel mir aber seine verschmutzte Kleidung um so stärker auf. Ich erkundigte mich daher nach der neuen Waschmaschine: »Wie kommt ihr damit zurecht?«

»Ganz prima«, antwortet er unbekümmert. »Ich wasche jetzt jeden Morgen meine Wäsche selbst.«

Dann ein wenig kleinlaut: »Aber meine Mutter hat gesagt, die Seife ist zu teuer. ... Jetzt wasche ich sie eben ohne Seife.«

»Die Seife ist zu teuer?«

»Meine Eltern sagen, wir müßten sparen ... für ein Haus in der Türkei.«

Er zuckt mit den Achseln: »Wer weiß, was alles passiert. Vielleicht müssen wir Deutschland wieder verlassen, und dann ist es schon gut, ein Haus in Bilecik zu haben.«

»Nun ja, es ist immer gut, vorzusorgen, Ahmet. Aber wenn du nun mal mit Seife waschen willst ..., ich meine nicht die Bettwäsche, die wasch nur jeden Morgen weiter so wie bisher, ... aber wenn du mal das, was du anhast, mit Seife waschen willst, dann kannst du das auch in deiner Stunde bei mir mit der Waschmaschine tun. Du mußt dir dann nur etwas Trockenes zum Anziehen mitbringen.«

Doch darauf geht er nicht ein, ist eher abweisend, als habe mein Vorschlag ihn peinlich berührt. Er schaut flüchtig an sich herunter und geht dann einige Schritte von mir weg. Offensichtlich wünscht er nun die Straßenbahn herbei. Als sie dann kommt, tätschelt er noch flüchtig Mückes Kopf und läuft davon.

Noch am gleichen Abend hatte ich ein ausführliches Telefongespräch mit Rektor Keune. Ich erzählte ihm, was vorgefallen war, und wie sich Ahmet durchgerungen habe, ihm alles persönlich am nächsten Morgen, noch vor dem Unterricht bei Herrn Pickmann, zu erzählen.

Rektor Keune versprach, mit Ahmets Klassenlehrer über den Vorfall zu sprechen. Da Ahmet aber lernen sollte, selbst Lösungen für seine Probleme zu finden, wollte Herr Keune abwarten, bis Ahmet zum Gespräch zu ihm käme. Ich erfuhr dann noch, daß Herr Pickmann zuckerkrank und darum nicht sehr belastbar sei, was die Situation für alle Teile erschwerte.

Am nächsten Morgen rief Rektor Keune zurück:

Ahmet war in der Schule nicht erschienen. ...

»Das Schlimmste ist, daß die Schläge nicht am schlimmsten sind«

Ahmet kam einigermaßen pünktlich in seine Behandlungsstunde. Es fiel mir auf, daß er heute ganz anders klingelte, als sonst: Bisher immer nur einmal ganz kurz, heute ziemlich kräftig, lang, kurz und noch einmal lang.

Als ich ihm die Tür öffne, sagt er sogleich: »Ich hatte schon Angst, Sie seien nicht da.«

»Wenn du deine Stunde hast, Ahmet, werde ich immer da sein. Komm herein ... Du weißt ja den Weg.«

Er hatte noch nicht seine Jacke ausgezogen, als er schon zu reden anfing: »Ich wäre einmal beinahe unter die Straßenbahn gekommen! Das ist schon eine Weile her, ... aber da fehlte nicht viel, ... nur um ein Haar!«

»Wie kommt es, daß du dich jetzt daran erinnerst?«

Er zuckt mit den Achseln: »Weiß nicht.« In seinen Händen hält er ein kleines Päckchen: »Das wollte ich Ihnen schenken.«

Es war eine Packung Kekse, uneingewickelt. Der Preis von zwei Mark zwanzig klebte noch darauf.

»Du hast zwei Mark zwanzig für mich ausgegeben? Das ist doch sicherlich viel Geld für dich?«

Er wehrt ab.

»Wieviel Taschengeld bekommst du denn so?«

»Ich kriege kein Taschengeld, ... kein festes. ... Einmal in der Woche frage ich, und dann kriege ich mal zwanzig Pfennig, mal fünfzig oder auch sogar schon mal eine Mark.«

»Dann mußt du ja ganz schön sparen, um solche Ausgaben zu machen wie hier für diese Kekse.«

Sein Gesicht verdüstert sich: »Ach, sparen hat ja doch keinen Zweck. ... Dann muß ich mir davon doch immer nur Schulhefte kaufen.«

»Ach so? Ich meine, ein Junge in deinem Alter braucht schon ein kleines, festes Taschengeld. Wie wäre es, wenn wir zusammen einmal mit deinem Vater oder deiner Mutter darüber sprechen würden?«

Plötzlich sind seine Augen voller Angst, und es bricht aus ihm heraus: »Nie, nie dürfen meine Eltern wissen, daß ich diese Kekse gekauft hab. Sagen Sie es keinem, ... versprechen Sie's mir!«

»Wenn es dir so wichtig ist, kann ich dir das gern versprechen, Ahmet. Aber warum hast du solche Angst?«

Er ist kreidebleich. Zögernd berichtet er, daß er heute morgen mit seiner Spardose zur Volksbank gegangen sei. Man hätte ihm dort die Dose geöffnet. Von dem herausgeschütteten Geld habe er zwei Mark fünfzig genommen und den Rest wieder hineingetan und dann die Spardose an ihren alten Platz gestellt.

Danach schweigt er. Ich warte noch eine Weile, um ihm Gelegenheit zum Weitersprechen zu geben. Doch er wagt wohl nicht, mehr zu sagen.

»Ahmet, warum machst du es dir so schwer? Warum kaufst du über solche Umwege ein Geschenk für mich? ... Was ist es, was du mir eigentlich mit diesem Geschenk sagen willst?«

Kein Laut kommt über seine zusammengepreßten Lippen.

»Nun, Ahmet?«

Er schüttelt den Kopf: »Ich weiß nicht, wie mir war, heute morgen ...«

»Das gibt es, Ahmet, daß man einfach nicht weiß, was mit einem so los ist.«

»Sie verstehen das? Ach! Wissen Sie ... ja ...«

Nun sprudelt er hervor: »Ich konnte heute morgen nicht in die Schule gehen. ... Ich konnte es einfach nicht! ... Wissen Sie, ... ich hatte solche Angst! ... Ich konnte nicht, ... und da weiß ich nicht, wie es kam, da hab ich die Spardose genommen und bin in die Stadt gelaufen ...«

Er stockt.

»Spricht weiter, Ahmet.«

»Und als ich das Geld hatte, habe ich einfach dafür diese Kekse gekauft, ... und da dachte ich, daß Sie die haben sollten.«

»Warum ich, Ahmet? Warum dachtest du, daß ich sie haben sollte?«

Er hatte sich inzwischen auf die Bank niederfallen lassen, vornübergebeugt stiert er auf die leere Tischplatte.

»Mit einem Geschenk will man etwas sagen, Ahmet. Als du zum erstenmal hier warst, schenktest du mir eine türkische Briefmarke. Auch da wolltest du mir schon etwas sagen, konntest es aber wohl noch nicht. Und in der vorletzten Stunde schenktest du mir einen Kalender, heute nun dieses Keks-Päckchen. Was ist es, was du mir damit sagen willst?«

»Ich hatte Angst, daß ich nicht mehr zu Ihnen kommen dürfte. ... Mein Vater hat gestern gesagt: ›Das Spielen bei Frau Ude hilft dir sowieso nicht.‹«

»Ach so! Du hättest mich gleich anrufen und fragen können, dann hätte ich dir gesagt, daß du so lange zu mir kommen kannst, wie du willst. Nun, für das nächste Mal weißt du es jetzt, darum gebe ich dir auch dieses Geschenk zurück, weil du dich dann vielleicht besser daran erinnerst. Der direkte Weg ist immer der beste, Ahmet, die Umwege machen alles nur schwieriger. Aber nun erzähl mir mal, wie es dann weiterging heute morgen, als du in der Stadt warst. Was hast du noch gemacht?«

»Ich bin durch die Kaufhäuser gelaufen.«

»Durch die Kaufhäuser?«

»Ja, ich hab mir all die vielen Sachen angesehen, die es dort gibt.«

»Zum Beispiel was?«

Er schüttelt den Kopf: »Weiß nicht.«

»Du kannst dich nicht daran erinnern, was du haben wolltest, was du hättest kaufen mögen, wenn du genug Geld gehabt hättest?«

»Nein, ... es war so viel, ... soooo viel, ... sooooo viel!«

»Aber von all dem vielen weißt du nicht eins, was du hättest haben wollen?«

»Nein!«

»In der vorletzten Stunde, hier, ging es dir auch so. Du wolltest alles mitnehmen, obwohl du nicht wußtest wozu. Weißt du noch? ... Du warst wie die Dinosaurier, die so hungrig waren, die alles aufgefressen haben ... Aber es hat ihnen doch nichts geholfen.«

Es entstand eine kleine Pause.

Ich empfand ihn jetzt nicht mehr so fahrig und zerstreut. Ja, er erschien mir nachdenklicher.

»Nun hör mal genau zu, Ahmet: Ich möchte, daß du dir in den nächsten Tagen überlegst, was du gerne, wirklich gerne haben möchtest. Ein Teil nur, aber du sollst dir gründlich überlegen, was es sein soll, und wozu du es haben möchtest. Und wenn du mir das ganz genau sagen kannst, dann würde es mir eine Freude sein, dir das zu schenken.«

»Sie wollen mir etwas schenken?«

»Ja, aber nur, wenn du dir gut überlegst, was und warum es dir wirklich Freude macht.«

»Wieviel Geld darf es denn kosten?«

»Nun, das kann ich dir jetzt noch nicht sagen. ... Vorerst wünsch dir etwas, und dann kann ich sehen, ob es für mich erschwinglich ist.«

Jetzt macht er einen guten Gegenvorschlag: »Dann kann ich mir ja drei Geschenke in verschiedenen Preisklassen überlegen, und dann können Sie aussuchen, wieviel Geld Sie bezahlen wollen.«

»Das ist ein sehr guter Vorschlag, Ahmet.«

Langsam steht er auf, streckt sich ein wenig und meint: »Da muß ich jetzt aber schwer überlegen ...«

Als er so durch den Raum schlendert, sieht er die von mir bereitgestellten Kartoffeln: »Ach ja, wir wollten doch heute Kartoffelpuffer backen. ... Haben wir denn noch genug Zeit?«

»Wir haben noch fast eine halbe Stunde, Ahmet, das reicht.«

»Aber Mücke«, erinnert er sich, »Mücke sollte doch auch dabei sein.«

»Wenn du willst, können wir sie holen.«

Nun sind wir zu dritt. Mücke hat sich mit großem Abstand auf einem weichen Fell eingeigelt, während sich Ahmet in unserer Kochecke auf einem Hocker niederläßt.

»Wie wollen wir es denn nun machen mit dem Pufferbacken? Willst du die Kartoffeln schälen und alles selber machen, oder wie hast du es am liebsten?«

»Ach«, meint er ein wenig lächelnd, »ich hätte es am liebsten, wenn die Mücke auf meinem Schoß säße und wir beide zuguckten, wie Sie die Puffer backen.«

»Na gut, Ahmet.«

Die Kartoffelpuffer brutzeln bereits in der Pfanne, ohne daß Ahmet und Mücke sich auch nur einen Schritt aufeinanderzubewegt hätten. Mir fällt aber auf, daß der Junge die Ärmel seines Pullovers immer länger zieht, bis allmählich seine Hände darin verschwinden. Er schweigt.

»Du zitterst, Ahmet. Was ist?« Er schweigt.

»Du weißt, du kannst hier alles sagen, alles!«

Er braucht Zeit. Regungslos sitzt er auf seinem Hocker: »Ich habe Angst, ... wieder diese schreckliche Angst, Frau Ude!«

»Angst wovor, Ahmet?«

»Vor Mücke, ich hab Angst vor Mücke, ... daß sie aufspringt und mich beißt!«

Er sieht aus wie ein Häufchen Unglück und winselt: »Bitte, bitte, bringen Sie Mücke 'raus!«

Ich gehe zu Mücke und nehme diesen kleinen, schläfrigen Hund auf meinen Arm: »Ich halte ihn jetzt ganz fest. ... Soll ich ihn trotzdem rausbringen, oder wirst du jetzt schon ruhiger?«

»Ein bißchen besser geht es ...«

Dann beginnt er zu sprechen: »Immer ..., ganz plötzlich, ... habe ich solche Angst, ... auch auf der Straße, ... wenn ein Hund kommt. Dann habe ich plötzlich solche Angst, daß er sich auf mich stürzt und mich beißt.«

»Und wie war das eben mit Mücke? Hattest du schon Angst, als wir sie hereinholten?«

»Nein!« Er schüttelt den Kopf. »Nein, zuerst hatte ich gar keine Angst. ... Aber dann, ganz langsam, da kam die Angst und wurde immer schlimmer, und ich kann da nichts gegen machen. Ich weiß einfach nicht, was ich machen soll. ... Ich hatte Angst, Mücke würde aufspringen und in meine Hände beißen.«

»Darum hast du wohl auch die Hände in die Ärmel eingezogen?«

Dazu sagt er nichts. Es sieht so aus, als ob er sich dessen gar nicht bewußt gewesen wäre.

»Hat dich schon mal ein Hund in die Hände gebissen?«

Er schüttelt wieder nur den Kopf.

»Als du ganz klein warst, in der Türkei?«

»Weiß nicht. ... Von der Türkei weiß ich nichts.«

»Ach ja, du hast mir ja schon mal erzählt, daß du dich an die Zeit in der Türkei nicht mehr erinnern kannst.«

Als ich nun meine Hand auf den Kopf des Hundes lege, sagt er spontan: »Ich finde es gut, daß man hier keine Tiere schlägt! ... Aber die Türken, die Türken schlagen Tiere ...!«

Nach einer Weile fährt er fort: »Ich kann die Türken nicht leiden.«

Jetzt steht verhaltene Wut auf seinem Gesicht.

Nach einer längeren Pause sage ich, so als ob ich zu mir selber spräche: »Wie wohl so einem armen Tier zumute ist, ... wenn es so oft Schläge bekommt?«

Er zuckt die Achseln: »Was kann es schon machen?«

»Ja, was kann es schon machen, Ahmet?«

Nach einer längeren Schweigepause fährt er fort: »Wissen Sie, das Schlimmste ist, daß die Schläge nicht am schlimmsten sind. ...«

»Wie meinst du das?«

»Das Schlimmste ist, daß ein Tier immer Angst hat, daß es Schläge kriegt, ... auch, wenn es mal keine Schläge kriegt!«

»Du meinst, Ahmet, daß so ein Tier dann immer etwas Schlimmes erwartet? Meinst du das?«

Er wirkt gequält und wischt sich die Stirn, als wolle er verworrene Gedanken ordnen: »Ist doch ganz klar«, antwortet er nun mit erstaunlicher Selbstverständlichkeit. »Wenn ein Tier viel Schläge kriegt, dann, ... na ja, ... dann muß es immer Angst haben. ... Wissen Sie, dann muß es immer schon darauf warten.«

Jetzt spreche ich ihn direkt an: »So einem Tier geht es ähnlich wie dir. ... Du fürchtest von innen her auch, daß etwas passiert, ... daß dich so ein kleiner Hund wie dieser zum Beispiel anspringt und beißt.«

Die Gedanken, die ihm dazu kommen, sind sprunghaft. Sie zeigen aber, daß er den Zusammenhang zwischen seiner Angst vor Schlägen (als Ursache) und seiner Angst vor Katastrophen, bzw. seiner Angst vor beißenden Hunden, erkannt hat, wenn auch sicherlich noch sehr vage: »Meine Eltern schlagen mich jetzt nicht mehr so viel. ... Mein Vater hat sich damals sehr über Ihren Brief gefreut: ... Daß Sie sich erkundigt haben, wie lange wir denn noch in unserem Haus wohnen dürfen ..., und ... Sie haben doch auch zu meinen Eltern gesagt, daß Schläge doch nicht helfen. ...«

»So ist es, Ahmet. ... Aber nun hast du selber gesagt, daß ein Tier, das viel Schläge bekommen hat, immer in Angst vor Schlägen lebt, ... oder du in Angst lebst, daß etwas passieren könnte, zum Beispiel ein Hund dich beißen könnte.«

Ich stehe in einiger Entfernung von ihm, und halte Mücke immer noch auf dem Arm. Nach einer Weile bittet er mich, ihm Mücke auf den Schoß zu setzen. Das tue ich.

Nun wandert sein Blick zur Pfanne: »Ach, jetzt sind die Puffer wohl kalt geworden?«

Ich stelle die Heizplatte wieder an und gebe Ahmet ein Stück kalten Puffer: »Magst du dies der Mücke geben? ... Aber du mußt es ihr so ..., auf offener Handfläche, reichen.«

Er tut es und ist ganz glücklich, daß Mücke nicht nur den Puffer nimmt, sondern auch nochmals kräftig nachleckt.

»Sie leckt mir sogar die Hand«, meint er ganz gerührt. »Jetzt habe ich aber ganz bestimmt keine Angst mehr vor Mücke. ... Wissen Sie, am liebsten hätte ich einen Hund, dann würde ich mich ganz mit ihm zurückziehen. ...«

Er verzehrt wortlos, mit sichtlichem Genuß einen heißen Puffer. Nach dem letzten Bissen meint er: »Wissen Sie, Puffer ... Puffer ist eigentlich meine Lieblingsspeise. ... Am liebsten würde ich nur noch Puffer essen.«

Seine Zeit ist um. Als er nochmal durch den Spielraum geht, findet er ein dackelähnliches Stofftier. Er nimmt es in die Hand: »Ich weiß jetzt schon, was ich mir wünsche.«

»Nun, Ahmet?«

»So einen kleinen Hund wie diesen. Den würde ich dann mit ins Bett nehmen. Dann könnte ich besser einschlafen.«

»Du darfst ihn behalten, Ahmet! Das ist jetzt dein Hund!«

Als ich ihn zur Tür begleite, drückt er seinen Stoffhund noch fester an sich: »Den nehme ich auch morgen mit, wenn ich mit Rektor Keune spreche.«

»Das ist gut, Ahmet. . . . Alles wird leichter, wenn man einen Freund bei sich hat.«

Er geht.

Stichwort-Protokoll zum zweiten Hausbesuch bei Familie Savas

Anwesend: Vater Mustafa, Mutter Pembe und Schwester Emine.

Ausgesprochen freundlicher Empfang.

Mutter hielt sich sehr zurück, wegen starker Migräne.

Vater bedankte sich für die Hilfe in der Wohnungsangelegenheit. Allgemeine Erleichterung, noch eine Wohnungsfrist von zwei Jahren zu haben.

Vater und Bruder Osman arbeiten nach wie vor auf der alten Arbeitsstelle, ebenso die Mutter.

Man plant eine Reise in die Türkei, um dort im Heimatort den Bau eines Hauses vorzubereiten.

Dennoch, allgemeine Stimmung sehr depressiv: Man fühlt sich sehr isoliert. Kein Kontakt mit Deutschen. Bedrückend die Zukunftsunsicherheit: wie lange sie noch bleiben dürfen. Angst, daß Deutsche ihre Arbeitsplätze übernehmen, dann keine Möglichkeit mehr, Geld zu verdienen.

Daher größte Sparsamkeit: Seife für Waschmaschine zu teuer, Kinder haben zu große Wünsche, vergleichen sich immer mit Deutschen.

Familie erlebt sich als zerrissen: Eltern wollen zurück in die Türkei, Kinder wollen hier bleiben. Eltern dann im Alter allein in der Türkei. Vom geplanten Hausbau in der Türkei verspricht man sich etwas mehr Sicherheit. Verständigung mit Eltern geht nur über Emine.

Ich spreche Vater auch auf Einstellung zur Behandlung an. Gibt zu, sich nicht vorstellen zu können, daß es mit Ahmet »durch das Spielen« besser wird. Trotzdem soll Ahmet weiter zu mir kommen (weil Kontakt mit einer Deutschen?).

Für Ahmets Wünsche bezüglich Taschengeld, Betreuung usw. schwer zugänglich. Vor allem Klage über Ahmet: Zu faul. Aufklärung über tiefere Ursache praktisch unmöglich. Trotzdem werde ich bald wieder Hausbesuch machen, weil offensichtlich ganze Familie sich freut. Man nimmt mich kritiklos an, wird daher hoffentlich auch gewisse »Forderungen« von mir (Respektsperson?) erfüllen. Z. B. von jetzt an festes Taschengeld von wöchentlich zwei Mark für Ahmet.

Ausführlich über Schlagen von Kindern gesprochen. Habe versucht, vom Unsinn des Schlagens zu überzeugen.

Auch versucht klarzumachen, daß Knoblauch-Essen für Ahmet in der Schule große Belastung bedeutet. Versucht, Verständnis zu wecken, daß Ahmet sich im Winter wärmer anziehen muß. Auf Notwendigkeit von sauberer Kleidung hingewiesen. Habe auch lange den Eltern zugehört, mir alle Sorgen erzählen lassen. Hilfe angeboten, wo ich vielleicht helfen kann.

Am Ende des langen Gesprächs kommt Klage, daß Ahmet noch immer nachts ins Bett mache, und schließlich wieder Frage, ob ich ihm denn mit dem Spielen überhaupt helfen könne.

». . . der Mann wirft Steine auf die Enten!«

Als Ahmet heute in den Spielraum kommt, zeigt er sich sehr wortkarg, ja mürrisch. Seine Mimik ist abweisend; sie ist geradezu verbissen. Dabei wandert er anscheinend ziellos durch den Raum.

Nun geht er plötzlich entschlossen an die Tafel. Er malt einen riesengroßen Stier, der aus seinen Nüstern dicke Wolken bläst. Dieser wird eingekreist von einer johlenden Menschenmasse. Besonders den Stier versucht er deutlich darzustellen: der Kopf ist wie zum Angriff nach unten gesenkt. Seine Augen sind weit aufgerissen. Über den Stier sagt Ahmet, der wisse eigentlich gar nicht, wo er angreifen solle, weil der Torero noch nicht da sei. Die Menschenmenge besteht in Ahmets Zeichnung aus lauter runden Köpfen, aus deren aufgerissenen Mäulern pfeilartige Signale kommen: offenbar Schreie, die dem Tier Angst machen und seine Wut anstacheln sollen.

Als er seine Zeichnung beendet hat, legt er hart und kurz die Kreide in den Kasten, so, als gäbe es nichts mehr hinzuzufügen. Auf meinen vorsichtigen Versuch, mit ihm über dieses Bild zu sprechen, geht er nicht ein. Er verläßt sofort die Tafel und geistert wieder durch den Raum. Abrupt greift er dann zur Kinderpistole: »Wo ist die Munition?«

Er lädt den Revolver und steckt den Rest der Munition in seine Hosentasche. Wie entschuldigend sagt er: »Die ist sicher sehr teuer . . . Ich werde sparsam damit umgehen.« Dann bindet er sich den Indianergürtel um die Taille. Zum Schluß hängt er sich das Kindergewehr über die Schulter. So bleibt er einen Augenblick unschlüssig stehen, weiß dann aber ziemlich genau, was er will.

»Kommen Sie, wir bleiben nicht hier drin, wir gehen 'raus.« Er stürmt mir voraus über die schmale, holprige Straße in den Park, der direkt vor unserem Haus liegt. Am Eingang steht eine Gruppe von Jungen seines Alters. Alle haben ein Fahrrad.

»Ich kann auch gut radfahren, aber mein Vater kauft mir keins.«

Als wir im Park sind, holt er aus der Hosentasche ein Gummiband: »Sehen Sie, hier, das ist meine Waffe. . . . Ich drehe mir kleine Kügelchen aus Schokoladenpapier, . . . und wenn mich Jungens schlagen wollen . . .«, er stockt und führt mir dann vor, wie er die Kugeln abschießen wird. »Da müssen sie lange kratzen, bis sie das von der Haut ’runterkriegen.«

Er steckt die Schleuder wieder ein und beginnt, mit der Kinderpistole zu schießen. ... Zunächst sparsam, ... er geizt mit seiner Munition. ... Doch bald packt ihn die Raserei: »Päääääääng, pääääääng, päng, päng, päng, päng, päng. ...!« Die Pistole wird in seiner Vorstellung zum Maschinengewehr. Jetzt macht er tabula rasa: »Da ist eine Frau! ... Die ist mir zu fett! ... päng, päng, päng! ... Die ist weg! ... Da ist eine Oma gegangen! Da ihre Füße, da der Stockabdruck! ... päng, päng, päng!« Er schießt auf die Fußspuren: »Die ist tot! ... Omas kann ich nicht leiden. ... päng, päng, päng! ... Ich bin schon satt, wenn ich nur das Wort ›Oma‹ höre! ... päng, päng, päng ...!«

Auf dem zugefrorenen Wasser des Grabens, der den Park umgibt, herrscht lebendiges Treiben von Schlittschuhläufern. Auf den Knien hockend mäht Ahmet mit ausgestreckten Armen ... hin und her und her und hin ... alles nieder, was ihm vor die Flinte kommt. ...

»So, die sind alle tot, päng, päng, päng, päng, päng!«

Ärgerlicher Zuruf eines Spaziergängers: »Hier wird nicht geschossen ...! Und Sie« – giftige Blicke auf mich gerichtet – »sollten dem Jungen den Hintern verhauen! Verdammte Schießerei!«

Ahmet stutzt, ... schaut mich an ... Ich bleibe völlig gleichgültig, reagiere auf nichts, weder auf den Zuruf noch auf Ahmets Treiben. Ich bleibe nur an seiner Seite. Unbewußt mußte er spüren: »Die steht ganz auf meiner Seite.«

Nicht lange und seine haßerfüllte Raserei geht weiter. Schon kommen schlimme Ausdrücke: »Dummes Schwein! ... Der Mann wird aus dem Hinterhalt erschossen! ... So, der ist tot ...!«

Zu mir gewandt: »Kommen Sie! Kommen Sie!« Weiter geht’s im Laufschritt durch den Park. ...

Er hängt mir sein Gewehr um den Hals: »Nehmen Sie das, ... mir genügt diese Pistole!«

Drei Männer kommen uns entgegen: »Das sind bestimmt Türken. ... Das sehe ich schon von weitem. ... päng, päng, päng. ...!«

Die Männer kommen näher. ... Es sind Türken. Sie lachen, sie verhalten sich freundlich, ganz anders als die deutschen Spaziergänger.

»Komm, Ahmet, laß uns zu ihnen gehen und guten Tag sagen.«

Unwirsch wehrt er ab: »Ich mag keine Türken!« Als sie vorbeigegangen sind, werden sie von hinten erschossen: »Päng, päng, päng! ... So, die sind auch tot!«

Vor einer wohl vier Meter hohen Steinplastik bleibt er stehen: »Sehen Sie hier, der Mann schlägt eine Frau. Päng, päng, päng ...!« Er schießt auf den Mann. ... Dann schaut er mir gerade in die Augen: »Wissen Sie was? ... Ich bin überhaupt nicht müde. Wissen Sie was? ... Sonst bin ich immer so müde. ... Sie sind eine tolle Frau! Eine tolle Frau sind Sie, so eine tolle Frau wie Sie habe ich noch nie gesehen!«

Und schon rennt er weiter: »Kommen Sie! Kommen Sie!« Das Geizen mit seiner Munition hat er längst aufgegeben. Alles was sich bewegt, wird rücksichtslos niedergeknallt ... immer im Schutz von dicken Bäumen. Der Durchbruch seiner Phantasie hat ihn rasend gemacht. Es fällt der letzte Schuß, und die Munition ist alle. »Die Munition ist alle, Frau Ude! ... Werden Sie neue kaufen?«

»Es wird genug da sein, Ahmet.«

Sogleich kommen unruhige Fragen: »Wieviel Zeit haben wir denn noch? ... Könnte ich nicht ein bißchen länger bleiben? ... Ich möchte gerne noch etwas spielen ... im Haus, in unserem Spielzimmer.«

Das Wort »unser« gefiel mir gut. Wir gehen wohl eine Minute lang schweigend nebeneinander her, da bleibt er plötzlich stehen: »Sehen Sie dort! Sehen Sie dort, ... der Mann wirft Steine auf die Enten!«

An der Böschung des Wassergrabens tummelten sich viele Enten, wohl knapp hundert Meter entfernt. Ein Mann warf ihnen aus der Höhe etwas zu. ... Es war Brot. ... Er fütterte die Enten. Wieder einmal war es Ahmets eigener Schmerz, der ihn die Welt falsch sehen ließ. Überall sah er Bedrohung.

»Geh und sag dem Mann, was du fühlst, Ahmet, geh!«

Er geht nicht. Er bleibt wie angewurzelt stehen, dann schießt er mit seiner Pistole. Es klingt kläglich so ohne Munition. »Sag's ihm, Ahmet!«

Er schaut zu Boden. ... Dann schmettert er die Pistole auf den Weg: »Scheiße, ... so 'ne Scheiße! ... Dieser Mann! ... Erschießen, erschießen muß man ihn!«

Er greift in die Zweige eines Baumes und reißt sie vor Wut vom Stamm. Alles geht blitzschnell. Jetzt sind es nur noch zwanzig Meter, die uns von dem »gewalttätigen« Mann trennen.

»Nun schau mal genau hin, Ahmet! Was tut der Mann? Was tut er wirklich?«

Er ist sprachlos. . . .

»Ach, . . . er füttert die Enten, er wirft ihnen Brot zu!«

»Ja. . . . Ich habe es gleich gesehen.«

»Sie haben es gesehen? Und warum haben Sie es mir nicht gesagt?«

»Weil du es selbst entdecken mußtest, Ahmet.«

Schweigen. Ich schlage ihm vor, zu dem Mann zu gehen und mit ihm zu sprechen. Er lehnt sofort ab.

»Ahmet, wenn man wissen will, wie die Menschen wirklich sind, muß man auf sie zugehen, mit ihnen sprechen. Tut man das nie, kann es einem passieren, daß man blind bleibt.«

»Wieso blind?«

»Nun, manchmal ist man wie blind, da sieht man alles um sich herum nur falsch, . . . böse, . . . feindlich. Man kann blind sein vor Wut.«

Ahmet bleibt stumm.

»Ahmet, da muß man schon schneidig sein, Mut zum Näherhinschauen haben, um zu sehen, wie alles wirklich ist. Tut man das nicht, dann bleibt man eben blind.«

Ahmet ist unruhig. Er drängt fort. Ich merke, daß ihn meine Worte gar nicht erreichen. Noch ist bei ihm für Vernunft, für ein Begreifen von Zusammenhängen kein Raum. Zu sehr bedrängen ihn noch seine dumpfen Gefühle.

Wir sind wieder im Spielzimmer. Er schießt noch einmal mit der Pistole und steckt sie dann in seine Hosentasche.

»Die Munition ist alle. . . . Sind Sie sicher, daß wir in der nächsten Stunde welche haben?«

»Du kannst dich darauf verlassen.«

Er hastet wieder durch den Raum: »Wie . . . wieviel Zeit haben wir denn noch?«

»Schau auf die große Uhr, Ahmet. Da kannst du immer die Zeit ablesen.«

Aber Ahmet war schon wieder abgelenkt. Etwas anderes fesselte ihn. Er hatte eine große Kerze angezündet, setzte sich damit in die Sandkiste und ließ mit seinen Händen einen feinen Sandstrahl auf die Flamme rieseln, wodurch ein eigenartiges Zischen entstand und kleine Funken sprühten. Dann zündete er weitere Kerzen an, die er wortlos alle nebeneinander in den

Sand stellte. Schließlich greift er zum großen Feuerzeug, das einem Ölbrenner nachgebildet ist, und dessen Flamme man beliebig bis zu dreißig Zentimeter Höhe verstellen kann.

Er spielt mit dem Feuer. ...

Dann wird er selbst wie Feuer und Flamme: Die brennenden Kerzen werden brennende, abstürzende Flugzeuge. Er nimmt eine Kerze nach der anderen in die Hand, reckt den Arm ganz weit, und läßt sie dann mit lautem Gezisch auf die Häuser niederstürzen, die offenbar in seiner Phantasie auf dem Sandboden stehen. Er springt auf und holt sich einen großen Sack mit Bauklötzen: »Und jetzt gibt es einen Bombenregen!«

Klotz auf Klotz schleudert er nun auf seine imaginäre Stadt, Wut und Verbissenheit im Gesicht.

»Und jetzt gibt es eine Explosion!« Er reißt die Arme hoch und kippt mit donnerndem Getöse den ganzen Sack Bauklötze auf die Sandkiste.

Das Spiel wird vollends zur Raserei! Mit geballten Fäusten steht er vor der Sandkiste und schreit: »Ihr Gangster, ihr Gangster, ihr Gangster! Ich bin der Polizist. Die ganze Stadt ist voller Gangster. Aber hier kommt keiner weg! ... Haaaalt!«

Mit bloßen Händen schlägt er wild auf den Punching-Ball: Einer der Gangster war entkommen. Er holt ihn ein und schlägt ihn erbarmungslos zusammen.

»So, jetzt sind alle Gangster tot!« ...

Ausgepumpt legt er sich auf den Boden, Arme und Beine lang ausgestreckt, auf seiner Stirn dicke Schweißperlen.

Als er sich nach einigen Minuten erhebt, muß ich ihm sagen, daß die Zeit um ist. In der Tür des Spielzimmers dreht er sich noch einmal um: »Habe ich etwas vergessen?«

»Ja, Ahmet, du hast noch die Pistole in deiner Hosentasche. ... Die läßt du besser hier.«

»Ach so.« Er legt sie in eine Schublade. »Lassen Sie sie hier liegen, damit ich sie gleich wiederfinde.«

»In Ordnung, Ahmet!«

Fünfunddreißig Behandlungsstunden später

Mehr als drei Monate sind vergangen, und inzwischen ist es Mai geworden. Ahmet ist immer einigermaßen pünktlich zu seinen Behandlungsstunden erschienen; mit wenigen Ausnahmen, einmal wegen einer fieberhaften Grippe, ein andermal wegen eines schweren Migräneanfalles.

An den körperlichen Symptomen, wegen derer er ursprünglich zu mir in Behandlung gekommen war, hat sich noch nichts geändert: Nach wie vor macht er jede Nacht ins Bett. Noch immer leidet er unter häufigen Kopfschmerzen. Hin und wieder klagt er über eine Empfindlichkeit des Magens, verbunden mit Übelsein, manchmal bis zum Erbrechen. Auch seine Kleidung ist noch genau so schmutzig, so penetrant riechend wie zuvor. Positiv fällt auf, daß er auf das Nägelkauen verzichten kann.

Was hat sich nun eigentlich in diesen vielen vergangenen Behandlungsstunden ereignet, was ist erreicht worden?

Oberflächlich gesehen könnte man sogar sagen, alles sei viel schlimmer geworden. Aus einem unterwürfigen, gefügigen, antriebsschwachen Ahmet ist jetzt ein hochgradig aggressiver, wild um sich schlagender Junge geworden, mit dem seine Umwelt noch schwerer zurechtkommt als vorher.

Fünfunddreißig lange Stunden sind vergangen, in denen immer nur das gleiche geschah: »Schießen«, ... »Zerstören«, ... »Morden« als Ventil für die große in ihm angestaute Wut.

War dies noch ein Spiel? »Die ich rief, die Geister, werd' ich nun nicht los.« Diese Zeilen aus dem ›Zauberlehrling‹ kommen mir nicht selten in den Sinn.

Auch an ein Märchen aus ›Tausendundeine Nacht‹ muß ich manchmal denken: ›Der Fischer und der Dämon.‹ Diese Geschichte erzählt, wie ein Geist, der in einer Flasche gefangen war, je länger seine Gefangenschaft dauerte, desto verbitterter und grausamer wurde, so daß er schließlich seine Befreier umbringen wollte: »Dort lag ich im Meer hundert Jahre lang, während ich in meinem Herzen sagte: Wer immer mich befreit, den will ich auf ewig reich machen. Aber das ganze Jahrhundert verstrich, ohne daß mich einer befreite. Und als das zweite Jahrhundert begann, sagte ich: Wer immer mich erlöst, dem will ich die Schätze der Erde öffnen. Aber wieder befreite mich niemand, und so verstrichen vierhundert Jahre. Da sprach ich:

Wer immer mich erlöst, dem will ich drei Wünsche erfüllen. Aber niemand befreite mich. Da geriet ich in große Wut und sprach zu mir selber: Wer mich hinfort noch erlöst, den will ich töten.«*

So ging es auch Ahmet. Seine angestauten Haßgefühle waren so stark, daß er sie nicht nur im Spielraum ausleben konnte. Es drängte ihn hinaus ins Freie, dahin, wo er seine seelischen Verwundungen erfahren hatte, wo es reale Ersatzfiguren gab für Eltern, Bruder, Großmutter, Lehrer und Schüler, für alle die, von denen er Demütigungen hinnehmen mußte, weil er wehrlos war.

Mit einer erschreckenden Monotonie griff er entweder zur Pistole, um damit in den Park zu laufen und alles niederzuschießen, oder aber es drängte ihn in unseren Garten, um darin immer wieder ein großes Feuer zu entzünden und sich »an der Gefräßigkeit der Flammen«, wie er es selbst ausdrückte, zu berauschen. Meistens starrte er schweigend in die Flammen. Hin und wieder ließ er sie in seiner Phantasie zu Riesen werden, die durch die Städte ziehen und alles dem Erdboden gleichmachen.

Wie zu erwarten, kam es jetzt aufgrund seiner freigesetzten Aggressivität zu Hause und in der Schule zu neuen Problemen. Bei der geringsten Hänselei in der Schule schlug er hemmungslos zu. Meistens rief er mich danach sofort an und sagte: »Wieder habe ich einem Jungen die Lippe blutig geschlagen.« Oder sogar »Am liebsten hätte ich ihn totgeschlagen!«

Ich drängte ihn immer wieder, mir alles so genau wie nur irgend möglich zu erzählen. Sehr oft, besonders im Anfang, hatte er wohl recht, wenn er sich massiv gegen die Hänseleien zur Wehr setzte. Doch mit der Zeit mußte ich ihm immer wieder sagen: »Du bist jetzt blind vor Wut, Ahmet. Und diese blinde Wut ist es, die dich so schnell zuschlagen läßt.« In seinem Unbewußten schien er auch zu fühlen, daß dies die Wahrheit war. Er sagte dann verzweifelt: »Wie werde ich es denn endlich wissen, wann ich zuschlagen darf oder nicht?«

Es wurden nun häufiger Gespräche mit Rektor Keune notwendig, auch mit den Eltern. So hatten sie sich den Ablauf der Behandlung nicht gedacht: Neben dem Symptom des Bettnäs-

* Zitat nach Bruno Bettelheim: ›Kinder brauchen Märchen‹. In der Ausgabe der Deutschen Verlags-Anstalt, Stuttgart 1977, S. 33; in der Ausgabe des Deutschen Taschenbuch Verlags (dtv 1481), München 1980, S. 37.

sens nun auch noch eine so veränderte Wesensart: ständige, kaum steuerbare Aggression.

Wegen einiger, von Ahmet ängstlich weitergegebener Bemerkungen fürchtete ich von seiten der Eltern den Abbruch der Behandlung. Jetzt kam »uns« (Ahmet und mir) zugute, daß es für sie nach wie vor von großer Bedeutung war, wenn »eine Deutsche« zu ihnen zu Besuch kam. Sie fühlten sich offenbar dadurch aufgewertet, wohl auch ein wenig abgestützt, wenn ich ihnen den Behörden gegenüber Hilfestellung gab.

Unterstützung fand ich vor allem bei Emine und ihrem Mann, mit dem sie seit wenigen Wochen verheiratet war und eine eigene Wohnung bezogen hatte. In einem gemeinsamen Gespräch mit ihnen bot mir Emine sogar an, die vereinbarten zwei Mark fünfzig für die Behandlungsstunde zu übernehmen, falls die Mutter nicht mehr zahlen wolle. Durch Gespräche mit ihnen erfuhr ich noch mehr über Ahmets Lebensgeschichte.

Emine (zwölf Jahre älter als ihr Bruder) konnte sich sehr gut an seine Geburt erinnern, daran, daß er als Säugling immer sehr, sehr viel geweint habe, oftmals auch krank gewesen sei, daß aber wegen der Armut kein Arzt hatte hinzugezogen werden können. Dies hatte auch die Mutter im Erstgespräch erwähnt. Mutter Pembe soll nach Emines Angaben sehr still gewesen sein, wohl weil ihre strenge Schwiegermutter das Regiment geführt habe.

Auch erkundigte ich mich bei Emine, wie man denn in der Familie auf Ahmets Weinen während der Säuglingszeit reagiert habe: »Manchmal bin ich dann heimlich zu ihm gegangen, weil meine Großmutter das nicht wollte. Sie sagte immer, man solle ihn weinen lassen.«

Als die Mutter als erste die Türkei verließ, war Emine siebzehn Jahre alt. Sie konnte sich noch daran erinnern, daß Ahmet viele Wochen nach der Mutter geweint habe und niemand ihn habe trösten können. Dann sei er schließlich sehr still geworden. Bis in den späten Abend habe er immer vor der Haustür gesessen, voller Sehnsucht nach der Mutter.

Sie, Emine, sei nicht viel geschlagen worden, wohl aber Osman und Ahmet, insbesondere von der Großmutter und vom Vater. Dazu meinte Emines Mann: »Wenn der Vater in der Türkei keine Geschäfte gemacht hat, bekommen die Kinder von ihm abends Schläge. Damit befreit er sich von seinem Ärger. Was soll da schon aus den Kindern werden?«

Auf meine Frage, wie denn wohl die Eltern zur Behandlung

stünden, sagte er: »Es ist ihnen egal.« Er selbst gab sich wohl Mühe, den Zusammenhang zwischen Ahmets Symptomen und deren Ursachen zu verstehen, doch kamen immer wieder Bemerkungen, die zeigten, daß ihm das wirkliche Verständnis fehlte. Er deutete zum Beispiel Ahmets Antriebsschwäche ebenso wie das Bettnässen als Faulheit. Wenn er nachts aufstehen und zur Toilette gehen würde, dann brauche er auch nicht mehr ins Bett zu machen. Aber zu allem sei er eben zu faul. Erstaunlicherweise sah er in dem Wechsel von Depression zu Aggression einen Erfolg der Behandlung.

Positiv und einfühlsam zeigte sich immer wieder Emine. Ihr sei es stets schrecklich gewesen, wenn Ahmet so oft stundenlang apathisch auf dem Sofa gesessen habe und zu nichts zu bewegen gewesen sei. Immerhin sei er jetzt viel lebendiger, und darum glaube sie auch daran, daß ihm die Behandlung helfen würde.

»Wenn ich doch auch ein Deutscher wär!«

Heute war eine ganz besondere Stunde:

Ahmet greift nicht sogleich nach seiner Pistole. Es drängt ihn nicht in den Park, wie in den vergangenen Stunden. Zwar fängt er sofort wieder an zu zündeln und benutzt dazu wieder die Riesen-Streichhölzer, viele Kerzen und auch das große Feuerzeug. Doch heute hatte ich den Eindruck, daß das Zündeln nicht mehr so viel für ihn bedeutete. Denn er konnte sich schnell von diesem Spiel lösen und sein Interesse den vielen kleinen Sachen zuwenden, die im Regal lagen. Eine große Muschel, die ich aus Amerika mitgebracht hatte, hält er an sein Ohr, um sie rauschen zu hören. Dann nimmt er bewundernd einen großen Tannenzapfen in die Hände, der von den Sugarpines, großen kalifornischen Nadelbäumen, stammt. Schließlich greift er zu einem Lavastein.

»Was ist das für ein Stein, Frau Ude?«

»Das ist ein Stein, der aus einem Vulkan herausgeschleudert worden ist.«

Dies fasziniert ihn offensichtlich. Er fängt an, mir zu erzählen, was er alles von Vulkanen weiß: daß sie lange vor dem Ausbruch brodeln, und dann einen glühend heißen Lavastrom ausstoßen. Ich hole ihm das Buch ›Die Welt in der wir leben‹, in dem Vulkane abgebildet sind, aus denen glühende Lavamassen herausfließen. Wieviel Ruhe und Konzentration er für die Bilder und deren Beschreibung aufbringen konnte! Ich war erstaunt.

Dann greift er nach Farbstift und Malblock, sichtlich noch ohne Konzept, was er denn malen möchte. Er setzt ziemlich wahllos Kurven und Striche aufs Papier. Dabei macht er einen entspannten Eindruck.

Plötzlich malt er eine riesengroße Brezel!

Er legt den Farbstift zur Seite, stützt die Ellenbogen auf, drückt den Kopf in die offenen Handflächen und betrachtet seine Brezel ... wortlos, unbewegt.

Wieso malte er jetzt eine Brezel? Wieso kam er von der brodelnden Lavamasse zur Brezel?

»Was erinnert dich an diese Brezel, Ahmet?«

Noch bevor ich ihm diese Frage stellte, hatte sich sein Gesichtsausdruck deutlich verändert. Es schien etwas in ihm vorzugehen.

Nach einer ganzen Weile beginnt er zu erzählen: »Mein Vater

hat mir einmal so eine Brezel gekauft ... Die hat soooooo gut geschmeckt! ...« Er greift wieder nach dem Farbstift und malt nun über die Brezel einen Platz.

»Sehen Sie hier, Frau Ude, dies ist der Platz in Bilecik, und hier war der Laden, wo mir mein Vater diese Brezel gekauft hat!«

Er wird ganz lebendig und versucht, mir mit Hilfe einer primitiven Skizze, die er ganz langsam, Strich für Strich zeichnet, von seinen Erinnerungen an seinen Heimatort zu erzählen. Hin und wieder stockt er: »Mehr weiß ich nicht.«

»Doch, Ahmet, du kannst dich erinnern, du weißt alles! Erzähl mir mehr! ... Du gingst also mit deinem Vater in diesen Laden, und er kaufte dir eine Brezel.«

In ganz langsamen Schritten stellt er jetzt eine Verbindung zu seiner Vergangenheit her: »Dieser Platz hier war so was wie ein Weihnachtsmarkt. ... Hier waren ganz viele Geschäfte, ... ja ... und hier ... hier war wohl der Laden, wo mir mein Vater die Brezel gekauft hat. ...«

»Weißt du noch, warum dein Vater dir die Brezel gekauft hat?«

Er grübelt, versucht sich zu erinnern.

»›Anne gene gel, Anne gene gel, Anne gene gel‹ ... Das habe ich immerzu gesagt, ... und ich habe ganz viel geweint, ... und da hat mein Vater mir so eine Brezel gekauft, damit ich nicht mehr weinen sollte. Und die hat mir sooo gut geschmeckt!«

»Daran erinnerst du dich, Ahmet?«

Er nickt mit dem Kopf: »Ja, ich weiß es jetzt.«

»Was heißt denn ›Anne gene gel‹?«

»›Mama komm wieder‹, heißt das. ... Meine Mama, ... jetzt weiß ich es ganz genau, ... meine Mama war weggegangen ... nach Deutschland ..., und ich war so traurig.«

Er stockt. Ich fürchte, der Faden des Wiedererinnerns könnte abreißen. So dränge ich weiter: »Und darum hat dir dein Vater diese Brezel gekauft?«

»Ja, so war's.« Er zeichnet weiter. ... »Und hier, ... auf dem Platz, ... da standen immer viele Autos. ... Und hier wurden zu Weihnachten geschlachtete Schafe verschenkt, an Arme von reichen Leuten. ... Und hier unten war ein schöner Brunnen. Den mochte ich besonders gern. ... Hier unten war ein Autobus-Bahnhof. ... Da wohnten meine Tante und mein Onkel. Und hier war unsere Wohnung.«

Er wurde ganz aufgeregt und schlug sich mit der offenen

Hand vor die Stirn: »Ich kann mich an alles erinnern, Frau Ude! Das muß ich Dr. Simmel erzählen, daß nun die Schubladen in meinem Gehirn nicht mehr knarren. ... Sehen Sie hier!« Er fährt fort mit seiner Skizze: »Hier war ein steiler hoher Berg; ... obendrauf stand eine Burg. Auf den bin ich immer raufgeklettert und dann immer ganz schnell wieder runtergesprungen. ... Das hat Spaß gemacht!« Er erinnert sich an die schöne Aussicht, die man von der Burg hatte und zeichnet alles ein.

Dann betrachten wir beide zusammen eine ganze Weile seine Skizze. Die große Brezel steht im Mittelpunkt sozusagen als das Herzstück des Heimatortes Bilecik.

Ich versuche, seine Phantasie weiter anzuregen. Wir wandern gemeinsam mit dem Finger auf seiner Skizze durch Bilecik zuerst zu dem Brunnen, den er ganz besonders gern gemocht hatte: »Wenn es so heiß war, dann gab es hier immer kaltes Wasser. ... Viele Kinder saßen da rum. ... Manchmal haben wir uns gegenseitig ganz naßgespritzt! ... Ganz nah dabei war ein Garten mit Melonen; ...« – er lächelt verschmitzt – »manchmal haben wir die geklaut und dann hier am Brunnen aufgegessen! ...«

Als wir dann auf seiner Skizze weiter zum Autobus-Bahnhof gingen, fiel ihm ein, daß hier sein Vater immer abends angekommen sei ... von der Arbeit. Das sogenannte Café der Tante entpuppte sich jetzt als ein Kiosk, wo Kaffee ausgeschenkt, Zeitungen und Süßigkeiten verkauft wurden: »Manchmal hat mir meine Tante auch Bonbons geschenkt.«

Ich spreche ihn nun auf seine Schule an: »Du hast vergessen, deine Schule einzuzeichnen, Ahmet?«

»Ach ja«, sagt er sofort, »die war hier, ... nicht weit von unserer Wohnung, ... hier auf dem Weg zur Burg. ...«

Sein Gesichtsausdruck verdüstert sich: »Ich hatte Angst vor der Schule. ... Wissen Sie, in der Türkei schlagen die Lehrer! Der Rektor war besonders streng. ... Der holte die Kinder in sein Zimmer, machte die Tür zu, und dann gab es Schläge mit dem Lineal ... immer auf die Hände.«

Dann bricht es aus ihm heraus: »Ich wünschte, der Rektor würde sterben!«

Er springt auf, holt die Wurfpfeile und schleudert sie mit ungeheurer Wucht auf die Zielscheibe.

»Stirb! ... Stirb! ... Stirb!« Hemmungslos stößt er dabei seine Haßworte heraus: »Ich hasse die Türken!«

Allmählich wird er wieder ruhiger, setzt sich zu mir und verzehrt schließlich die schon zur Gewohnheit gewordenen Leberwurstbrote mit Kaba und Milch. Dabei fällt sein Blick auf meine Hände.

»So eine Haut wie Sie möchte ich auch haben. ... Wenn ich auch so eine helle Haut wie Sie hätte, wäre alles besser.«

»Wieso, Ahmet?«

Er ringt mit sich: »Wenn ich doch auch ein Deutscher wär ...!«

»Was dann, Ahmet?«

Leise kommt seine Antwort: »Dann wäre alles besser.«

»Was wäre dann besser, Ahmet?«

»Alles, alles wäre dann besser ...!«

»Ahmet, was ist alles?«

»Dann könnten sie nicht mehr rufen: ›Du bist der Sohn von Mohammed.‹«

Seine Verzweiflung wächst. Er wiederholt: »Wenn ich doch auch ein Deutscher wäre, ... wwwwenn Sie doch meine Mutter wären!«

Danach langes Schweigen. ...

»Du möchtest kein Türke, sondern ein Deutscher sein? Wenn deine Eltern morgen mit dir nach China gingen ... oder nach Rußland oder nach Lappland oder vielleicht nach Afrika, würdest du dann auch lieber ein Chinese, ein Russe, ein Eskimo oder ein Neger sein, je nachdem, wo ihr leben würdet?«

Nein, das wollte er nicht. Dieser übersteigerte Vergleich machte ihm klar, wie absurd sein Wunsch war. Er konnte nun sogar ein wenig darüber lächeln.

Ich lege meine Hand auf seine Schulter: »Du wirst deine Probleme als Türke lösen, Ahmet.«

»Das hat auch Rektor Keune gesagt. Er hat gesagt, ich müßte meine Probleme schon selber lösen«, fällt ihm dabei ein.

»Als Türke mußt du deine Probleme lösen, Ahmet, so ist es. Und das wirst du auch. ... Du warst in dieser Stunde wie ein mutiger Taucher, der wichtige Schätze vom Meeresboden hochgeholt hat. Du konntest dich erinnern!« Er tippt an seinen Kopf: »Die Schubladen hier oben knarren nicht mehr. ... Das meinen Sie doch auch?«

»Genau das meine ich, Ahmet. Aber jetzt ist deine Zeit um.«

Er stöhnt ein wenig: »Tja, ich möchte eigentlich etwas fragen, aber ich weiß nicht ...«

»Nun?«

»Sie haben mir doch mal zu meinem Geburtstag eine Lokomotive, so eine kleine schwarze, ... geschenkt. ... Wenn ich die mal so richtig fahren lassen könnte ... auf Gleisen. ... Aber die hab ich doch nicht. ... Vvvievievievielleicht könnte ich mal die Schienen von Ihrer Biller-Eisenbahn mitnehmen. Dann könnte ich meine Lok darauf fahren lassen.«

»Das kannst du, Ahmet. Du mußt nur alles wieder mitbringen.«

Als wir die Schienen heraussuchen, meint er: »Ganz toll wäre es, wenn ich *alles* mitnehmen könnte, alle Schienen und alle Wagen und auch noch diese Lok. Dann könnte ich mal richtig spielen, so richtig Eisenbahn ... Ich wüßte auch schon einen Platz dafür.«

»Weil du so genau weißt, was und wo du damit spielen willst, kannst du heute die ganze Biller-Bahn mit nach Hause nehmen.«

Er strahlt: »Das ist ja ganz große Klasse! ... Sie können sich auf mich verlassen.«

Nun betrachtet er ausführlicher den Verpackungskasten: »Ist da auch kein Preis dran? Sonst muß ich ihn abmachen. Wissen Sie, wenn meine Mutter einen Preis sieht, dann sagt sie immer: ›Das ist ja zu teuer.‹« Er imitiert in einer geradezu komischen Weise Tonfall und Ausdruck der Stimme seiner Mutter.

»Was da wohl der Osman sagen wird? ... Der wird sich ärgern, wenn ich mit meiner Eisenbahn spiele!«

Ganz wohlgemut zieht er von dannen, die Eisenbahn fest unter den Arm geklemmt. Er ahnt nicht, welcher Enttäuschung er entgegengeht.

Ich mache meine Aufzeichnungen:

Dies war deshalb eine bedeutende Stunde, weil Ahmet sich zum ersten Malc an seine ſrühe Kindheit in seinem Heimatort in der Türkei erinnern konnte. Damit gleichzeitig stieg die Erinnerung an schmerzliche Erlebnisse in ihm auf: Wie seine Mutter ihn verlassen hatte und daß der Rektor die Schulkinder geschlagen hatte. Mit dem Erinnern, dem allmählichen Wiederfühlen der damit verbundenen Schmerzen ist nun der erste Schritt getan, die bisher verdrängte Vergangenheit ganz allmählich durchzuarbeiten.

»Wissen Sie, ich hatte wieder so schlimme Angst!«

Es ist Montag, und ich erwarte Ahmet zu seiner Stunde. Einigermaßen pünktlich ertönt die Hausklingel.

»Guten Tag, Ahmet.«

Er nickt nur ein wenig mit dem Kopf und geht in schlaffer Haltung – so, als ob ihn Gewichte zu Boden zögen, – an mir vorbei ins Spielzimmer. Unter dem Arm trägt er die Eisenbahn. Mit ausdrucksloser, kaum hörbarer Stimme sagt er: »Hier ... die Eisenbahn ... Ich habe alles wieder mitgebracht ... Es ist nichts damit passiert.«

Dann setzt er sich in die Schaukel.

Nach einer Weile unterbreche ich sein Schweigen und frage, ob er denn am Wochenende mit der Eisenbahn gespielt habe. Als Verneinung schüttelt er nur den Kopf. Dann kommt es langsam aus ihm heraus: »Ich habe sie gar nicht ausgepackt. ... Meine Mutter hat es mir verboten. ... Sie hatte Angst, ich würde die Bahn kaputtmachen, und dann müßte *sie* dafür bezahlen.«

»Ach so?«

Es zuckt ein wenig um seine Mundwinkel: »Ist ja auch egal. ...«

Er verläßt die Schaukel und geht in die Kochecke. Dort entdeckt er die im Regal stehende Nuckelflasche:

»Haben wir wieder Milch mit Kaba, Frau Ude?«

Er nimmt die Flasche in die Hand: »Daraus möchte ich gerne mal trinken.«

Er setzt sich in den weichen Sessel und nuckelt aus der gefüllten Flasche sein Lieblingsgetränk.

Schließlich beginnt er zu reden: »Wissen Sie, ... ich bin froh, daß heute Montag ist. ... Wissen Sie, ich war froh, daß ich heute zu Ihnen kommen konnte. ... Wissen Sie, es ging mir gestern so schlecht. ... Ich hatte wieder so schlimme Angst!«

»Angst, Ahmet? Ist was passiert, gibt's einen Grund für deine Angst?«

»Weiß nicht ...«

Er zuckt mit den Schultern, weicht meinen Blicken aber schon nicht mehr aus, sondern schaut mir offen in die Augen: »Eigentlich war es so. ... Ich hatte Wut, weil ich nicht mit der Eisenbahn spielen durfte. ... Dann ist meine Mutter zu Emine gefahren. ... Sie hat gesagt, sie wollte bei Emine mal eine Nacht schlafen. ... Da habe ich mich eigentlich gefreut, ... weil ich dachte, daß ich dann doch mal mit der Eisenbahn spielen könnte. ... Dann konnte ich es aber doch nicht. ...«

»Und warum nicht, Ahmet?«

»Ja ...«, er stottert. »Wwwwissen Sie, ... vvvvon innen konnte ich nicht. ...«

Wohlwissend, was er damit ausdrücken wollte, fragte ich doch nochmal nach, um ihn durch den Zwang einer eigenen Formulierung zur Klärung seines Zustandes zu bringen.

»Wieso? Wie meinst du das, Ahmet?«

»Iiiiich meine, ... iiiich wollte, ... ja ich wollte von außen mit der Eisenbahn spielen, aber von innen konnte ich es nicht.«

»Ach so, das war so wie damals, als du von innen her zu mir kommen wolltest, aber von außen nicht konntest. War es so?«

»Wissen Sie, ... es war so: ... Als dann meine Mutter wegging, wurde meine Angst wieder so schlimm, ... und da konnte ich auch nicht mehr spielen. ... Und dann, ... als mein Vater mal weggehen wollte, ... da habe ich geweint, und dann hat er mit mir geschimpft. ... Und er hat gesagt, aus mir würde nichts werden, wenn ich immer so viel weinen würde.«

Es entsteht nun eine kleine Pause. Ich schiebe ihm schweigend seine Skizze von Bilecik zu, die er in der letzten Stunde gemacht hat.

»Ahmet«, sage ich behutsam, »war dir gestern so zumute wie damals, als dir dein Vater die Brezel geschenkt hatte?«

Er schweigt.

Sanft sage ich: »Anne gene gel«, die türkischen Worte, an die er sich in der letzten Stunde zum ersten Male wieder erinnert hatte: »Mama, komm wieder!«

Jetzt wiederholt er leise mehrere Male die Worte: »genc gel, gene gel, gene gel.« Dann nickt er mit dem Kopf: »Ja, es war die gleiche Angst wie damals. ...« Wieder beginnt er sich zu erinnern, wie traurig er als kleiner Junge war, weil seine Mutter ihn verlassen hatte.

Heute konnte er sich sogar an eine lange Straße erinnern, die er hinuntergelaufen war, weil er ganz fest geglaubt hatte, hier käme ihm die Mutter entgegen.

»Aber sie kam nicht, Ahmet!«

»Nein, sie kam nicht«, wiederholt er leise, »und ich habe immer geweint.«

Er schaut mich mit großen, fragenden Augen an: »Wie kann ich es denn machen, daß diese Angst aufhört?«

»Ja, Ahmet, ich möchte sagen, indem du dem kleinen Ahmet in dir, dem fünfjährigen, erlaubst, so lange über sein Alleingelassensein zu weinen, wie er es braucht. Gestern war es nicht der zwölfjährige, der Angst hatte, es war der fünfjährige Ahmet.«

Erstaunlich ist nun seine Logik: »Dann hätte mich gestern mein Vater eigentlich auch nicht ausschimpfen dürfen!«

Er verläßt den Sessel und wandert ziellos durch den Raum.

Dann setzt er sich den Indianerhut auf, bindet den Patronengürtel um und hängt sich das lange Bolzengewehr über die Schulter. Aus dem Puppenvorrat der Kasperbude holt er sich die Hexe und das Krokodil und legt sich mit ihnen auf die Erde. Er phantasiert, daß rundherum Wasser ist. ... Hexe und Krokodil liegen im Wasser. ... Dann steckt er dem Krokodil eine Streichholzschachtel ins Maul und geht mit großer Erregung voll ins Spiel: »Jetzt steigt das Krokodil heraus und will mich angreifen! ... Mit dem ersten Schuß muß ich es tot machen!« Er geht in die Knie und schießt immer wieder mit großem Geschick den Bolzen ins offene Maul des Krokodils. Dann greift er zur Hexe und verkündet: »Jetzt liegen Krokodil und Hexe im Wasser. ... Das Krokodil will die Hexe verschlingen.«

Es beginnt nun ein »unheimlicher« Kampf zwischen Krokodil und Hexe. ... Dabei beißt das Krokodil die Hexe immer in die Nase. Dann öffnet es seinen Rachen und will die Hexe verschlingen. Wieder schießt Ahmet dem Krokodil Bolzen ins Maul, um – wie er sagt – die Hexe vor dem Gefressenwerden zu retten. ... Dabei fällt sie ins Wasser und wird nicht gerettet. Der Kampf mit ihr geht aber trotzdem weiter. Er setzt sie nun auf die Türklinke.

»Du Biest, du Biest, du Biest ...! Jetzt ist es aus mir dir ...! Schluß ... fertig ... aus! SSSSSSSSSS!«

Sie wird vernichtet. Bolzen werden ihr ins Gesicht geschossen: »Du dämliche Fratze, du! ... Halt die Schnauze! ... Schluß ... fertig ... aus!«

Zwischendurch knallt er immer mit der Pistole: »Jetzt kannst du's mal knallen hören, du dämliche Fratze du!« ...

Zum Schluß schleudert er die Hexe in eine Ecke: »Da kannste verrecken. ...«

Dann läßt er sich offensichtlich mit einem Gefühl der Befreiung in den Sessel fallen. Wie immer, wenn es ihm besser geht, stellt sich Hunger bei ihm ein. Heute ist er es, der die Brote mit Leberwurst bestreichen will. Er fragt mich sogar, ob er für mich auch eine Schnitte machen soll. ...

Als wir dann beide die Wurstbrote verzehren, meint er: »Wissen Sie, ... heute schmeckt es mir besonders gut. Wissen Sie, ... das liegt sicher daran, daß es Ihnen auch so gut schmeckt.«

»Du hast Recht, Ahmet. ... Was man gemeinsam tut, macht immer am meisten Freude.«

»Wissen Sie, heute ist es wie in der Türkei. ... Da gibt es Feste, wo man so viel essen kann, wie man will. ... Und dann wird wieder gehungert.«

»Aha, ... daran kannst du dich erinnern?«

»Meine Mutter und mein Vater, ... die waren immer so fröhlich, ... wenn wir auf diesen Platz zogen!« Er holt die Skizze, um mir noch mal genau die Stelle zu zeigen, wo die reichen Leute einmal im Jahr geschlachtete Schafe an Arme verschenkten: »Das war immer ein tolles Fest!«

Unsere Zeit war schon weit überschritten. Wir mußten Schluß machen.

Aber wie immer, wenn es zur Verabschiedung kommt, steigt neue Unruhe in ihm auf: »Was kann ich mitnehmen?«

Er geistert wieder durch den Raum.

»Kann ich die Eisenbahn wieder mitnehmen, Frau Ude? ... Nein«, gibt er sich selbst die Antwort, »da gibt's nur Ärger. Was denn, ... was denn kann ich mitnehmen?«

Ziellos läuft er durch den Raum und steckt sich zwischendurch Kekse in die Tasche. Das war in Ordnung, er wußte, daß er aus der stets gefüllten Keksdose immer etwas mit nach Haus nehmen durfte. Nun wendet er sich den vielen kleinen Dingen im Sceno-Kasten zu. Er fängt an zu betteln: »Das Klo möchte ich mitnehmen ... oder hier ... den Affen ... oder dies Auto. ...« Oder dies oder das oder das oder das. ...

Gejagt von einer inneren Unruhe greift er nach allem, nicht wissend wofür und wozu. Ich mußte ihm wieder sagen: »Nein, Ahmet, du kannst nichts davon mitnehmen, weil ich es für die anderen Kinder brauche.«

»Für die anderen Kinder?« fragt er sofort zurück. »Dürfen die denn nun auch mit meiner Eisenbahn spielen?«

»Du weißt, Ahmet, die Eisenbahn gehört keinem der Kinder, die zu mir kommen. ... Aber jedes Kind darf damit spielen, wenn es das möchte; ... so wie du auch hier immer damit spielen kannst.«

Einsichtig nickt er mit dem Kopf: »Ist ja schon gut, Frau Ude.« Er faßt sich an die Stirn und entdeckt auf einmal den Indianerhelm, den er immer noch auf dem Kopf trägt.

»Vielleicht kann ich dann den mitnehmen? ... Ich bringe ihn auch wieder mit, ... und wenn die anderen Kinder damit spielen wollen, dann können sie ja den anderen nehmen. ... Es gibt ja zwei davon. ...«

»Da hast du recht, Ahmet. Den Indianerhelm kannst du mitnehmen.«

Bevor er das Zimmer verläßt, dreht er sich nochmals um: »Habe ich etwas vergessen?«

Mir fällt ein, daß noch immer sein Buch von den Dinosauriern bei mir liegt. Ich erinnere ihn daran.

»Nein,« – er wehrt ab – »das bleibt hier liegen, bis alles besser ist mit mir.«

Dann läuft er noch einmal zurück zur Tafel und schreibt darauf: »Tschüs, Frau Ude! Bis übermorgen! Ahmet.«

Mit dem Indianerhelm auf dem Kopf zieht er froh von dannen.

Ich setze mich hin und mache meine Aufzeichnungen: »Zum erstenmal beginnt Ahmet, sich im phantasievollen Spiel mit dem Drachen und der Hexe auseinanderzusetzen.« Wie in den Mythen, Märchen und Sagen, zog also heute Ahmet – wie ein Siegfried – aus, den Drachen zu töten. Im ersten Teil seines Spieles steht das Krokodil (Drache) für die negative Mutter, die er durch Schüsse ins aufgerissene Maul tötet. Im zweiten Teil übernimmt dann die Hexe die Rolle der Mutter, während das Krokodil als Repräsentant seiner aggressiven Impulse begriffen werden kann.

Im dritten Teil seines Spiels übernimmt er dann selbst noch einmal die Auseinandersetzung mit der Hexe. Darin wird deutlich, wie er sich in diesem Spiel von Aggressionen befreit, die durch die ständigen Verbote von seiten der Mutter in ihm gesetzt wurden: »Jetzt kannst du's mal knallen hören ...!« Er muß zu Hause immer ganz leise sein, ... die Mutter hat ständig Kopfschmerzen. Er kennt kein Pardon: Die Hexe fliegt in die Ecke: »Da kannste verrecken!«

Ich finde es ermutigend, wie konsequent und unerbittlich Ahmet die Rolle des Drachentöters spielt.

»Mögen Sie denn das Wort ›Gast‹ leiden?«

»Wissen Sie«, so beginnt Ahmet, noch in der Tür stehend, mit forscher Stimme seine Behandlungsstunde: »Wissen Sie, ... heute hat es mir gelangt! ... Heute bin ich zum Rektor Keune gegangen und hab ihm gesagt: ›Hier halte ich es nicht mehr aus.‹ ...«

Im Spielzimmer setzt er sich sogleich in den Sessel und fährt fort: »Ich will in eine andere Klasse, ... habe ich zu Rektor Keune gesagt. ... Die Jungens sind für mich zu klein. ... Ich will zu Jungens, die genauso groß sind wie ich. ... Die werden mich auch nicht mehr so viel ärgern wie diese Kleinen. ... Ich hätte heute am liebsten wieder einen zusammengeschlagen. Aber das hilft ja doch nichts. ... Rektor Keune hat mir versprochen, daß ich schon übermorgen in eine andere Schule gehen kann, in die ›Heideschule‹. ... Wissen Sie, ... wenn man nur das Wort ›Heide‹ hört, dann geht es einem schon besser! ...« Nachdem er wie ein Wasserfall über diese für ihn so wichtige Begebenheit berichtet hat, streckt er gelöst im Sessel alle Viere von sich.

»Mir scheint, Ahmet, du hast da einen sehr mutigen Schritt zur Lösung deines Schulproblems getan.«

Er winkt ein wenig ab: »Aber ich mag nichts mehr darüber sagen. ... Wissen Sie, wozu ich jetzt Lust habe?«

»Nun, wozu Ahmet?«

»Eisenbahnspielen, ... jetzt gleich wollen wir mit der Eisenbahn spielen!«

Er springt aus dem Sessel: »Schnell, schnell! Wir dürfen nicht so viel Zeit verlieren.«

Wir hatten noch nicht angefangen, alles auszupacken, da meldet er: »Ach, und nun muß ich auch noch aufs Klo. ... Packen Sie inzwischen schon alles aus, damit wir keine Zeit verlieren!«

Als er zurückkommt, interessiert er sich zunächst nur für die Weichen. Er phantasiert darüber, wie wichtig Weichen sind. ... »Wissen Sie, da fahren doch so viele Züge, und die müssen doch alle ausweichen können, ... sonst kracht's.«

Dann wendet er sich den Schienen zu. Es fällt auf, daß es ihm hauptsächlich darum geht, die Schienen ganz fest zusammenzufügen. In seinem Bemühen liegt so etwas wie eine zwanghafte Angst: »Wissen Sie, ... alles kommt auf die Schienen an! ... Wenn die nicht fest sind, gibt's die schwersten Unglücke!«

Er kontrolliert auch meine Arbeit: »Nein, Ihre Schienen sind nicht fest genug. Bevor wir Züge fahren lassen, müssen wir ganz sicher sein, daß sie fest sind. ... Bitte, machen Sie uns doch Milch und Kaba. ... Wir müssen jetzt für diese Arbeit ganz stark werden. ... Das muß klappen!«

Als wir beide unsere Milch mit Kaba trinken, wird er nachdenklich: »Übermorgen muß ich nun schon in die neue Schule, ... in die Heideschule. ... Finden Sie nicht auch, daß das ein schöner Name ist?«

»Ja, Ahmet, ich mag das Wort ›Heide‹ auch sehr gerne.«

Jetzt schweigt er. ... Das Spiel mit der Eisenbahn scheint für ihn an Interesse verloren zu haben. Dann tut er einen tiefen Seufzer: »Wie werde ich es denn nun nur machen können, daß die Lehrer auch glauben, daß ich alles gut machen will?«

»Ja, Ahmet. ... Du wirst es Schritt für Schritt selbst herausfinden, ... so wie du auch jetzt den Weg zu deinem Rektor gehen konntest.«

»Ja,« – er ist nachdenklich – »so viele Jahre bin ich mit diesen Zwergen zusammengewesen. ... Jetzt konnte ich es nicht mehr länger ertragen, ... aber ...«

Er stockt.

»Aber, Ahmet, ... was wolltest du sagen?«

»Ach, nichts!«

Er schweigt und blickt besorgt zu Boden, nimmt dann zwei Schienen in die Hand, fügt sie zusammen, trennt sie wieder, fügt sie wieder zusammen und fährt längere Zeit mit dieser Beschäftigung fort.

Dann fragt er: »Mögen Sie denn das Wort ›Gast‹ leiden?«

»Gast? Ja, Ahmet das ist ein schönes Wort, und alles, was damit verbunden ist, ist schön. Ich freue mich immer, wenn ein Gast zu uns kommt. Das ist ein Mensch, den man gerne hat, sonst würde man ihn nicht zu sich einladen.«

»Nun, ... die großen Jungens werden dann erfahren, daß mein Vater Gastarbeiter ist!«

»Ja, und?«

»Wissen Sie denn nicht, daß Gastarbeiter ein Schimpfwort ist ... in der Schule?«

Der Gedanke an das, was ihm schon übermorgen bevorsteht, die neue Schule mit fremden Lehrern und Schülern, bewegt ihn sehr: »Wissen Sie, ... die größeren Jungens, ... die spielen alle ganz gut Fußball, ... und ich, ich kann auch ganz prima Fußball spielen. ... Wenn die 'ne Mannschaft haben, ... da werden sie mich auch wählen. ... Das glaube ich ganz bestimmt!«

»Ahmet, wenn du nun einen eigenen Fußball hättest, wär das gut?«

Prompt kommt die Antwort: »Das wäre Klasse! ... Wissen Sie, dann könnte ich zu den Jungens sagen: ›Wollt ihr mit meinem Fußball spielen?‹«

»So, dann gehört dieser Fußball jetzt dir, Ahmet.«

Ich gab ihm den Fußball aus unserem Spielzimmer. Das war eine gelungene Überraschung! Er bittet mich, mit einem Filzschreiber seinen Namen darauf zu schreiben: »Schreiben Sie mit Ihrer schönen Schrift ganz groß meinen Namen drauf: Ahmet Savas. ... Damit jeder weiß, daß dies mein Fußball ist.«

Dann nimmt er den Fußball in den Arm, wirbelt damit durch den Raum und ruft: »Kikeriki, kikeriki, kikeriki! ... Jetzt habe ich einen Fußball, jetzt kann ich immer damit spielen, wann ich will!«

Er läßt den Ball immerfort auf die Erde hopsen. ...

»Jetzt werde ich ein Klasse-Spieler!«

Voller Freude greift er dann nach den Wurfpfeilen. Er führt mir vor, wie fabelhaft er im Zielwerfen ist. Dabei hat er eine sehr konzentrierte, aber dennoch lockere Haltung. Er trifft fabelhaft, fast immer die Mitte. Dabei versucht er, immer größere Schwierigkeiten einzubauen.

»Sehen Sie hier, ... mit geschlossenen Augen! ... Sie müssen so tun, als ob das gar nichts wäre. Dann trifft man am besten.«

Er steigert sich weiter: Er setzt sich in die Schaukel und während er schwingt, wirft er. Und tatsächlich trifft er immer ins Zentrum. Dann stellt er sich in die Schaukel, wirft ... und trifft.

»Fabelhaft, Ahmet, wie du das kannst!«

Er strahlt: »Wissen Sie, warum ich so gut treffe?«

»Nun, Ahmet, warum?«

»Weil es mir so viel Freude macht! Trari trara, ... nur noch einen Tag muß ich zu den Zwergen gehen, ... und jetzt habe ich einen eigenen Fußball! ... Wissen Sie, was ich jetzt mache?«

»Nun, Ahmet?«

»Jetzt werfe ich alle diese Pfeile so lange, bis alle in der Mitte sitzen, und dann sollen sie so lange dort sitzen bleiben, bis ich wiederkomme. Und allen Kindern, die hierherkommen, können Sie dann sagen, daß ich, Ahmet Savas, so gut getroffen habe!«

Zum ersten Male pfeift er ein Liedchen und wirft mit Ausdauer die Pfeile, bis alle in der Mitte sitzen. Ich applaudiere: »Großartig, Ahmet, die bleiben jetzt dort sitzen, bis du wiederkommst!«

Die Stunde ist um. Ahmet steckt sich wieder die üblichen Kekse in die Tasche. Heute nimmt er nicht so viele wie sonst. So froh und zuversichtlich war er noch nie von dannen gezogen.

»Ich möchte für immer hier bleiben. ... Hier möchte ich etwas schaffen!«

In einem Telefongespräch bestätigte mir Rektor Keune, was mir Ahmet berichtet hatte.

Übermorgen also wird Ahmet in eine Klasse versetzt, wo er mit beinahe Gleichaltrigen zusammen sein wird. Nur wegen des großen Altersunterschieds hatte Rektor Keune Ahmets Bitten nachgegeben und ihn umschulen lassen. Doch er fühlte sich in dieser Angelegenheit recht hilflos: »Denn ich weiß, daß damit das Problem nicht gelöst ist. Ahmet hat große Wissenslücken. Er wird also in der anderen Klasse in vielen Fächern nicht mitkommen können. Wir müssen sehen. ...«

Heute morgen war Ahmet zum ersten Male in die neue Schule gegangen. Meine Gedanken wanderten häufiger zu ihm. Wie würde er diesen Morgen überstehen mit seiner Verletzbarkeit, gegen die er sich mit eigenen Kräften noch kaum zu schützen wußte. Vielleicht war er aber auch schon viel stärker, als ich glaubte. Er hatte sein Schulproblem selbst in die Hand genommen, und wie immer dieser Lösungsversuch auch ausgehen würde, er hatte eine ihm unerträgliche Situation zu verändern versucht.

Als Ahmet dann das Spielzimmer betritt, fängt er auch sofort an, von der neuen Schule zu berichten. Er spricht monoton und sieht recht angestrengt aus.

»Das Gute ist wohl, ich bin nicht mehr bei den Zwergen. ... Die meisten Jungens sind genau so groß wie ich. ... Ich sitze mit zwei Jungens in einer Bank. ... Das ist gut, ... da bin ich nicht so allein. ...«

Dann stockt er. Ich bedränge ihn nicht mit Fragen. Wozu auch? Was sollte ich ihn fragen? Wie es ihm in der neuen Schule gefallen hat, oder ob er die Schüler oder die Lehrer gut leiden mag? Warum sollte ich ihn zur Bewertung einer gerade erst gemachten Erfahrung bringen, die er morgen vielleicht schon widerrufen muß. Auf meine Fragen bekäme ich ohnehin keine gültigen Antworten, wie auch Ahmet andererseits mit meinen Reaktionen darauf gar nichts anfangen könnte.

Der Sinn seiner Behandlung bestand ja nicht darin, eine stützende Beziehung zwischen ihm und mir herzustellen, in der er dann so abhängig von mir wäre, daß sich seine Entwicklung zu innerer Sicherheit nur hinauszögern würde. Das würde sein Problem nur komplizieren. Warum sollte ich ihn also in die starre Form einer schablonenhaften Antwort pressen, da es für ihn hier genügend natürliche Ausdrucksformen seiner Gefühle und Empfindungen gab?

Jetzt sitzt Ahmet in der Schaukel. Während er sich wortlos hin- und herpendeln läßt, spüre ich, als ich seine Kleidung betrachte, Zorn gegen seine Mutter in mir aufsteigen. In so vielen Gesprächen mit ihr hatte ich sie gebeten, darauf zu achten, daß Ahmet in einigermaßen sauberer Kleidung in die Schule ginge. Es hatte sich jedoch nichts geändert: Nach wie vor waren Hemd und Hose voller Flecken. Ich brauchte eine Weile des Schweigens, weil ich jetzt am liebsten meinen Ärger über die Mutter herausgelassen hätte. Dieser Junge mußte aber auch gegen alles ankämpfen! Die große Lebensangst seiner Mutter zeigte sich sogar darin, daß die Wäsche nicht regelmäßig mit Seife gewaschen werden durfte.

Inzwischen schlenderte Ahmet wieder so durch den Raum. Doch bald entschied er sich, aus eigenem Antrieb diesmal, für ein Spiel mit dem Sceno-Kasten. Das erste Mal hatte ich ja einen Test mit ihm machen wollen. Er baut einen sehr einfachen »Sceno«: In die linke untere Ecke der Aufbaufläche legt er ein kleines, weiches Fell. Darauf setzt er einen kleinen Hund. »Der schläft«, sagt er dazu. Um das Lager des Hundes herum stellt er dann Bäume ganz eng nebeneinander wie einen Zaun. In die rechte obere Ecke setzt er einen Tisch, vollgepackt mit Früchten, Kuchen und einer Flasche Wein. Eine Mutter mit einem Baby sitzt im Schaukelstuhl, und der Vater kommt, wie Ahmet dazusagt, mit einem großen Tablett, auch beladen mit Lebensmitteln.

Als ich ihn frage, ob er darüber auch eine Geschichte erzählen könne, sagt er nur, auf den Hund weisend: »Der ist so müde, der muß erst mal lange schlafen, und die Bäume um ihn herum schützen ihn, damit er nicht gestört wird. ... Und da sitzt die Mutter mit dem Baby. ... Sie freut sich, weil der Vater mit vielen schönen Sachen nach Haus kommt.«

In diesem Sceno steht der kleine Hund für Ahmet selbst, der sich wie der kleine Hund auch von der Welt zurückziehen möchte, müde ist und erst mal lange schlafen muß. ...

So bestätige ich ihm nur seine damit ausgedrückten, unbewußten Gefühle: »Wie gut, daß der Hund einen so schönen, geschützten Platz gefunden hat. Da soll er erst mal richtig ausschlafen.«

Nach einer Weile setzt er sich wieder in die Schaukel. Er ist heute sehr still. Ich bedränge ihn nicht und warte, bis er in eine andere Ausdrucksform hinüberwechselt, die seine Gefühle unmittelbarer auszudrücken vermögen, als die Sprache es kann. Schließlich geht er auch an die Tafel und malt ein Bild: Eine Mutter, die mit dem Kinderwagen spazieren geht, ein Baum mit einer leeren Bank, einige Wolken, ein wenig Sonne.

Danach fängt er an zu erzählen: »In dieser Klasse werde ich jetzt ganz viel malen können.«

»Aha?«

»Meine Lehrerin hat mir gesagt, daß ich viele Fächer nicht mitmachen brauche, ... daß ich dann einfach malen darf. ... Wissen Sie, sie hat gesagt, ich hätte zu große Lücken.«

»Aha, sie hat also verstanden, daß du große Lücken haben mußt, weil du ja so lange mit den viel Jüngeren zusammen gewesen bist und du nun in vielen Fächern zurückliegst.«

»Ja«, sagt er mit leiser, nachdenklicher Stimme, »aber ... wissen Sie ..., ich muß mich jetzt im Denken doch sehr anstrengen, damit ich es schaffe. Ich mag die ›Heideschule‹ schon gern. ... Hier möchte ich schon gerne bleiben, ... aber es ist wohl schwer.«

Das konnte ich ihm nur kopfnickend bestätigen. Dann erzählt er weiter: »Meine Lehrerin hat vor der ganzen Klasse gesagt, daß ich genau so gut Deutsch spreche wie alle die anderen Jungens.«

»Das tust du auch, Ahmet. Du sprichst ganz fabelhaft Deutsch, ein deutscher Junge spricht nicht besser als du!«

»Und die hatten's ja auch viel leichter als ich. ... Als die in die Schule kamen, da konnten sie schon die Sprache. ... Aber ich, ich konnte doch nicht ein einziges Wort sprechen, ... und das ist es ja, ... darum bin ich ja so lange bei den Kleinen geblieben. ... Aber jetzt ... jetzt ist es immer noch nicht in Ordnung, ... jetzt kann ich wohl sprechen, ... aber das Rechnen kann ich nicht und so vieles andere auch nicht. ... Ich weiß nicht, wie ich das alles in meinen Kopf reinbringen soll. ... Wenn ich nur daran denke, dann kriege ich schon Kopfschmerzen, ... und zu Hause, da denken die, daß das alles so einfach ist. ... Es ist ja ganz schön, daß ich malen kann. ... Aber wenn sich dann die anderen unterhalten, und ich darf da nicht mitmachen, dann fühle ich mich wieder so anders. ... Verstehen Sie das?«

Er schaut mich mit großen traurigen Augen an.

»Ja, Ahmet, das verstehe ich nur zu gut.«

Er atmet tief: »Aber wissen Sie, wenn Sie sagen, daß Sie das verstehen, ... ich meine wirklich verstehen, ... dann geht es schon besser.«

»Ja, Ahmet, das hilft. ... Aber du wirst sehen, daß man immer nur Schritt für Schritt vorwärts zu gehen braucht, und das bringt es dann.«

Er wechselt das Thema: »Können Sie mir erklären, wie man einen Zeichentrickfilm macht? Wir sollen darüber einen Aufsatz schreiben. ... Das Schreiben könnte ich schon selbst, wenn ich nur genau wüßte, wie man das macht, so einen Trickfilm.«

Ich versuche nun, ihm möglichst einfach zu erklären, wie ein Trickfilm entsteht, was getan werden muß, bis ein aus Zeichnungen gemachter Film fertig ist. Er hört mit großem Interesse zu, macht sich auch einige Notizen und sagt dann: »Ich werde der Lehrerin sagen, daß mir meine Mutter geholfen hat. ... Die deutschen Mütter helfen viel bei den Schularbeiten.«

Er wird jetzt etwas sprunghaft. »Morgen haben wir Sport. ... Da habe ich keine Sorgen, ... das kann ich prima. ... Übrigens, ich habe meinen Fußball mit in die Schule genommen. ... Die Jungens haben sich schon gewundert, daß ich so einen tollen Fußball habe. ... Wissen Sie, so einen tollen Fußball sieht man nicht so oft. ... In der Pause, da haben wir ein bißchen damit trainiert. ... Jetzt werde ich schon einen deutschen Freund finden.«

Er bricht ab ...

»Ach, wieviel Zeit haben wir denn noch? Ist noch genug Zeit zum Eisenbahnspiel? ... Schnell, schnell, packen Sie schon aus. ... Komisch, immer wenn ich mich auf ein Spiel freue, muß ich zuerst aufs Klo.«

Er freut sich dann, daß heute genügend Weichen da sind: »Davon kann man einfach nicht genug haben. ... Unglücke können nur passieren, wenn nicht genug Weichen da sind. Jetzt ist ja alles in Ordnung!«

Wieder steckt er die Schienen mit einer ängstlichen Pedanterie zusammen: »Das Wichtigste sind die Weichen und die festen Schienen!«

Von dieser Arbeit scheint er sich nicht lösen zu können. Als ich dann vorschlage, mal eine Lok auf den Schienen fahren zu lassen, wehrt er ab: »Nein, heute riskiere ich nichts!«

Er nimmt dann die schwarze, die größere Lok: »Das ist jetzt meine Lok. ... Die ist stark!«

Mir gibt er die kleinere: »Und das ist Ihre. ... So, die werden jetzt aufgezogen, und dann lassen wir sie fahren, ... nicht über die Schienen, ... erst mal nur so über den Boden ... und nur rückwärts. ... Die sollen sich jetzt erst mal im Rückwärtsfahren üben. ... Das ist am schwersten! ... Wissen Sie, rückwärtsfahren können und nirgends anstoßen, ... das ist das Allerschwerste!«

»Nun, probier du das aus, was für dich am wichtigsten ist.«

Dann läßt er plötzlich von diesem Spiel ab und greift zum Plastilin. Er knetet mit großer Begeisterung eine gelbe Schlange mit einer roten ausgestreckten Zunge. Danach einen zweifarbigen Hai mit aufgerissenem Maul. Er spielt einen Kampf dieser beiden vor, allerdings sehr zaghaft.

Dabei wird er immer fröhlicher.

Dann knetet er ein kräftiges Kanu, dessen Seiten er mit vielfarbigen Ornamenten schmückt. Er spricht dann von Indianern, die dringend auf so ein Kanu angewiesen seien, weil sie damit über tiefe Gewässer fahren müßten, wo Schlangen, Krokodile und Haie seien.

Zwischendurch fängt er an zu singen, ein Weihnachtslied, obwohl wir im Sommer sind: »O Tannenbaum, o Tannenbaum, wie grün sind deine Blätter.«

Dann stellt er sein Kanu auf den Tisch und betrachtet es mit sichtlicher Freude: »Wie gefällt es Ihnen, mein Kanu?«

»Mir gefällt es gut, Ahmet. Es ist stabil, so daß man damit schon über tiefe Gewässer fahren kann und einem Schlangen und Haie nichts anhaben können.«

»Und auch die Krokodile nicht!«, fügt er hinzu. ... »Wissen Sie, die Indianer, die müssen mächtig aufpassen, daß das Kanu immer dicht ist, ... sonst wird's gefährlich. ...«

»Ach ja, aber ich glaube, daß diese Indianer mit der Zeit so viel erfahren und gelernt haben ...«

»Jaaaa«, fällt er mir ins Wort, »die wissen schon, wie man so ein Kanu baut, diiiie wissen das!«

Ich betrachte dann die hübschen Verzierungen an seinem Boot.

»Mein Kanu gefällt Ihnen wohl? ... Das freut mich, ... dann möchte ich es Ihnen schenken. ... Es ist immer gut, wenn man jemandem etwas schenkt. ... Meine Schwester Emine, die hat jetzt auch von jemandem ein Geschenk bekommen. ... Das will sie aufheben als eine Erinnerung an Deutschland.«

»Als eine Erinnerung?«

»Ja, Emine will wohl nicht für immer hierbleiben, ... aber ich möchte für immer hierbleiben. ... Hier will ich etwas schaffen!«

Ich war ganz erstaunt über diesen Ausdruck.

»So, du möchtest hier in Deutschland bleiben und etwas schaffen?«

»Ja, wissen Sie, so wie eben. ... Wenn man so etwas schafft, das macht doch richtig Freude. ...«

Er stockt. »Jetzt habe ich eine Idee.«

»Nun, Ahmet?«

»Wenn ich mal so einen Klumpen Ton mit nach Hause nehmen könnte, ... das wäre schön. ... Da könnte ich mal meinem Vater zeigen, wie schön ich alles damit kneten kann, was mir gerade in den Kopf kommt. Und vielleicht kneten die dann auch mal gerne etwas. ... Nicht immer nur dieses Fernsehen! ... Davon tuen einem nur die Augen weh!«

»Das ist wieder ein guter Gedanke von dir, Ahmet. Nimm dir einen Klumpen Ton mit nach Haus, ... so viel, wie du meinst.«

Wir wickeln nun gemeinsam einen dicken Klumpen Lehm in eine feuchte Hülle. Als er sich damit auf den Weg machen will, fällt ihm wie immer noch etwas ein: »Wissen Sie, was ich den Jungens in meiner Klasse gerne mal zeigen würde?«

»Nun, Ahmet?«

Schon hat er den Riesentannenzapfen von den Sugarpines in der Hand.

»Diesen großen Tannenzapfen würde ich gerne mal den Jungens zeigen. ... Die würden sich wundern! ... So einen großen Tannenzapfen haben die vielleicht noch nie gesehen.«

»Sicher kannst du ihn mitnehmen. Pack ihn schön ein, damit du ihn wieder heil mitzurückbringst.«

Während des Einpackens meint er dann: »Vielleicht gebe ich ihn auch erst meiner Lehrerin. ... Die ist in Ordnung. ... Die kann ihn ja dann der Klasse zeigen, und dann wird sie sagen, daß ich ihn mitgebracht habe.«

»Gut, Ahmet, und dann auf Wiedersehen! Bis übermorgen!«

Noch am gleichen Abend klingelt wieder das Telefon:

»Raten Sie mal, wer hier ist?«

»Nun, du bist's, Ahmet.«

»Ach, Sie erkennen sofort meine Stimme? Sie wußten wohl schon, als es klingelte, daß ich es war?«

Er redet sofort weiter, ohne eine Antwort abzuwarten: »Es

ist alles in Ordnung. ... Ich wollte nur mal schöne Grüße sagen, ... und ich wollte sagen, daß wir heute einen schönen Abend haben. ... Wir haben alle mit dem Ton geknetet. ... Der Fernseher wurde gar nicht angestellt, auch nicht von meinem Vater ...«

»Aha? Was habt ihr denn geknetet?«

»Ach, so viel! ... Ich habe wieder ein so schönes Kanu gemacht, wissen Sie, so ähnlich wie das, was ich Ihnen geschenkt habe ..., und mein Vater hat sich gewundert, wie schön ich das kann ..., und mein Vater hat einen Esel geknetet.«

Er lacht: »Na ja, er sah eigentlich nicht so aus, wie ein Esel. ... Aber dann hat mein Vater uns eine schöne Geschichte erzählt, ... über einen kleinen Esel, den er als Junge gehabt hat. ... Eigentlich war es eine traurige Geschichte, aber es war so schön, daß uns mein Vater mal was erzählt hat!«

»Und deine Mutter, was hat deine Mutter geknetet?«

»Ach, meine Mutter, ja ... Es ist eigentlich doch nicht alles ganz in Ordnung. ... Meine Mutter konnte nichts kneten, sie hat sich doch wieder in der Fabrik ihre Hand aufgeschnitten. ...«

»Oh, das tut mir aber leid, Ahmet!«

»Ja, ... sie hat jetzt wieder einen dicken Verband. ... Aber sie hat noch großes Glück gehabt. Es kommt schon wieder alles in Ordnung. ... Und meine Mutter hat sich heute abend gefreut, weil wir so schön geknetet haben! ... Sie hat Kuchen für uns gemacht.«

»Da habt ihr aber ganz sicher einen schönen Abend gehabt. Darum rufst du mich wohl an, um mir das zu sagen?«

»Ich wollte Ihnen noch mehr sagen. ... Ich wollte Ihnen sagen, daß Sie sich wundern werden. ... Ich habe noch etwas für Sie gemacht, ... etwas aus Holz. ... Sie werden sich wirklich wundern. ... Es hat wieder zwei Seiten, ... aber mehr verrate ich nicht!«

»Na, da bin ich ja schon sehr gespannt, Ahmet. Ich freue mich auf übermorgen.«

»Ja, denn tschüs! Bis übermorgen ..., tschüs, Frau Ude.«

»Auf Wiedersehen, Ahmet, bis übermorgen.«

»Aber meine Katze hat man erschlagen ...«

Am übernächsten Tag kommt Ahmet mit einem geradezu schelmischen Gesichtsausdruck ins Spielzimmer. Unter dem Arm trägt er etwas in Zeitungspapier Eingewickeltes.

»Sie müssen jetzt die Augen zumachen und sich in die Ecke stellen. ... Ich will jetzt für Sie ein Geschenk auf den Tisch legen.«

Ich schließe die Augen.

»So! ... und nun müssen Sie mit geschlossenen Augen hierher kommen.« ... Er faßt mich bei der Hand, um mich zu führen. »Sie werden sich bestimmt wundern, Frau Ude.«

Vor mir auf dem Tisch steht ein von ihm geschnitzter Vogel, der seinen langen Hals und Kopf zum Himmel reckt.

»Ahmet! Das ist aber wirklich ein schönes Geschenk!«

Er strahlt und zeigt mir nun wieder die beiden Seiten, auf die es ihm sehr ankommt.

»Sehen Sie, Frau Ude, auf dieser Seite schaut das Auge hoch in den Himmel und auf dieser Seite schaut es hinunter.«

»Ja, zwei Seiten hat dieser Vogel, eine traurige und eine fröhliche.« ...

»Sie haben wieder verstanden. ... Sie verstehen immer. ... Wissen Sie, als ich zu Ihnen kam, habe ich immer, immer nur wie diese Seite geguckt«, er dreht den Vogel so, daß die Seite mit dem nach unten blickenden Auge sichtbar ist. Es rührte mich, wie er hier seine Gefühle zum Ausdruck gebracht hatte.

»Jetzt«, er dreht den Vogel um, »jetzt geht es mir aber schon ganz oft so ...«

Wir betrachten nun beide die frohe Seite seines geschnitzten Kunstwerkes.

»Ich freue mich, Ahmet, daß es dir schon ganz oft so geht wie dem Vogel auf dieser Seite hier.«

Nun dreht er den Vogel wieder um, so daß sich uns die Seite mit dem niedergeschlagenen Auge zeigt. »Heute morgen ... in der Schule, ... wissen Sie, da ging es mir so.«

»Da warst du traurig, Ahmet? Warum?«

»Wir hatten Sport, ... Vorturnen. ... Raten Sie mal, was ich für eine Zensur bekommen habe?«

»Das soll ich raten? ... Das ist schwer, Ahmet, ich habe dich noch nie turnen sehen.«

»Nun ja, ... wissen Sie, ... Sport, das kann ich. ... Turnen kann ich gut! ...«, er stockt, ... »eigentlich hätte ich eine Eins bekommen müssen, es wurde aber nur eine Zwei. ... Wissen Sie, es war so: Wir hatten Vorturnen, ... aber ich konnte mich nicht richtig drehen. ... Meine Turnhose war hinten so geflickt. ... Ich mochte den Jungens nicht mein Hinterteil zeigen. ... Nun ja, nun ist es nur eine Zwei geworden, ... aber ... na ja, macht ja nichts, die muß ich nun eben hinnehmen. ... Ist nicht so schlimm. ... Ich weiß ja, daß ich es kann!«

Er setzt sich in die Schaukel.

»Nun ja«, sage ich nach einer kleinen Pause, »eine Zwei ist ja auch eine gute Zensur. ... Damit kann man schon zufrieden sein. ... Aber wenn man glaubt, sich eine Eins verdienen zu können, dann ist man vielleicht doch ein wenig enttäuscht.«

Er zuckt mit den Schultern.

»Hast du schon mal überlegt, was du nun tun willst? ... Du wirst ja bald wieder eine Turnstunde haben?«

»Weiß nicht«, sagt er wieder achselzuckend, ... »weiß nicht.«

»Nun, Ahmet, dann laß uns doch mal zusammen überlegen, wie du es machen kannst, zur nächsten Stunde eine heile Turnhose zu haben. Sonst wird es dir immer wieder so gehen wie heute.«

Nach kurzer Überlegung sagt er: »Meine Mutter, die brauche ich gar nicht zu fragen, die gibt mir doch kein Geld, ... und mein Vater, der will dann immer wissen, was ich mit meinem Taschengeld gemacht habe.«

»Wieviel bekommst du denn jetzt in der Woche?«

»Manchmal eine Mark, ... wenn ich darum frage. Aber davon soll ich mir auch die Schulhefte kaufen.«

Ich höre mir schweigend seine Klagen an. Dann fällt ihm ein, daß er vielleicht Emine um eine neue Turnhose bitten könnte. Ja, die würde ihm wohl das Geld dafür geben.

Er steht jetzt mit beiden Füßen auf dem Schaukelbrett, streckt sich und versucht, so hoch wie möglich zu schwingen: »O mama mia, mama mia, mama mia ...!«

Das waren anscheinend seine neuesten Ausdrücke.

Dann springt er plötzlich mit einem großen Satz aus der schwingenden Schaukel direkt in den Sessel hinein. Er strahlt über das ganze Gesicht: »Nun glauben Sie wohl, daß ich Klasse im Sport bin?«

»Davon bin ich überzeugt!«

Mit angezogenen Beinen macht er es sich im Sessel gemütlich.

»Wenn ich nur wüßte, wie ich es anfangen soll, daß auch meine Lehrer glauben, daß ich es wirklich gut machen will.«

Seine Augen schauen mich fragend an, aber ich kann ihm darauf keine Antwort geben. Das schien er auch hinzunehmen.

»Haben Sie wieder warme Milch mit Kaba ... uuund vielleicht auch Leberwurst?«

Er stärkt sich an seiner Lieblingsspeise und meint dann: »Wissen Sie, ... ich muß mich jetzt sehr anstrengen ... im Denken. ... Das Rechnen ist schwer. ... Wissen Sie, die Jungens sind viel weiter als ich. ... Das hat mir heute meine Lehrerin gesagt, ... aber sie hat gesagt, ich könnte nichts dafür.«

»Da hat sie recht, deine Lehrerin; denn du bist ja immer in einer Klasse mit drei Jahre Jüngeren gewesen.«

Er nickt: »Ja, es ist schwer!«

Dann reicht er mir den leergegessenen Brotteller.

»Das hat gut geschmeckt! ... Halt, ... da ist noch eine Krume ...«

Er steckt die kleine, auf dem Teller übriggebliebene Krume Brot in den Mund: »Wissen Sie, in der Türkei sagt man, daß man auch nicht ein einziges kleines Körnchen auf dem Teller liegen lassen darf, weil die Armut so groß ist. ... Aber in Indien soll es noch viel schlimmer sein. ... Da sterben die Menschen vor Hunger.«

»Du bist wohl traurig für die Menschen, die in der Welt hungern müssen?«

Er zuckt mit den Schultern: »Meine Mutter sagt immer, wenn ich mal etwas Geld brauche: ›Sei froh, daß du was zu essen hast.‹ ...«

Dazu schwieg ich. Es hatte keinen Sinn, Gefühle in ihm aufzurühren, die mit seiner noch nicht zu verändernden, unmittelbaren Existenz verbunden waren.

Ein wenig mühsam richtet er sich auf, um wieder, wie so oft, ziellos durch den Raum zu bummeln. Er entdeckt die Fingerfarben: »Igitt! ... Wozu ist denn das?«

»Du kannst deine Finger in die Farbe tauchen und damit malen.«

Wieder bekundet er seinen Ekel: »Igitt, igitt, ... da kriegt man ja ganz schmutzige Hände. Nein, ich mag nur in sauberem Sand spielen oder hiermit. ...«

Er greift zur Kreide und spricht nochmals über seine Mutter: »Meine Mutter sagt immer nur: ›Wir müssen sparen, sparen, sparen, sparen!‹«

Er hat sich nun so recht in Wut geredet. In dieser Verfassung malt er über die ganze Tafelfläche eine riesige Kuh, und in ihr aufgerissenes Maul eine Pfeife, aus der viel Rauch aufsteigt.

Als das Bild fertig ist, stemmt er seine Hände in die Hüften: »Eine dämliche Kuh ist das! ... Finden Sie nicht auch? Eine Kuh, die eine Pfeife raucht! ... Warte, ich werde dir schon die Pfeife aus der Schnauze schießen.«

Er holt sich sein Bolzengewehr und beginnt nun, pausenlos auf die Kuh zu schießen. Zunächst auf die Pfeife: »Dir werd ich schon das Rauchen abgewöhnen! ... Du dumme Kuh! ... Du dämliche Kuh! ... päng, päng, päng ...!«

Er trifft immer die Körperteile, die er vorher ankündigt. Dabei werden seine Ausdrücke immer gröber:

»Jetzt kriegste was auf deinen dicken Arsch, du dämliche, fette, dumme Kuh, du! päng, päng, päng ...!« Die Gummiplättchen, mit denen die Schießbolzen haften, verwischen die Konturen, die weiße Kreide beginnt, mehr und mehr, von der Tafel zu rieseln; die Riesenkuh ist kaum noch zu erkennen: »Verschwinde! ... Mach dich aus dem Staube! ... Hau ab! ... Hau ab! ... Mensch, hau ab!«

Dann legt er das Gewehr aus der Hand, wischt sich mit dem Unterarm über die feuchte Stirn und geht stumm und aufrecht durch den Raum. Immer noch quält ihn eine Wut, wohl stärker als das Spiel erkennen läßt. Während er sich in den Sessel wirft, tritt er noch einmal heftig gegen einen Blecheimer. Stöhnend wälzt er sich im Sessel hin und her. Nur mühsam kann er sein Schluchzen unterdrücken.

Nach einer Weile springt er auf: »Wir wollen Tischtennis spielen!«

»In Ordnung, Ahmet.«

Das hatten wir noch nie miteinander gespielt.

Ahmet ist äußerst geschickt, hat ein hervorragendes Ballgefühl und schmettert mir die Bälle immer härter und härter hin. Regeln interessieren ihn offensichtlich nicht, auch nicht, wer gewinnt oder verliert. Es geht ihm eindeutig nur ums Schmettern. Was er vorher mit der Kuh gemacht hat, will er offenbar jetzt mit mir machen.

Für einen Augenblick unterbreche ich das Spiel: »Halt, Ahmet, halt, ... haalt!«

Schnell nehme ich ein großes Tablett und halte es wie ein Schild schützend vor mich. Er versteht und läßt einen wahren Kugelregen von harten Bällen darauf niederprasseln.

Das war es, was er wollte und brauchte.

»Zack! . . . Zack! . . . Zack!«

Jedem harten Schlag fügte er das Wort »Zack!« hinzu, das sich dann sehr schnell in »Kack! . . . Kack! . . . Kack!« verwandelt. Kaum ein Ball entwischt ihm. Als dann der letzte von seinen drei Reservebällen auf die Erde fällt, zerstampft er ihn mit einem kräftigen Fußtritt: »Kacke!«

Pause. Dann hebt er den zertretenen Ball auf: »Was kostet der?«

»Das braucht dich nicht zu kümmern, Ahmet. Hier konntest du ihn zertreten, hier ist es in Ordnung.«

Ich nehme den Ball und werfe ihn in den Papierkorb. Etwas kleinlaut sagt er dann: »Wir haben ja noch drei andere Bälle. . . . Das genügt ja. . . . Damit können wir noch gut spielen.«

»Das können wir, Ahmet. . . . Es ist schon in Ordnung.«

Für ihn aber anscheinend noch nicht so ganz: »Und Sie brauchten ja auch keine Angst zu haben, daß ich Sie treffen würde. . . . Sie standen ja hinter dem Holzbrett . . .«

»Richtig, Ahmet, und so konntest du dich ordentlich entladen. Mir scheint, es hat dir gut getan!«

Schon zeigt er einen Anflug von Humor: »Vielleicht sollte ich Boxer werden?«

»Vielleicht, Ahmet. Im Augenblick tut dir das Boxen offensichtlich gut.«

Er läßt sich wieder in den Sessel fallen. Nach einer längeren Verschnaufpause nimmt er aus einem Regal, in dem immer viele Sachen herumstehen, einen aus Ton modellierten Dackel: »Es würde mir jetzt Spaß machen, diesen Dackel anzumalen, damit er wie Mücke aussieht.«

»Tu, was du tun möchtest, Ahmet.«

Er holt sich Pinsel und Farbe und setzt ihm damit die typischen Merkmale von Mücke: weiße Augenbrauen, weißen Bart, weiße Brust und weiße Pfoten. Dann malt er ihm noch ein rotes Halsband und ein verziertes, goldenes Medaillon. Schweigsam, beinahe andächtig verrichtete er diese Arbeit. Nur am Schluß sagte er in einem weichen, fast zärtlichen Tonfall: »Jetzt soll sie noch ein goldenes Medaillon haben. . . . Das bringt ihr Glück. . . . Wissen Sie, . . . viele Frauen und Mädchen tragen so ein Medaillon. . . . Die Mütter tun da ihre Kinder rein, . . . und die Mädchen manchmal ihren Freund.«

Während er seinen Dackel liebevoll in Händen hält, spricht er weiter: »Hunde, Katzen und Pferde sind meine liebsten Tiere.«

Plötzlich stockt er.

»Was ist, Ahmet?«

»Jetzt fällt mir wieder was ein: ... meine Katze!«

Seine Stimme ist leer und ausdruckslos.

»Was ist mit deiner Katze, Ahmet?«

»Man hat sie mir totgeschlagen!«

Wir schweigen beide lange, ganz lange. ...

Dann legt er den Dackel fort, legt die Arme auf den Tisch, bettet den Kopf darauf und fängt an, bitterlich zu weinen. ...

Dann kann er erzählen: »Als ich ganz klein war, ... ich weiß nicht wie alt, ... hatte ich eine Katze, eine so schöne Katze! Sie hatte ganz gelbe Haare und weiße Pfoten. ... Ich hatte sie immer bei mir. ... Sie war mein bester Freund, manchmal habe ich sie auch nachts mit ins Bett genommen, ... dann gab es Schimpfe. ... Und eines morgens, ... da fand ich sie ... totgeschlagen ... vor der Haustür!« ...

Neue Tränen schienen in ihm hochzusteigen, aber er hielt sie zurück; er verbiß seinen Schmerz. Er sagte auch nichts darüber, wer wohl die Katze totgeschlagen hatte oder wer es hätte tun können. ... Nun, er wußte wohl, wieviel Schmerz er ertragen konnte.

Es fiel mir schwer, die richtigen Worte zu finden. Ich sagte ihm so etwas wie, daß ich mit ihm diesen Schmerz nachempfinden könne, weil ich als Kind auch einmal ein ähnliches Erlebnis gehabt habe, als mein kleiner Hund von einem Auto überfahren worden sei.

Kaum hörbar sagt er nach einer Weile: »Aber meine Katze hat man erschlagen, ... und das ist was anderes, viel Schlimmeres!«

»Ja, Ahmet, das stimmt«, sage ich beinahe flüsternd wie zu mir selbst. »Das stimmt.«*

Nach längerem Schweigen steht er auf und geht langsam ein paar Schritte durch den Raum: »Wieviel Zeit haben wir denn noch, Frau Ude?«

Er bleibt ganz gelassen in der Mitte des Raumes stehen, in seiner kalten Ruhe fast ein Fremder für mich.

* Ich wußte aus Erfahrung, daß auch bei uns solche Grausamkeiten vorkommen. In einer Tierärztlichen Hochschule fand ich einmal eine Vollmacht folgenden Inhalts: »Meine Tochter Cornelia soll den Hund zu Ihnen zum Töten bringen. Wir können den Hund nicht behalten; er bellt immer, wenn es klingelt; da bekommen wir nur Ärger.«

»Die Zeit ist um, Ahmet.«

»Ist gut«, er schickt sich zum Gehen an.

In der Tür bleibt er nochmals stehen, ... zögert einen Augenblick und sagt dann mit fast unheimlicher Stimme: »Ich hasse die Türken, ich hasse sie, ich hasse sie, ... weil sie so böse mit Tieren sind!«

Mit diesem Gefühl mußte er sicher noch eine Zeitlang leben.

»Die Tabletten von Dr. Simmel nehme ich nicht mehr«

Ich warte auf Ahmet. ... Die Zeit ist bereits um eine Viertelstunde überschritten. Als ich aus dem Fenster schaue, kommt er gerade im Galopp um die Ecke gelaufen. Schnaufend steht er in der Haustür. Er ist ganz fahrig: »Entschuldigen Sie, ... ist denn noch genug Zeit zum Spielen?«

»Wir haben noch eine Dreiviertelstunde, Ahmet.«

»Da muß ich mich aber wieder mit dem Spielen beeilen. ...«

Er beschwert sich sofort über seine Mutter: »Meine Mutter, ... die hat die ganze Schuld. ... Ich mußte noch vorher mit einem Türken wohingehen, ... der konnte nicht gut Deutsch, und ich sollte ihm helfen ...!«

»Ach ja, ich verstehe, und darum hast du nicht pünktlich kommen können.«

Er nickt mit dem Kopf: »Aber es war sowieso alles umsonst, ... aber ...« Er beißt sich auf die Lippen und gerät ins Stocken.

»Aber ..., Ahmet?«

»Meine Mutter, die hat gesagt, daß wir heute dahin gehen sollten, das Spielen wär nicht so wichtig.«

Danach schweigt er wieder. Er schien aber noch etwas zurückzuhalten.

»Nun, Ahmet, möchtest du noch mehr sagen?«

Er schaut auf den Boden: »Na ja, ... Sie haben ja mal gesagt, daß ich hier immer alles sagen kann.«

»Ja, Ahmet, das ist so.«

Jetzt schaut er mich an: »Meine Mutter hat gesagt, daß ich nicht mehr hierhergehen soll. ... Sie hat Angst, daß Sie ihr doch noch eine große Rechnung schicken, ... daß sie dann für mich noch so viel Geld bezahlen müßte.«

»Du brauchst dir keine Sorgen zu machen, Ahmet. Ich schikke deiner Mutter keine Rechnung. Aber du nimmst nachher einen Brief für deine Mutter mit. Ich werde sie darin bitten, mal wieder zu einem Gespräch zu mir zu kommen.«

Er fragt noch einmal nach: »Dann ist also alles in Ordnung?«

»Es ist alles in Ordnung, Ahmet.«

Er steckt sich erst einmal einige Kekse in den Mund und entscheidet sich dann für das Spielen mit der Eisenbahn. Beim Auspacken fängt er wieder an zu erzählen: »Ich soll Ihnen auch schöne Grüße von Emine sagen. ... Sie wird jetzt wieder einen Monat bei uns wohnen. ... Raten Sie mal, warum?«

»Ja, Ahmet, das weiß ich nicht, das kann ich nicht erraten.«

»Nun ... ich will's Ihnen sagen ...«, er lächelt ein wenig verlegen, ... »Sie kriegt ein Kind und, ... wissen Sie, ... Emine glaubt, daß es im gleichen Monat geboren wird, wo ich Geburtstag hab.«

»Aha, das ist ja eine schöne Nachricht!«

Er nickt kräftig mit dem Kopf: »Ist es auch. ... Wissen Sie, ich wollte ja eigentlich einen kleinen Hund haben, ... aber den kriege ich ja doch nicht. ... Nun, dann kann ich dann mit dem Baby spielen, und das wird sich darüber freuen.«

»Du scheinst dich sehr auf das Baby zu freuen, Ahmet.«

»Na ja«, meint er nun wieder nachdenklich, »man weiß nicht, wie alles wird ...«

»Wie meinst du das, Ahmet?«

»Na ja«, er zieht die Schultern hoch, »wer weiß, wer hierbleibt von uns, wer weiß das! ... Meine Eltern wollen bald in die Türkei fahren. ... Sie wollen einen Bauplatz suchen und dann ein Haus bauen. ... Wissen Sie, von so einem Haus da kann man ganz gut leben.«

Während er spricht, beschäftigt er sich so ganz nebenbei mit den Schienen. Sein Mitteilungsbedürfnis scheint aber vorrangig zu sein: »Wer weiß, wie alles wird! ...«

Er versucht, die Schienen fest ineinanderzustecken.

»Du denkst darüber nach, Ahmet, wie alles wird?«

»Na ja«, er schiebt zweifelnd die offenen Handflächen zur Seite, »man weiß nicht, wie alles wird: Meine Mutter hat immer Kopfschmerzen, und Dr. Simmel sagt, er könnte ihr auch nicht helfen. ... Er sagt, sie hätte wohl Heimweh, weil sie auch immer so viel weint. ... Na ja, und was kann da mein Vater schon machen. ... Aber ich glaube, mein Vater möchte auch wieder zurück, ... aber nur, wenn wir mitgehen. ... Aber ich weiß nicht, ob wir mitgehen, ich weiß nicht, ob Emine mitgeht und ... und ... und mein Vater sagt auch, daß die Freunde, die nun hier sind und die so viele Kinder haben, daß die nun auch nicht mitgehen, und ... und ... und ... und ich weiß nicht, ob ich mitgehe, das weiß ich nicht. Aaaaber wenn ich in dieser Klasse nicht mehr bleiben kann, ... dann weiß ich nicht, ob ich nicht doch mitgehe. ... Denn, wenn ich nicht in dieser Klasse bleiben kann, dann weiß ich nicht ... dann weiß ich nicht ... ich weiß nicht, ob ich das alles schaffe. ... Aber ich möchte jetzt in dieser

Klasse bleiben. ... Ich möchte nicht wieder in eine andere Schule gehen.«

»Ich verstehe, Ahmet, daß da vieles zusammenkommt, was dich bedrückt, daß du nicht übersehen kannst, wie sich alles weiterentwickeln wird, zu Hause und in der Schule.«

Doch er scheint nicht mehr weitersprechen zu wollen. Schweigend wendet er seine ganze Aufmerksamkeit wieder den Schienen zu. Zunächst geht es ihm wie stets nur um eine gesicherte Schienenlegung. Es kommen dann oftmals Ausdrücke, die symbolisch für seine tiefe Verunsicherung stehen: »Gehen Sie vorsichtig mit den Schienen um, sie sind krank.« oder »Mit den Schienen muß man sanft umgehen.«

Ich tue, was er mir sagt.

Dann will er die Schienen über eine Schlucht legen. Ich halte meine Hände darunter, weil die Schienen stark durchhängen und ich fürchte, daß sie auseinanderbrechen.

»Es ist schön, wenn die Schienen von Ihren Händen gehalten werden.«

»Gut, Ahmet, du sagst mir, was ich jetzt tun soll.«

Er legt nun Bauklötze verschiedener Größen in unterschiedlichen Abständen unter die Schienen und phantasiert, daß es über tiefe Schluchten gehe, in denen Ungeheuer wohnten, Wasserfälle rauschten, aber nichts zu sehen sei, weil alles in tiefer Dunkelheit liege.

Als er dann sicher ist, daß sein Schienenbauwerk allen Gefahren trotzen kann, fängt er plötzlich an zu pfeifen: »Vom Himmel hoch, da komm ich her ...«

Warum sang und pfiff er wohl immer nur Weihnachtslieder?

Er arbeitet weiter: »Ach, wissen Sie, ich kann es ja nur so gut, weil es mir so viel Freude macht. ... Jetzt werde ich wohl nur noch mit der Eisenbahn spielen. ... Wieviel Zeit haben wir denn noch?«

»Da ist die Uhr, Ahmet ...«

»Sagen sie's mir, wieviel Zeit wir noch haben, ... ich darf jetzt keine Zeit mehr verlieren ...«

»Wir haben noch zwanzig Minuten, Ahmet.«

»Ach, bin ich froh, ... ich freue mich ja so, daß wir Spielzeug haben. ... Wissen Sie, als wir noch in Nürnberg wohnten, ... da hat mir meine Mutter gesagt, daß es hier in dieser Stadt ganz viel schönes Spielzeug gäbe, und daß sie mir das dann kaufen würde. ... Aber nichts, gar nichts hat sie mir gekauft! ... Sie wollte nur, daß ich nicht mehr traurig wär wegen dem Umziehen. ... Sie wissen doch, wir haben doch zuerst in Nürnberg gewohnt. ... Da bin ich doch noch nicht in die Schule gegangen, weil ich immer so viel krank war, oder ich weiß nicht warum, ... ist ja auch egal. ... Sie hat mir jedenfalls kein Spielzeug gekauft.«

Er stockt einen Augenblick und redet dann unaufhörlich weiter. Noch nie hat er so viel erzählt wie heute: »Kein einziges Spielzeug hat sie mir gekauft, aber sie hatte es mir versprochen, fest versprochen! ... Und ich habe immer geträumt, daß ich Spielzeug haben würde. ... Das ist jetzt besser, das träume ich nicht mehr. ... Nachts ist es überhaupt besser, ich träume nicht mehr so schlimm wie früher. ... Ich kann jetzt schon manchmal ganz schön schlafen. ... Die Tabletten von Dr. Simmel, die nehme ich nicht mehr. Ich kann jetzt ohne Tabletten einschlafen.«

»Das freut mich aber!«

Vorsichtig zieht er nun die Bauklötze unter den Schienen weg, so daß sie schließlich wie eine gerade Schnur auf der Erde liegen.

»Jetzt könnten wir ja mal Züge fahren lassen.« Wieder gibt er mir die kleinere Lokomotive, während er die große schwarze für sich behält.

Dann fällt ihm wieder etwas ein: »Der Osman, der ärgert sich ja nur, weil ich hier so schön spielen kann.«

»Ach, so ist das. ... Der Osman beneidet dich um das Spielen hier?«

Er steht auf und holt sich den großen Beutel, in dem viele Dinge sind, die er offenbar jetzt für sein Spiel nötig hat: Häuser, Bäume, verschiedene kleine Puppen, Tiere und anderes mehr. Er schüttet den ganzen Sack aus und wühlt mit seinen Händen in den Spielsachen. Dabei spricht er weiter über Osman: »Immer, immer gibt's Ärger mit ihm, ... nichts mach ich recht, ... in alles muß er sich einmischen! ... Und gestern, ... wissen Sie, ... gestern, als meine Mutter gesagt hat, daß ich mit dem Mann aus unserm Haus mitgehen sollte, ... als ich böse war, weil ich das nicht wollte, da hat er gesagt ...«, es dauert einige Sekunden, bis er weiterspricht, weil sich sein Gesicht zu einer komischen Grimasse verzieht, mit der er Osman nachahmt, »der Osman hat gesagt: ›Was willst duuuuuuu nur machen, wenn du nicht mehr Frau Ude hast?‹«

Er beißt die Zähne aufeinander und legt eine männliche Puppe auf die Schienen: »So ... das geschieht dir gerade recht ...«

Dann nimmt er seine schwarze Lok in die Hand, setzt sie auf die Schienen und läßt sie erbarmungslos über die Puppe rollen.

»So, da ist er selber schuld! ... Jetzt ist er weg ...!«

Damit beendet er ganz abrupt sein Eisenbahn-Spiel.

Er geht dann durch den Raum, stellt unwichtige Fragen. Ich hatte den Eindruck, als ob er sich damit in eine etwas sicherere Gefühlswelt retten wollte, als ob er Angst vor dem empfand, was er gerade gespielt hatte.

Nach einer Weile greift er zur Gitarre, zupft leise die Saiten, setzt sich dann mit ihr in die Schaukel und beginnt, zunächst zaghaft, auf die Rückseite der Gitarre zu trommeln. Dazu summt er: »Taram tamm tamm, taram tamm tamm, taram tamm tamm ... Taram tamm tamm ...«

Während er immer schneller summt, trommelt er auch immer schneller und beschließt dann das Ganze mit einem geradezu wilden Trommelwirbel. Sein Gesichtsausdruck ist entspannt.

Er fragt mich, wieviel Zeit wir denn noch hätten.

»Keine mehr, Ahmet, die Zeit ist um.«

Er legt die Gitarre auf ihren Platz zurück: »Schade, aber die ist für meine Mutter zu laut. ...«

Er schaut mich an: »Hätten Sie für mich ein leises Spiel, was ich mitnehmen darf? Wissen Sie, ... die zu Hause, die merken jetzt langsam, ... die merken, wie schön es ist, wenn wir zusammen spielen, ... nicht immer nur Fernsehen.«

»Das freut mich, Ahmet, daß es euch allen Spaß macht, abends etwas zu spielen. Ein leises Spiel? Wie wäre es denn mal mit dem Mensch-ärgere-dich-nicht-Spiel?«

Er will wissen, wie das geht und hört ganz interessiert meinen Erklärungen zu.

»Klasse, Klasse ist das ja! ... Da wird sich der Osman aber ärgern, wenn er immer von mir rausgeschmissen wird ...!«

»Na ja, Ahmet, sicherlich wirst du auch manches Mal rausfliegen.«

Er schaut mir zuversichtlich in die Augen: »Ich weiß schon, was ich mache. ... Ich werde vorher ganz lange probewürfeln. ... Wissen Sie, auf das Würfeln kommt es an!«

»Na ja, Ahmet, dann wünsche ich dir viel Glück und euch allen einen schönen Mensch-ärgere-dich-nicht-Abend.«

Beim Abschied muß er noch eine Frage loswerden: »Sie haben mich gar nicht gefragt, was ich denn dem Osman gesagt habe, wissen Sie, als er mir das gesagt hat mit Ihnen.«

»Nun, Ahmet, was hast du ihm denn gesagt?«

Er zögert ein wenig mit der Antwort. Ein Ausdruck von Sicherheit und Unsicherheit zugleich steht auf seinem Gesicht: »Ich habe zu ihm gesagt: ›Frau Ude, die habe ich doch immer!‹«

Ich lege meine Hand auf seine Schulter: »Solange du sie brauchst, Ahmet.«

Er lächelt leicht und geht.

In letzter Sekunde fällt mir noch ein, ihm den Brief an seine Mutter mitzugeben. Das Gespräch mit ihr ist wichtig, damit die Behandlung nicht vorzeitig abgebrochen wird.

Mutter Pembe brauchte vierzehn Tage, bis sie sich entschloß, zu mir zu kommen. Emine hatte sich und ihre Mutter telefonisch angemeldet. Nun erwartete ich die beiden zum Gespräch. Ich war mir aber nicht sicher, ob sie kommen würden, da vereinbarte Termine häufig nicht eingehalten wurden.

Es klingelte. Pembe und Emine kamen die Treppe herauf.

Ich hatte Pembe viele Wochen nicht gesehen. Sie hatte so sehr zugenommen, daß es ihr Schwierigkeiten bereitete, die steile Treppe hinaufzukommen. Sie zog sich schwer keuchend am Geländer hoch und mußte oft stehenbleiben. Oben angelangt, gab sie mir ihre schwere, feuchte Hand, drückte die meine ganz lange und überreichte mir ein Sträußchen kleiner, roter Röschen.

Emine sagte: »Mutter und ich, wir freuen uns, Sie wiederzusehen.«

»Ja, ich freue mich auch, daß Sie beide gekommen sind. Es ist Zeit, daß wir mal wieder miteinander sprechen.«

Zu meinem größten Erstaunen beginnt Mutter Pembe, sich überschwenglich zu bedanken. Emine erklärt dazu, daß Ahmet seit zwei Wochen nicht mehr ins Bett gemacht habe, und darüber freue sich die Mutter so sehr.

Pembe holt sogleich ihre Börse aus der Tasche, um bereitwillig das Geld für die letzten fünfzehn Stunden zu bezahlen, siebenunddreißig Mark fünfzig. Als sie die Münzen auf den Tisch legt, fängt sie wieder an zu stöhnen, daß doch alles viel Geld koste. Sie erwähnt auch die Straßenbahnkarte, die sie Ahmet immer für seinen Weg zu mir kaufen müsse.

Ich ergreife sogleich die Gelegenheit, auf die Anschaffung eines Fahrrades für Ahmet zu dringen. Alle Jungen hätten in seinem Alter ein Fahrrad, es sei Ahmets größter Wunsch. Gleichzeitig könne dann die Mutter auch das Geld für die Straßenbahn sparen. Gebrauchte Räder könne man ganz billig bei einer Stelle kaufen, deren Adresse ich Emine geben würde.

Auf das Verschwinden des Bettnässens gehe ich nicht sonderlich ein, denn sicherlich war es noch nicht endgültig. Ich sage, Rückfälle seien nicht auszuschließen, und die Behandlung dürfe noch lange nicht aufhören, weil das erste kleine Zeichen, die Symptomauflösung, noch keine Heilung bedeute.

Emine versucht alles, was ich sage, zu verstehen und an ihre Mutter weiterzugeben.

Da von beiden nun nichts mehr über Ahmet gesagt wird, beende auch ich dieses Thema. Man kann aber auch sagen: ich kapitulierte, fühlte die Grenzen meiner Möglichkeiten, ihnen die tieferen Ursachen seiner seelischen und körperlichen Erkrankung begreiflich zu machen. Das Wort »seelisch« im Deutschen war Emine fremd. Es war dann schon sehr viel, daß sie es im Sinne von »traurig« oder »freudig« verstehen konnte.

Ich komme nun auf Emines Baby zu sprechen. Darauf reagieren beide Frauen spontan voller Freude. Pembe drückt sofort Emines Hand. Beide haben ein glückliches Lächeln auf ihren gutmütigen Gesichtern.

Sehr schnell aber stellt Mutter Pembe die drängende, alte Frage: »Was wird werden aus uns? ... Wo wir werden bleiben? ... Wir, Eltern, allein gehen zurück in die Türkei, ... ohne Kinder ... vielleicht? Wir nichts wissen, was wird werden.«

In gebrochenem Deutsch versucht sie, sich ihre tiefen Sorgen ein wenig von der Seele zu reden. Ihre unübersehbare Leibesfülle war eindeutig »Kummerspeck«.

Emine bestätigt dann noch einmal, was Ahmet mir bereits gesagt hatte, daß die Eltern bald in die Türkei fahren wollten, um dort ein Grundstück zu kaufen, um ein Haus zu bauen, wovon sie dann später leben könnten.

Mir fällt dann noch Ahmets zerschlissene Turnhose ein. Ja, Emine hatte ihm eine neue gekauft. Es zeigte sich einmal mehr, daß sie für Ahmet eine große Stütze war.

Am Schluß unseres Gespräches schiebt mir Pembe wieder, wie nach unserem allerersten Gespräch, eine Praline zu: »Vielen Dank, Frau, vielen Dank!«

Während Ahmet damals von ihr ein Stückchen Schokolade erst an der Wohnungstür bekam, schenkt sie heute Emine ein Stück Süßigkeit sofort nach mir. Sich selbst vergißt sie auch nicht.

Nachdem beide gegangen waren, empfand ich ein Gefühl der Erleichterung, weil Ahmets Behandlung von beiden Frauen auch weiterhin wieder unterstützt wurde, verläßlich zumindest von Emine.

Ich halte in meinen Aufzeichnungen auch fest: Laut Aussage von Emine und Mutter ist Ahmet zum erstenmal vierzehn Tage hintereinander trocken geblieben. Warum hat mir Ahmet das wohl verheimlicht?

»Jetzt hab' ich Sie gefangen!«

Als Ahmet heute zu seiner Behandlungsstunde kommt, fallen sofort seine ganz sauberen, neuen Hosen auf.

»Du hast ja neue Hosen, Ahmet! Du siehst ja schneidig aus!«

Er lächelt ein wenig unsicher und schaut an sich herunter: »Die sind mir nur zu lang, ich habe sie darum umgekrempelt.«

»Ihr habt die Hosen etwas zu lang gekauft, oder?«

»Nein«, sagt er mit gedehnter Stimme, »die Hosen, die gehören ja eigentlich nicht mir, die gehören dem Osman. Aber ich wollte heute mal schöne Hosen anziehen, und da habe ich eben mal die von ihm genommen.«

»Ach so? ... Da wird's aber Ärger geben, oder?«

»Nein«, er wehrt mit einer lässigen Handbewegung ab, »wenn der Osman heute nach Hause kommt, dann hängt die Hose wieder im Schrank, das merkt er gar nicht.«

»Ach, so ist das.«

Er reckt mir dann seinen Hals entgegen:

»Und riechen Sie mal!«

»Donnerwetter, Ahmet! ... Kölnisch Wasser?«

»Von Emine. Sie wissen doch, die wohnt jetzt ein paar Wochen bei uns.«

»Aha, und Emines Kölnisch Wasser steht nun wohl in eurem Badezimmer!«

Er nickt zustimmend: »Ja. Und ich habe mich heute in die Badewanne gesetzt und mir dann das Kölnisch Wasser angespritzt.«

Spitzbübisch schaut er mich an, die Hände in den Hosentaschen.

»Können Sie sich denken, daß ich hier, in meinen Hosentaschen, meine Fußballschuhe trage?«

»Fußballschuhe? In Hosentaschen? ... Nein, das kann ich mir nicht denken, da passen doch keine Fußballschuhe rein.«

Er wartet einen Augenblick, um die Spannung auszukosten, ... dann zieht er – schwupp! – ein Paar winzig kleine Fußballschuhe aus der Hosentasche, die als Schlüsselanhänger dienen.

»Hab ich mir selbst gekauft ... vom Flaschengeld, ... da staunen Sie wohl!«

»Vom Flaschengeld? Wieso?«

Nun erzählt er, daß er leere Flaschen gesammelt und sich für das dafür zurückerstattete Geld diese kleinen Fußballschuhe gekauft habe, weil er daran dann auch gleichzeitig seinen Fahrradschlüssel hängen könnte, wenn er erst eins hätte.

Emine hatte ihm in Aussicht gestellt, dafür zu sorgen, daß er in Kürze ein gebrauchtes Fahrrad bekäme.

»Freust du dich darüber?«

»Und wie!!!«

»Und kannst du schon richtig radfahren?«

»Klar kann ich radfahren! ... Im Sport bin ich doch ganz große Klasse!«

Er zählt auf, was er alles kann: »Ich kann weitspringen, bockspringen, ich kann turnen und rennen. ... Ich sage Ihnen, ich kann rennen, da kommt kaum einer mit! ... Neulich, im Sport, da hatten wir Staffellauf, und was glauben Sie wohl? Mich haben sie sofort gewählt. Und dann, als ich gelaufen bin, haben die Jungens immer gerufen: ›Ahmet zieh, zieh, zieh‹, und da bin ich besser gelaufen als fast alle andern. Und unsere Partei hat auch gewonnen!«

Seine Augen leuchten.

»Das ist ja großartig, Ahmet! So gut bist du also im Sport.«

»Bin ich«, sagt er und geht in die Ecke, wo wir immer mit der Eisenbahn gespielt haben: »Heute möchte ich ganz lange mit der Eisenbahn spielen.«

Er kippt das ganze Material auf den Boden, auch die Bauklötze. Als wir gemeinsam auf dem Fußboden hocken, sagt er: »Ich hab 'ne Idee.«

Er holt die große Keksdose und seine, von ihm vor vielen Monaten verzierte Kerze »mit den zwei Seiten« und stellt sie zu uns auf den Boden: »So, jetzt machen wir es uns ganz gemütlich.«

Er zündet die Kerze an.

Während er kräftig in die Keksdose langt, bietet er mir auch immer davon an: »Essen Sie man auch tüchtig, ... so dick wie Emine können Sie ruhig werden.«

»Na gut, Ahmet.«

Jetzt greift er zu den Bauklötzen: »So, und jetzt baue ich Ihnen was ganz Tolles! ... Sie werden sich wundern. ... Jetzt baue ich Ihnen einen ganz hohen Turm.«

Er sucht nach den breitesten Bauklötzen: »Wissen Sie, alles hängt davon ab, ob unten die Bauklötze breit und stark sind, um so höher kann der Turm werden.«

Während er Klotz auf Klotz setzt und so seinen Turm immer

höher und höher wachsen läßt, bewundere ich sein Werk. Als er dann, sozusagen als krönenden Abschluß, noch einen Dreiecksbaustein auf den bereits leicht schwankenden Turm legen will, fahren meine Hände spontan nach vorn, um die Bauklötze des zusammenstürzenden Turmes abzufangen.

Aber Ahmet lächelt selbstsicher: »Keine Angst, ... der kippt nicht!«

Und noch einmal: »*Der* kippt nicht. ...«

Dann schlägt er voller Übermut gegen den Turm: »*Nur*, wenn ich es will ...!«

Die Bauklötze poltern durch den Raum. Ahmet schüttet sich aus vor Lachen! ... Er ist ganz froh und unbekümmert.

Dann wechselt er sofort zu einem anderen Spiel über.

»Und jetzt wollen wir mit der Eisenbahn spielen. ... Schnell, damit wir keine Zeit verlieren. ... Heute mache ich es ganz schön.«

Er überlegt kurz und geht dann an die Arbeit. Mir gibt er knappe Anweisungen, was zu tun ist: »Passen Sie genau auf, wie ich es mache: ... Die Schienen fest ineinanderstecken, ... sonst gibt's ein Unglück!«

Unter seinem Kommando fügen wir dann die Schienen zu einem großen Kreis zusammen. Alles geht ihm schnell von der Hand. Er bemüht sich zwar darum, daß die Schienenstrecke solide und sicher gelegt ist, kann aber heute auf die ängstliche, geradezu zwanghafte Sicherheitsüberprüfung der Schienen oder auf künstlich arrangierte Hindernisse verzichten. Während seiner Arbeit pfeift er ununterbrochen das Lied: »O du fröhliche, o du selige ...«.

Dann verkündet er: »Jetzt fängt das Spiel erst richtig an.«

Er nimmt für sich den größten und längsten, den Shell-Wagen, mir gibt er einen offenen Transportwagen. Jeder soll nun seine Lok – er die schwere, ich die kleinere – aufziehen und in aufeinanderzulaufender Richtung auf die Schienen setzen.

»Passen Sie auf«, sagt er, »auf drei geht's los: eins, zwei, drei!« ...

Beide Loks sausen mit ihren Wagen über die Schienen, kommen sich immer näher und prallen dann krachend aufeinander! Der Zusammenstoß beider Loks ist für Ahmet der Höhepunkt des Spieles. Er kann es nicht oft genug wiederholen. Und jedes Mal, wenn die Loks zusammenstoßen, ruft er voller Begeisterung: »Aber meine ist stärker! ... Haben Sie gesehen, wie stark meine ist?«

Dann verändert er das Spiel. Er öffnet den großen Schienenkreis und läßt zwei Bahnen parallel nebeneinanderherlaufen, um mir seine große schwarze Lok noch einmal vorzuführen. Er läßt sie beweisen, wie schnell sie ist, wie viele Wagen sie ziehen kann, sogar, »nur mit halbem Benzinvorrat«.

Ich bin voll des Lobes und der Bewunderung über seine starke Lok. Er strahlt und setzt sein Spiel fort. In seiner Phantasie sind Lok und er nun eins geworden. Er spricht nicht mehr *von* seiner starken Lok, er läßt sie jetzt selber sprechen: »Kleine Lok, du bist auf einer großen Reise ohne Benzin liegengeblieben. ... Mach dir keine Sorgen, du wirst gleich abgeholt vom ›Retter aus der Not‹. Hab keine Angst, kleine Lok, gleich komme ich, der ›Retter aus großer Not‹, und fahre dich nach Haus.«

Als dann die große Lok die kleine »nach Haus« geschoben hat, spricht sie weiter: »Nun bleib hier! Ich hab jetzt noch etwas Wichtiges zu tun.«

Ich lasse meine Lok fragen: »Was hast du denn noch zu tun, große Lok?«

»Ich muß jetzt noch all die kleinen Wagen einsammeln.«

Während er nun all die kleinen Wagen auf die Schienen stellt, die die große Lok einsammeln will, wendet er sich zu mir: »Wissen Sie, sie sammelt jetzt all die kleinen Wagen ein, so wie eine Mutter ihre Kinder einsammelt.«

Während er dies sagt, läßt er seine große Lok all die kleinen Wagen »nach Haus« schieben: »Nun sind alle zu Hause.«

Und ich ergänze: »Vater Lok, Mutter Lok und Kinder Lok.«

Darauf sagt er weiter nichts, aber ein Lächeln huscht über sein Gesicht, so, als sei er mit seinem Spiel recht zufrieden.

Ich hatte den Eindruck, daß sich diese Stunde ganz aus seinen spielerischen Einfällen heraus entwickelt hatte. Es erschien mir richtig, dieses Spiel durch keinerlei Fragen oder Deutungen zu stören, sondern das ganze Geschehen in seinem unbewußten Zustand zu lassen, da die Bewußtheit beim Kind in sehr viel geringerem Maße als beim Erwachsenen der Aufarbeitung von psychischen Konflikten dienlich ist.

Wir sitzen eine kleine Weile schweigend auf der Erde, um uns herum die Bauklötze und die Eisenbahn. Ahmet greift hin und wieder kräftig in die Keksdose. Dann erhebt er sich, geht in die Malecke, holt sich von dort einen großen Klumpen Ton und setzt sich wieder zu mir. Beide beginnen wir nun, mit dem weichen Material herumzuspielen.

»Es ist gemütlich«, meint er nach einer Weile.

»Ja, ich finde es auch gemütlich.«

Er pfeift leise ein Liedchen: »Erkennen Sie, daß es ein türkisches Lied ist?«

»Du erinnerst dich an ein türkisches Lied, Ahmet?«

Er pfeift weiter, dann fängt er an zu singen: auf türkisch. Ich kann es nicht verstehen. Er wiederholt es einige Male, so, als ob er etwas Wiedergefundenes nicht so schnell wieder verlieren will.

»Komisch«, meint er dann, »ist es nicht komisch, daß ich auf einmal dieses Lied singe?«

Dann summt er weiter seine Melodie, und es wirkt auf mich, als horche er in sich hinein, um aus den Tiefen seiner Kindheitserlebnisse verschüttete Erinnerungen aufsteigen zu lassen.

»Es ist ein Lied von einem Bären. ... Die Kinder haben sich angefaßt, und dann haben sie gesungen: ›Es kommt ein Bär, es kommt ein Bär, es kommt ein Bär‹ ... Und dann kam auch ein Bär, und dann mußten die Kinder sich immer schneller im Kreis drehen, immer schneller, immer schneller, bis der Bär gefangen war.«

Er singt es noch einmal auf türkisch.

»Sie haben dieses Liedchen wohl gern? ... Ich schreibe es Ihnen auf zur nächsten Stunde, dann können Sie es besser behalten.«

»Darüber würde ich mich freuen, Ahmet.«

Während wir reden, forme ich gedankenlos eine Tonkugel in meinen Händen und lege sie dann vor mir auf den Fußboden. Plötzlich nimmt Ahmet einen großen, ungeformten Klumpen Ton und schmettert ihn auf meine Kugel.

Er lacht: »Jetzt hab' ich Sie gefangen!«

Dann nimmt er die beiden miteinander verschmolzenen Klumpen in die Hände: »Und jetzt mache ich eine ganz große Kugel daraus.« Er rollt sie ein wenig über den Fußboden hin und her und ritzt dann mit seinem Fingernagel auf jede Kugelhälfte zwei Buchstaben: A. S. und A. U. Mit kindlicher Naivität fragt er: »Wie heißt das wohl?«

In seinen Augen steht ein listiges Lächeln.

»Es heißt: Ahmet Savas und Anneliese Ude.«

»›Anneliese‹ ist ein schöner Name ... oder ... auch ›Anne‹. ... Ich würde auch gerne mal ›Anne‹ zu Ihnen sagen. ...«

»Nun, so tu's.«

»Anne«, sagte er sogleich mit einer seltsamen Mischung von Mut und Scheu.

Unvermittelt steht er auf, kommt aber gleich wieder mit Zeichenblock und Malstift zurück: »Ich male jetzt unser Zimmer.«

Er beginnt die Kochecke zu zeichnen: den kleinen Herd mit einem Kochtopf, auf den er: »Milch mit Kaba« schreibt, das Regal mit den vielen kleinen Lebensmittel-Päckchen, alles so, wie er es vor sich sieht. Auch die Nuckelflasche vergißt er nicht. Er hat Schwierigkeiten mit der Perspektive, aber das stört ihn nicht. Alles kommt auf's Bild, das Kaspertheater, die Schaukel, der Punching-Ball, die Sandkiste, die große Tafel an der Wand. Dann geht er ins Detail, er zeichnet die Gitarre, die Orff-Klänge und dann noch eine Geige. Darüber wundere ich mich, denn eine Geige gibt es gar nicht in unserem Zimmer. Alles andere war wirklich vorhanden, aber die Geige war ein Produkt seiner Phantasie.

Nun war sein Zeichenblatt bis auf den letzten Fleck vollgezeichnet. Anscheinend mit seinem Werk zufrieden, löst er das Blatt behutsam vom Block und überreicht es mir.

»Unser Spielzimmer«, sage ich.

Dann nimmt er es mir nochmals aus der Hand und setzt in die untere Ecke des Blattes die beiden Zeichen, die im Augenblick für ihn offenbar von großer Wichtigkeit sind: A. S. und A. U.

Seine Stunde war schon um einige Minuten überschritten. Wie meistens, wenn er sich zum Gehen anschickt, fällt ihm noch etwas ein: »Es war wohl gut, daß meine Mutter und Emine bei Ihnen waren.«

»Warum meinst du, daß es gut war, Ahmet?«

»Ich meine, es ist gut, daß ich nun trotzdem weiter zu Ihnen kommen kann.«

»Trotzdem? Was meinst du damit, Ahmet? Wieso trotzdem?«

»Na ja, meine Mutter hat Ihnen doch erzählt, daß das besser geworden ist mit mir, ... Sie wissen doch, ... mit dem Ins-Bett-Machen ...«

»Ach so, ... du hast mir das nicht sagen mögen, weil du fürchtetest, dann nicht mehr herkommen zu können. Ist es so?«

Er zieht ein wenig zweifelnd die Schultern hoch: »Na ja,

man weiß ja nicht, ... was wird, wenn ich nie mehr naßmache. Kann ich dann auch nie mehr zu Ihnen kommen?«

»Mach dir keine Sorgen, Ahmet. Du kannst zu mir kommen, solange du magst.«

»Solange ich mag? Und wenn ich erwachsen bin, werde ich Sie dann auch noch sehen?«

»Ja, Ahmet, solange du magst.«

»Haben Sie das auch meiner Mutter gesagt?«

»Ja, Ahmet, deine Mutter weiß es.«

»Klasse, ... dann soll sie nur jeden Tag weiter im Kalender eintragen, ob mit mir alles in Ordnung ist oder nicht.«

»Es ist alles in Ordnung, Ahmet, so oder so.«

Er verstand und lief davon.

»Ich werde Sie jetzt malen«

Heute brachte mir Ahmet ein ganz besonderes Geschenk mit: Es lag in seiner Handfläche, die Finger waren leicht nach oben gekrümmt, und ich sah etwas in Silberpapier Eingewickeltes.

»Das habe ich für Sie gemacht, aber Sie müssen ganz, ganz vorsichtig damit umgehen, es ist zerbrechlich.«

Ich wickele es vorsichtig aus und finde ein Ei, mit bunten Blumen bemalt.

»Es ist ein frisches Ei«, sagt er sofort. »Vorsichtig, vorsichtig, damit es ja nicht zerbricht.«

Ich war gerührt über dieses Geschenk und mußte sofort an seine Bemerkungen denken, die er während des Eisenbahnspielens über die Schienen gemacht hatte: »Gehen Sie vorsichtig mit den Schienen um, sie sind krank« oder »Mit den Schienen muß man sanft umgehen«.

Ich bedanke mich für das schöne Geschenk: »Ich werde sehr vorsichtig damit umgehen, es wird nicht zerbrechen.«

Dann suche ich nach einem passenden Gefäß, das die richtige Größe hat, um das Ei zu halten. Dabei lasse ich mir viel Zeit, bis ich mich schließlich für eine Puppentasse entscheide.

Inzwischen hat Ahmet es sich im Sessel gemütlich gemacht. Er ist sichtlich zufrieden mit mir: »Das haben Sie gut gemacht, darin steht es sicher.«

»Ich denke auch.« Dabei drehe ich das Ei langsam herum, um nochmals die fein gemalten Blumen zu bewundern. »Das ist ein ganz besonderes Geschenk. Von außen ist es sehr zerbrechlich, aber innen hat es sehr viel Kraft.«

Er sagt nichts darauf, doch ich fühle, daß er hinhorcht und diese Bemerkung in ihm irgend etwas in Bewegung setzt.

Nach einer kleinen Pause sagt er: »Es hört sich schön an, wenn Sie so sprechen, erzählen Sie doch weiter.«

»Nun, du weißt ja, daß aus dem Ei ein Küken schlüpfen kann, daß also im Ei die Kraft zu neuem Leben steckt.«

Jetzt nimmt er das Ei behutsam in die Hand, als wolle er es genauer betrachten. »Das ist ja toll! ... Hinter so einer dünnen Schale sitzt ein Küken.«

»Ja, und ganz viel Kraft zu neuem Leben.«

»Ein schönes Geschenk habe ich Ihnen gemacht, ich merke

jetzt erst, wie schön es ist, mein Geschenk«, sagt er, während er das Ei zurück in die Puppentasse stellt.

»Wie meinst du das, Ahmet?«

Er überlegt, er scheint Zeit zu brauchen, um seine Gedanken und Gefühle zu ordnen, die offenbar durch unser Gespräch aufgerührt worden sind.

»Ich meine es so«, sagt er nach einer Weile. »Eigentlich, wenn das Küken so stark ist, daß es einmal ein Küken wird, dann braucht es ja auch keine Angst zu haben.«

»Keine Angst wovor, Ahmet?«

Ohne Zögern kommt die Antwort: »Keine Angst vor der dünnen Schale . . ., daß sie zerbricht!«

Nun wage ich es, ihn über einen kleinen Umweg direkt anzusprechen: »Wir Menschen haben ja auch so etwas wie eine Schale um uns herum, die uns manchmal auch zu dünn erscheint, die man dicker haben möchte, damit man nicht so leicht verletzt wird. . . . Wie sieht es denn mit deiner aus?«

»Die ist ganz, ganz dünn bei mir, besonders, wenn die Lehrerin mit mir schimpft; und die schimpft beinahe jeden Tag mit mir . . .«

»Und warum?«

Er zuckt zunächst mit den Schultern, dann aber fährt er fort: »Nun will ich's Ihnen mal genau erzählen. . . . In den meisten Stunden muß ich malen. . . . Sie wissen doch, . . . weil die Jungens weiter sind als ich, . . . und wenn dann alle reden, die Jungens mit der Lehrerin und die Lehrerin mit den Jungens, dann . . .«

Er bricht ab und schaut traurig auf die Tischplatte.

Ich fahre für ihn fort: »Dann möchtest du auch gerne mitreden, nicht wahr?«

Er nickt mit dem Kopf, ziemlich hilflos, als sei es das beste, seine Schuld einzugestehen.

»Und was sagt die Lehrerin, wenn du redest?«

»Sie schimpft mit mir, sie sagt, ich würde den Unterricht stören. Ich habe Angst, daß sie mich nicht mehr behalten will. . . . Sie hat auch schon gedroht, daß ich 'raus muß, . . . aber ich will bleiben . . .«

Seine Verzweiflung wächst: »Ich will nie, nie, nie wieder zu den Zwergen zurück, nie, nie wieder zu dem dooofen Pickmann!«

Und nun fängt er an, sich zu verteidigen, und mit allen Mitteln zu erklären, warum er sozusagen ein Recht darauf habe, in der Klasse zu bleiben. Er weist auf seine großen Fähigkeiten im Sport hin, daß die Jungens ihn auch möchten, ihn immer als »ersten wählen würden, wenn's wirklich drauf ankäme«. Er redet und redet und redet, aber mir scheint, als ob ihm erst durch sein Reden das Schulproblem richtig ins Bewußtsein rückt. Mit einem Seufzer, der ihm aber keine Befreiung bringt, verstummt er schließlich.

Ich mache zunächst keinen Versuch, das Gespräch fortzusetzen. Sein Schulproblem erschien auch mir fast unlösbar. Es war nur zu natürlich, daß er den Unterricht störte.

Kein Kind kann ertragen, zum Außenseiter abgestempelt zu werden. Es wird dann mit allen Kräften versuchen, aus dieser Isolation auszubrechen, indem es entweder positiv oder negativ aufzufallen versucht. Hätte das Kind eine Malbegabung, so würde es vielleicht auf diese Fähigkeit zurückgreifen, um damit dem Lehrer zu gefallen. Durch eine Aufwertung würde es sich dann wieder in die Gemeinschaft eingereiht fühlen. Ahmets Malbegabung war aber nur mittelmäßig. Auf was konnte er eigentlich zurückgreifen? Irgendwie ging es ihm wie einem Kartenspieler, der in seiner Hand nur schlechte Karten hält. Doch einer »guten Karte« schien er sich mehr und mehr bewußt zu werden: Im Sport fühlte er sich stark. Hier fand er auch Anerkennung.

Es ist bemerkenswert, daß er diese seine Möglichkeit bereits im ersten Sceno unbewußt vorausahnend zum Ausdruck gebracht hatte: An ein Turnreck hatte er einen Jungen gehängt und dazu gesagt: »Der zieht sich daran hoch.«

Der ganze übrige Sceno damals bestand nur aus Sehnsucht nach Zuwendung und nach oraler Befriedigung.

Statt das Gespräch wieder aufzunehmen, entscheide ich mich dafür, sein Schulproblem im Spiel mit dem Sceno anzugehen: »Spiel mir doch einmal vor, wie es in deiner Klasse so zugeht.«

Um ihn zu aktivieren, stelle ich eine Schulbank irgendwohin und frage: »Könnte dies wohl der Platz sein, wo deine Schulbank steht?«

»Nein«, korrigiert er sogleich, »meine Schulbank steht hier, und hier sitze ich, und neben mir der Ralph.«

Er setzt zwei Puppen auf die Bank, stellt die Tafel nach vorn und daneben seine Lehrerin, Frau Denker. Nach und nach baut er sein Klassenzimmer so vollständig wie nur möglich auf. Die

Puppen bekommen Namen, und so kann ich mir ein Bild von der Sitzordnung seiner Schulkameraden machen.

»So also«, sage ich. »Und nun beginnt die Stunde.« Ich lasse die Lehrerin in die Tür kommen und vorn zur Tafel gehen.

Jetzt läßt Ahmet seine Lehrerin sprechen: »Guten Morgen, Kinder!«

Er läßt sie zunächst einige nette Worte sagen, woraus ersichtlich ist, daß er sie eigentlich ganz gern mag. Dann heißt es allerdings: »Wir haben jetzt Rechnen. Ihr braucht nichts auf dem Tisch liegen zu haben, wir rechnen mündlich. Nur du, Ahmet, du holst dir deinen Malblock und malst.«

Jetzt läßt er die Stimme seiner Lehrerin ziemlich streng werden: »Heute sage ich es dir zum letztenmal, ... guck nicht in der Klasse herum, ... guck auf deinen Malblock und nichts weiter!« Er stockt.

Ich biege die Spielpuppe, die Ahmet sein soll, ein wenig nach vorne, so daß sie aussieht, als begänne sie das zu tun, was die Lehrerin gesagt hatte, zu malen.

Aber Ahmet spielt nicht weiter. ...

»Wie ist dir denn so zumute, wenn du allein, als einziger in der Klasse, malen mußt?«

»Eine Seite in mir würde schon ruhig malen wollen. Aber dann ist etwas in mir, daß ich es nicht tun kann, und dann versuche ich, den Ralph zum Lachen zu bringen. Aber manchmal möchte ich auch einfach weglaufen.«

»Dann ist es wohl so, daß sozusagen zwei Ahmets in dir sind und der eine nicht so will wie der andere, ist es wohl so?«

Er seufzt: »Sie haben mal wieder verstanden. So ist es. Genau so!«

»Aha! Könnte es denn wohl sein, daß, wenn du weglaufen willst, der kleine Ahmet in dir das tun möchte?«

Er hat inzwischen die Spielpuppe in die Hand genommen, seine Finger sind ständig bemüht, deren Kopf, Arme und Beine in völlig entgegengesetzte Richtungen zu verdrehen. Ich spüre, daß er nachdenkt, aber wohl zu keiner Formulierung seiner Gedanken fähig ist. Seine Finger spielen weiter mit der Puppe, die inzwischen einen grotesken Ausdruck von Verdrehtheit angenommen hat.

Ich knüpfe nun nochmals bei meiner letzten Frage an und versuche so, ihn zu der eigentlichen Ursache seiner starken Isolierungsangst zurückzuführen, die ihn dann zu Fehlhandlungen antreibt.

»Du hast ja nicht nur das *Gefühl*, weglaufen zu müssen, sondern du *bist* schon oft weggelaufen. Wann mußtest du das immer tun?«

Er antwortet sofort: »Wenn ich allein zu Hause bin, wenn sie fortgehen und mich alleine lassen.«

»Und wohin willst du dann laufen?«

Er schüttelt den Kopf: »Weiß ich nicht, ... irgendwohin.«

»Irgendwohin? Wie der kleine fünfjährige Ahmet, der oft die Straße hinuntergelaufen war, weil er hoffte, daß ihm die Mutter wieder entgegenkäme?«

»Stimmt! Ich weiß das schon lange. Da ist immer etwas in mir drin, was ich eigentlich nicht will. ... Das ist wohl der kleine Ahmet in mir, das bin nicht ich.«

»Doch Ahmet, das bist du auch. Du bist beide Ahmets, der große und der kleine. Aber es ist nötig, daß der große Ahmet den kleinen immer besser verstehen lernt.«

Jetzt schaut er mich mit großen Augen an: »Aber was kann denn bloß der große Ahmet tun, daß alles in der Schule besser wird?«

»Nun, einmal ist es schon viel, wenn der große Ahmet den kleinen besser versteht, und dann, ja, dann muß er schon selbst herausfinden, was er tun muß.«

Dazu sagt er nichts. Ich versuche, ihn zu ermuntern.

»Vielleicht kann er auch mal seiner Lehrerin erzählen, wie das so mit ihm aussieht, dann kann sie ihn vielleicht auch besser verstehen.«

Er winkt ab: »Das ist schwer, das ist schwer, nein, das ist schwer! Die hat doch keine Zeit!«

»Nun ja, das mag sein. Sie hat ja so viele andere Kinder, aber vielleicht gibt es doch mal einen Augenblick, wo du mit ihr reden könntest.«

»Wissen Sie«, meint er dann nachdenklich, »eigentlich ist sie auch so ganz nett mit mir. Wissen Sie, heute morgen, da hat sie sogar gesehen, daß ich ein schönes Hemd anhabe. ... Das haben Sie wohl noch nicht gesehen?«

»Doch, Ahmet, doch, doch, das habe ich sofort gesehen. Ich hatte nur noch keine Gelegenheit, es dir zu sagen. Du siehst ganz schick darin aus.«

Mit beiden Händen streicht er ganz stolz über seine Brust: »Habe ich auch selbst gebügelt.«

»Fabelhaft, Ahmet! Siehst du, selbst ist der Mann! Wenn man etwas haben will, muß man auch selbst etwas dafür tun.«

Er steht auf und geht in die Kochecke: »Ich mache jetzt erst mal für uns beide Milch mit Kaba.« Mit großer Geste reicht er mir dann einen gefüllten Becher: »Hier nehmen Sie das köstliche Getränk, es macht stark.«

Ich bin wieder einmal erstaunt über seinen großen Wortschatz und mache ihm ein Kompliment darüber.

»Na ja, mit dem Sprechen geht es gut, aber mit dem Rechtschreiben ist es schon schlechter. Die Jungens in meiner Klasse, die haben alle so einen ›Duden‹, wo man mal nachsehen kann, wenn man nicht weiß ... Ich habe keinen.«

»Ach, da kann ich dir helfen.« Aus einem Regal, auf dem ich ausrangierte Bücher abgestellt hatte, ziehe ich einen alten Band, dem schon der Buchrücken fehlt und gebe ihn Ahmet: »Hier hast du einen ›Duden‹. Er ist zwar alt, aber er tut es noch.«

Nun zeigte er neben seiner Freude darüber auch echtes Interesse. Und so üben wir eine ganze Weile, wie man Wörter findet.

»Ist ja Klasse, jetzt werde ich ganz viel in diesem Buch lesen.«

Er macht jetzt einen recht gelösten Eindruck und wird gesprächig. Ich soll raten, wo er heute morgen mit seiner Klasse war. Das Wort finge mit ›Gose‹ an. Er freut sich diebisch, daß ich es nicht erraten kann. Dann schlägt er fröhlich die Hände gegeneinander und gibt sein Geheimnis preis: »Goseriede, Goseriede, Goseriede.«

Die Goseriede ist eine Badeanstalt, zu der heute morgen die ganze Klasse schwimmen gegangen war.

»Und wissen Sie ... wissen Sie, ich kann mich jetzt schon ganz schön lange über Wasser halten. Und wenn ich noch tüchtig übe, dann, wissen Sie, dann ... dann bin ich bestimmt so gut wie der Ralph, der Heiner und der Peter. Die sind die besten Schwimmer bei uns.«

Es war offensichtlich, daß er sich in dieser Klasse wesentlich wohler fühlte, als in der mit den viel kleineren Jungen und dem Klassenlehrer Pickmann.

Inzwischen hatte sich Ahmet einen Zeichenblock und Buntstifte geholt. Er setzt sich in Malpose mir gegenüber: »Ich werde Sie jetzt malen.«

Während des Zeichnens fängt er an zu erzählen: »Ich muß Ihnen ja noch was Schlimmes sagen ...«

»Etwas Schlimmes?«

»Meine Eltern wollen in die Türkei fahren, und darum kann ich jetzt nur noch zweimal zu Ihnen kommen. Ich soll mit.«

»Ach so«, sage ich nur, für ihn wohl etwas zu neutral, denn er weist nun auf die anderen Kinder hin, die zu mir kämen und hier spielen könnten.

»Sie werden das ja kaum merken, wenn ich weg bin. Es kommen ja noch so viele andere Kinder hierher.«

»Doch, Ahmet, das merke ich schon, wenn du nicht kommst. Du wirst mir fehlen, auch wenn noch andere Kinder kommen.«

»Wirklich?«

»Wirklich, Ahmet.«

Nun malt er weiter an seinem Bild.

»Mein Vater will in der Türkei Land kaufen, weil er darauf ein Haus bauen will, wovon man dann leben kann. ... Meine Eltern sagen immer: ›Man weiß ja nicht, was kommt.‹«

»Nun, es ist immer gut, ein Haus zu haben. Das scheint mir ein guter Plan deiner Eltern zu sein.«

»Stimmt wohl, aber Emine will jetzt auch wieder lieber hier bleiben und ich auch. Und darum ist meine Mutter traurig, und darum soll ich auch wohl mit. ... Ich wäre auch gerne mit meiner Klasse ins Schullandheim gefahren, zusammen mit Ralph. Der mag mich, und wir haben schon darüber gesprochen, aber das wird nun auch wieder nichts. ... Na ja, ist ja auch egal. ...«

»Egal ist nichts, Ahmet. Du mußt dir wenigstens eingestehen, was du lieber möchtest. ... Weißt du es?«

Ich merke, daß er sich sehr schwer tut: »Ich weiß es selbst nicht mehr. Meine Mutter hat gesagt, ich würde da doch nur weinen, und dann wäre es für mich schon besser, ich führe mit.«

Ich sage nun nichts mehr.

In der Kindertherapie sind die Eltern, die immer weiter ihre eigenen neurotischen Konflikte auf Kosten der Kinder austragen, das größte Hindernis. Ahmets Mutter verhält sich wie die Mutter in dem alten deutschen Volkslied ›Hänschen klein ...‹, in dem es heißt:

> »Hänschen klein, ging allein, in die weite Welt hinein,
> Stock und Hut, steht ihm gut, er ist wohlgemut,
> aber Mama weinet sehr, hat ja nun kein Hänschen mehr,
> da besinnt, sich das Kind, kommt nach Haus geschwind.«

Solange das Kind noch abhängig vom Elternhaus ist, muß man als Therapeut einen Mittelweg suchen, um zu starke Konflikte des Kindes mit den Eltern zu vermeiden, die es in Verlustängste ebenso wie in Schuldgefühle stürzen würden.

Ahmet malt weiter an seinem Bild, während sein Blick ständig zwischen mir und seinem Zeichenblock hin und her wandert. Dabei wechselt er oft die Farben, greift manchmal zum Radiergummi. ... Man spürt, er will es ganz gut machen. Während er malt, denke ich an seine ersten Behandlungsstunden zurück, da er voller Unruhe eigentlich gar nichts wahrnehmen konnte, da seine Blicke ziellos umherwanderten und nirgends Halt fanden. Aus winzig kleinen Schritten war doch schon ein großer geworden.

Sein Bild ist fertig. Er überreicht es mir, nimmt es aber sofort wieder zurück: »Ich muß noch etwas darunterschreiben: Frau Ude. Es ist ja nicht so ganz schön geworden, aber ich bin ja auch kein Künstler.«

»Ich finde, es ist sehr schön geworden, Ahmet.«

Er lächelt dankbar. Ich konnte ihm dies aus Überzeugung sagen. Seine Zeichnung machte deutlich, wie er sich bemüht hatte, mich in allen Einzelheiten zu erfassen. Ich betrachte sie eine ganze Weile.

»Du hast aber auch wirklich nichts vergessen, Ahmet?«

»Sehen Sie da, die Perlen in ihrem Ohr, die Armbanduhr, und da der Ring auf Ihrem kleinen Finger.«

»Ja, Ahmet, es ist wirklich alles drauf. Es ist ein schönes Bild!«

Seine Stunde ist nun wieder zu Ende. Er macht auf mich jetzt einen geradezu versonnenen Eindruck, innerlich ganz gelöst und frei.

Bevor er geht, bleibt er noch einen Augenblick vor einer blühenden Topfpflanze stehen. Behutsam berührt er sie mit seinen Händen.

»Ach, ... Sie sind doch sowas wie eine Gärtnerin, ... bei Ihnen wächst doch alles. ...«

Er schaut mich an: »Ich werde Ihnen richtige ›Glöckchen‹ aus dem Garten schenken. Die will ich mit Wurzeln in einen Topf pflanzen. Glauben Sie, daß die auch im Winter am Leben bleiben?«

»Das glaube ich schon, Ahmet.«

Damit ging er.

Ich schrieb in mein Notizbuch:

»Wichtig! Blumentopf und Blumenerde für Ahmet bereitstellen.«

»Schade, daß es hier keine Brunnen gibt«

Ahmet kommt wieder in seine Behandlungsstunde. Seine Hände, die früher wie magnetisch von der Pistole angezogen wurden, halten jetzt »Glöckchen«, wie er sie nennt, blaue Glockenblumen mit Wurzeln. Er hat sie selbst im Stadtwald ausgegraben und möchte sie nun hier einpflanzen.

An einen Zweig hat er ein aufklappbares Schildchen gehängt. Auf der ersten Seite steht geschrieben: ›Frau Ude's Blumen‹, unten rechts: ›Aufmachen‹. Auf der Innenseite links hat er ein Kind gemalt, das aus der Erde Blumen herausgräbt. Auf der rechten Seite des Kärtchens steht ein Korb mit bunten Blumen.

»Was für ein schönes Geschenk.«

Ahmets Augen leuchten: »Schon gut!«

Als ich dann den mit Erde gefüllten Blumentopf herhole, ist er ganz erstaunt: »Und wie Sie das wieder geahnt haben!«

»Nicht geahnt, Ahmet. Du hattest doch in der letzten Stunde davon gesprochen.«

»Schon«, sagt er zögernd und schaufelt mit seinen Händen die Erde ein wenig zur Seite. »Sie haben mir dieses« – damit meint er den Blumentopf – »nicht versprochen, aber trotzdem haben Sie es gehalten. ... Meine Mutter verspricht immer, aber halten, wissen Sie, halten tut sie rein gar nichts!«

Während er dies sagt, fährt er in seiner Arbeit fort und drückt behutsam die Wurzeln seiner Pflanze in die Erde. Er wirkte weder erregt noch verbittert und sprach so, als wolle er lediglich eine Tatsache festhalten, die für ihn durch viele schmerzliche Enttäuschungen nun zu einer unumstößlichen Wahrheit geworden war: Daß er sich mit einer sich ihm ständig versagenden, enttäuschenden Mutter abzufinden hatte. Heute jedenfalls würde er nicht mehr wie in der ersten Stunde sagen: »Wenn Sie mir helfen und alles besser wird, will meine Mutter alles hingeben, was sie hat.« Heute sieht er seine Situation schon wesentlich klarer. Einen kurzen Augenblick war ich versucht gewesen, etwas über die Mutter zu sagen, über ihr langes, schweres Leben in Armut und Not, aber ich tat es nicht. Ich hätte ihm nur den Zugang zu seinen eigenen Gefühlen verbaut.

Seine Blume steckt nun in der Erde. Die Blätter hängen ein wenig schlaff herunter. Kein Wunder, denn er hat sie schon vor mehreren Stunden ausgegraben, als er von seiner Schule durch den Stadtwald nach Hause ging. Als ich ihr Wasser gebe, erkundigt er sich nach der Pflege einer Pflanze. Ich erkläre ihm: »Nun, sie braucht Wasser, manchmal etwas Dünger, Sonne oder auch Schatten.«

Jetzt will er es ganz präzise wissen, wieviel Wasser, wieviel Dünger, zu welchen Zeiten und wann Sonne, wann Schatten.

»Ja, Ahmet, es ist alles eigentlich viel einfacher. Man muß die Pflanze nur anschauen, und dann sagt sie einem schon, was sie braucht. So wie jetzt: dringend etwas zu trinken.«

»Stimmt«, sagt er, »das stimmt wirklich. ... Wissen Sie, das war ganz toll, als Sie damals, wissen Sie, als ich das erste Mal mit meiner Mutter zu Ihnen kam, ... als Sie gesagt haben, daß ich so viel trinken dürfte, wie ich wollte. Und Sie haben mir gleich etwas zu trinken gegeben, ein Glas Himbeersaft, heißen Himbeersaft. ... Der hat mir ja so gut geschmeckt ...!«

Er redet nun unaufhörlich weiter: »Sie haben gesehen, daß ich durstig war, aber meine Mutter, die hat das nie gesehen, die hat mir immer nur das Trinken verboten.«

Er macht eine kleine Pause, und ich sage: »Vielleicht hat es aber auch Dr. Simmel angeordnet.«

Darauf kommt keine Antwort. Doch warum auch? Er hatte mir ja nur sagen wollen, daß seine Mutter eigentlich nichts sieht, nie etwas gesehen hat, obwohl alles auf seinem Gesicht geschrieben stand. Daß sie es nicht sehen konnte, aus ihrer eigenen Not heraus, ist sicher. Aber das stand hier nicht zur Debatte.

Ahmet geht nun zur Wandtafel, greift spontan zur grünen Kreide und sagt: »Ich male jetzt über die ganze Tafel ein ganz großes Bild.«

Er braucht viele Stückchen Kreide, bis er mit der Grundfarbe seines Bildes zufrieden ist.

»Das ist eine große Wiese.«

Ich störe ihn nicht, denn er scheint genau zu wissen, was er malen will. Und immer, wenn etwas Neues fertig ist, beginnt er zu erklären: »Und das ist ein Brunnen.«

Der Brunnen steht in der unteren Ecke, links auf seinem Bild. Er malt eine kleine Bank drumherum. Zwischendurch fällt ihm ein, daß es wohl schön wäre, jetzt Milch mit Kaba zu trinken, vielleicht auch noch etwas zu essen, Brot mit Leberwurst. Sein Bild hat kaum Platz für Himmel. Die große grüne Wiese läßt nur einen schmalen Streifen dafür übrig; dem gibt er eine hellblaue Farbe. Er preßt dann eine kleine Sonne in die äußerste linke Ecke, aber er läßt ihre goldgelben Strahlen bis weit in die Wiese hineinfallen. Auf dem schmalen Horizont weiden vier Schafe, wohlbehütet von einem großen Schäfer, der in seiner linken Hand einen langen Hirtenstab hält.

»Ich finde das Bild schön«, sagt er und legt dann den Rest des Kreidestückchens zurück in den Kasten ... »Sie auch?«

»Ich auch, ich finde es so schön, daß ich jetzt am liebsten eine ganze Weile auf dieser Bank dort sitzen möchte, an dem Brunnen.«

»Was Sie wieder für tolle Ideen haben.«

Damit steht er auf, holt sich die Gitarre und setzt sich wieder zu mir. Er zupft an den Saiten und summt eine Melodie. Dann schaut er auf sein Bild und meint: »Es ist eigentlich schade, daß es hier in dieser Stadt keine so schönen Brunnen gibt wie in Bilecik. Warum gibt es hier nirgends solche Brunnen?«

Der Brunnen scheint ihn sehr zu interessieren. Ich gebe ihm eine ziemlich umfassende Antwort: daß der Brunnen in der jetzigen Zeit für die Menschen nicht mehr so wichtig sei, weil sie alle ihr Wasser durch die Wasserleitung ins Haus gebracht bekämen, daß es in früheren Zeiten aber auch in dieser Stadt und überall in Deutschland Brunnen gegeben habe, und daß die Menschen mit Eimern und Krügen dort hingegangen seien, um ihr Wasser zu schöpfen.

»Ich weiß nicht«, sagt er darauf, »warum ich einen Brunnen so gerne mag. Aber ich mag ihn einfach so gerne.«

»Nun, du hast vielleicht schöne Erinnerungen an einen Brunnen und darum magst du ihn so gerne?«

Er zupft weiter an seiner Gitarre, versucht eine Melodie zu spielen und sagt wieder: »Ich weiß nicht warum, ich mag einfach einen Brunnen so gerne.«

»Nun ja, der Brunnen ist für alle Menschen immer etwas sehr Wichtiges gewesen. Und darum kommt ja auch in vielen Märchen immer der Brunnen vor.«

»Der Brunnen? Ach! Mir hat noch nie jemand ein Märchen erzählt. Erzählen Sie mir doch mal so ein Märchen von einem Brunnen.«

Er lehnt sich entspannt zurück und verfolgt mit innerer Anteilnahme die Geschichte von der Goldmarie in dem Märchen von Frau Holle; wie sie, die Marie, oft traurig am Brunnen saß, weil sie immer so viel Schimpfe von der bösen Stiefmutter bekam:

»Eines Tages saß sie wieder traurig am Brunnen und spann.

Da rutschte ihr die Spindel aus den Händen und fiel hinab in den Brunnen, und sie hatte große Angst; denn nun konnte sie nicht mehr weiterspinnen, und die Stiefmutter würde wieder mit ihr schimpfen. Da faßte sie sich ein Herz, überwand ihre Angst und sprang hinab in den tiefen Brunnen.«

»Oh«, sagt Ahmet darauf ganz erstaunt. Er wirkt jetzt wie ein Kleinkind, das mit Leib und Seele fähig ist, in die Wunderwelt der Märchen einzutauchen.

Ich erzähle weiter: »Und sie fiel tief hinab in den Brunnen, immer tiefer und tiefer und dann ... mit einem Male ... stand sie auf einer riesengroßen Wiese.«

Weiter ging das Märchen: wie sie über die große Wiese lief und wie sie zu den Apfelbäumen kam, deren Früchte reif waren und darum riefen: »Pflück uns, pflück uns!«, und wie sie alle Äpfel pflückte, in Körbe tat und weiter ging.

»Und dann kam sie zu einem Backofen, darin lagen die Brote und riefen: ›Wir sind gar, zieh uns heraus‹, und auch das tat sie.«

Und wie sie dann zur Frau Holle kam und dort auch alle Arbeiten verrichtete, die ihr aufgetragen wurden.

Ich beende das Märchen mit dem Dank der Frau Holle, die dem Mädchen die Spindel wieder zurückgibt, es mit Gold überschüttet und die Marie so als Goldmarie wieder auf die Erde zurückkommen läßt. Dann schweige ich und warte ab, wie Ahmet wohl auf dieses Märchen reagiert.

Er beginnt auch ziemlich schnell, wie üblich, mit seinem:

»Wissen Sie ... wissen Sie, eben war es so wie früher ...«

»Nun, erzähle, Ahmet.«

»Es war so wie früher«, fährt er fort, und seine Fingerspitzen streifen über die Stirn.

»Es war so schön wie früher, wenn wir um unseren Brunnen herumsaßen und es wurden Geschichten erzählt, nicht solche wie diese heute, andere Geschichten, wissen Sie, richtige Geschichten, die auch richtig passiert sind, und ... na ja ... daran mußte ich eben denken, das war schön.«

»Es gibt für dich also schöne Erinnerungen an die Türkei, an deinen Heimatort Bilecik, wo du mit vielen anderen Kindern um den Brunnen herumsaßest und wo ihr miteinander Freude hattet. Ich kann verstehen, daß man an etwas so Schönes gern zurückdenkt.«

Ahmet zupft wieder an seiner Gitarre. Er bemüht sich, eine ganz einfache Melodie zu spielen. Dann sagt er nochmals, so ganz beiläufig: »Das war schön, . . . wie Sie eben erzählt haben. . . . Mir war so wie früher. Schade, daß es hier keinen Brunnen gibt.«

Seine Hände zupfen weiter an der Gitarre. Er gibt nicht eher auf, bis ihm die kleine Melodie gelingt.

»Erkennen Sie, daß es ein Türkenlied ist?«

»Ein Türkenlied?« frage ich nur zurück.

Er aber horcht in sich hinein und spielt immer wieder und immer wieder die gleiche Melodie.

»Jetzt weiß ich es, jetzt weiß ich es«, und dann beginnt er zu erzählen: »Das Lied haben wir einmal ganz oft gesungen. . . . Es war so: Ich war von einem Auto angefahren, und da mußte ich ein paar Tage ruhig auf dem Sofa liegen, und da sind die Kinder zu mir gekommen, und da haben wir oft dieses Lied gesungen . . .« Er schaut mich an, er scheint sich über die Vorgänge in seinem Innern selbst zu wundern: »Ist es nicht komisch, daß ich jetzt daran denken muß?«

»Es ist gut, Ahmet, daß du dich immer mehr und mehr an solche Erlebnisse erinnern kannst. . . . War denn deine Mutter noch bei euch, als du diesen Unfall hattest? Oder war sie schon fort nach Deutschland?«

Er braucht jetzt nicht mehr zu überlegen, ganz leicht gibt sein Unterbewußtes wieder einen Teil von blockierten Erinnerungen frei, teilweise bis ins kleinste Detail: Es war in Bilecik. Er kam mit seiner Mutter von der Tante, die eine Bude hatte, wo sie Zeitungen und dergleichen verkaufte. Mutter und Ahmet waren auf dem Heimweg. Ahmet hatte sich Bilder in einem Buch angeschaut, das ihm die Tante geschenkt hatte.

Da, plötzlich sei er von einem Auto angefahren worden. Seine Stirn habe geblutet, und seine Mutter habe schrecklich laut geweint. Viele Menschen hätten dann um ihn herumgestanden, und ein Mann habe ihn nach Haus getragen. Da habe er dann ein paar Tage auf dem Sofa gelegen, bis alles wieder besser war. Er erinnerte sich an Besucher, die seinetwegen gekommen waren, vor allem auch an Kinder.

Während er diese Geschichte erzählte, wurde immer deutlicher, wie sehr er die Auswirkungen dieses Unfalles eigentlich genossen hatte, weil er dadurch Beachtung und Verwöhnung erfahren hatte. Ich dachte an den ersten Besuch von Mutter Pembe und Ahmet, als auf dem Heimweg beide so beziehungslos nebeneinander hergingen, wohl genau so, wie damals vor dem Unfall. Wie konnte es sonst sein, daß ein kleiner Junge, neben der Mutter hergehend, vom Auto angefahren wurde?

Als Ahmet seine Geschichte beendet hat, spielt er auf der Gitarre wieder seine kleine Melodie: »Schön wäre es schon, wenn ich denen das mal vorspielen könnte.«

»Du meinst, Ahmet, du würdest gerne mal die Gitarre mit nach Haus nehmen. Ist es so?«

Er nickt mit dem Kopf: »Es passiert auch nichts damit, und ich bringe sie zur nächsten Stunde wieder mit.«

»Ist in Ordnung, Ahmet.«

Seine Zeit war schon lange überschritten. Er hängt sich nun freudig die Gitarre über die Schulter und geht fort.

Ich setze mich hin, mache wie üblich meine Aufzeichnungen und vergleiche seine früheren Zeichnungen mit der heutigen: Sein erstes Bild war ja ein Baum ohne Wurzeln, an dessen Stamm ein großer Vogel mit spitzem Schnabel saß. Dazu hatte er gesagt: »Das ist ein Specht und der pickt immer am Baum herum.« Dann gab es Bilder, die nur mit schwarzer Farbe übergossen waren.

Ein anderes, sehr früh gemaltes Bild war eine große rote, nach links gerichtete Lokomotive. Dazu hatte er gesagt: »Die steht still, vielleicht explodiert sie mal.«

Dann gab es von ihm eine Zeichnung, wo eine Mutter unter einem großen Baum sitzt, neben ihr ein Kinderwagen. Dazu hatte Ahmet gesagt: »Sie schiebt ihn hin und her, und der Vogel singt ein Lied, und wenn der eine Vogel wegfliegt, dann kann der zweite Vogel für das Baby singen.« Seine große Verlassenheitsangst und Sehnsucht nach Geborgenheit hatten in diesem Bilde Ausdruck gefunden.

In seiner heutigen Zeichnung wird die Ablösung von der Mutter als der Zuflucht in seinen großen Verlassenheitsängsten deutlich. An ihre Stelle tritt die große Wiese, der mütterliche Boden. Am Horizont weiden Schafe, behütet von einem großen Hirten. Die Sonne scheint. Symbole des männlichen Prinzips als Ausdruck des Vertrauens. Der Brunnen erscheint als Symbol der Kraftquelle und auch als Aufforderung zur Suche nach neuen Wegen.

Mir scheint, seine heutige Zeichnung ist so etwas wie ein Vorbote, der ankündigt, daß sich in ihm ein neues Lebensgefühl von mehr Kraft und Vertrauen zu sich selbst und seiner Umwelt entwickeln will.

».. . wie gut so eine Brezel schmeckt«

Heute hat Ahmet seine letzte Stunde vor der Reise in die Türkei. Wohl eine Viertelstunde vor Beginn kündigt er telefonisch sein Kommen an.

»Ich fahre jetzt gleich ab«, sagt er.

»Wieso«, frage ich zurück, »bist du noch zu Hause? Dann kommst du ja zu spät.«

»Nein, nein, . . . ich werde pünktlich sein. . . . Gucken Sie man dann mal aus dem Fenster. . . . Sie werden sich wundern.«

»Wieso?«

»Tschüs, Tschüs!« ruft er nur noch ins Telefon und legt auf. Fünfzehn Minuten später »rollt« er wirklich mit seinem »neuen«, ganz alten Fahrrad vors Haus. Die Gitarre hängt ihm über der Schulter. Er winkt mir schon von weitem entgegen.

»Ahmet«, sage ich voller Freude und Erstaunen, »du hast ja ein neues Fahrrad.«

Er stellt es gegen eine Mauer und hängt ein dickes Schloß in die Speichen, eine komische, geradezu absurde Vorsichtsmaßnahme: An diesem Fahrrad, diesem mickrigen, alten, verrosteten Klappergestell würde sich mit Sicherheit niemand vergreifen.

»Es ist kein neues Fahrrad«, sagt er sogleich, als wolle er einem Kommentar von mir zuvorkommen, »aber es fährt.« . . .

»Darauf kommt es an«, sage ich.

Dann greift er zu etwas Blitzneuem, was am Fahrrad angeklemmt ist. Eine Fahrradpumpe.

›Ja‹, dachte ich, ›die braucht er wohl dringend bei diesen abgefahrenen Reifen.‹

»Sehen Sie hier: Eine nagelneue Fahrradpumpe. . . . Die hat mir mein Vater gekauft. So eine hat wohl kaum einer in ganz Hannover.«

»Fabelhaft, Ahmet, ganz fabelhaft!«

Er führt sie mir vor: »Sehen Sie mal hier, die gibt Luft, das sage ich Ihnen, die gibt Luft . . .! Besser ist wohl, ich nehme sie mit ’rein, sonst ist sie nachher weg.«

Auf dem Weg ins Spielzimmer spricht er unentwegt über sein Fahrrad: »Eigentlich hat es Emine geschenkt gekriegt . . . Weil sie bei einem Mann auf dem Flohmarkt ganz viele Sachen für sich gekauft hat, schenkte ihr der Mann dann zum Schluß noch das Fahrrad. Ein netter Mann muß das gewesen sein. Wissen Sie, jetzt bin ich immer am Denken, woher ich wohl ein bißchen Farbe kriege ... oder Nagellack. ... Wenn Sie mal etwas übrig hätten, dann könnte ich schön damit die Klingel streichen, weil die sehr rostig ist und dann würde sich das schon besser anfühlen.«

Im Spielzimmer hatten wir Farbe und Lack, und er war selig, daß er davon etwas mitnehmen durfte, um so sein Fahrrad zu verschönen.

Nun zieht er aus seiner Hosentasche ein Geschenk für mich.

»Ich habe Ihnen was mitgebracht.«

Er reicht mir eine kleine, männliche Holzfigur, die einen Schutzhelm und eine Lanze hält: »Da haben Sie einen Kämpfer«, sagt er. »Sie müssen dafür einen ganz schönen Platz finden, weil ich ja jetzt lange nicht wiederkomme. Mein Vater hat gesagt, wir würden wohl sechs Wochen wegbleiben, bis meine Schule wieder anfängt.«

»Ach ja, sechs Wochen werdet ihr fortbleiben?«

»Eigentlich freue ich mich nicht. ... Wir haben überhaupt keine Wohnung in der Türkei. ... Wie das wohl werden soll. ... Da müssen wir immer nur mit dem Auto herumfahren. ... Schade, jetzt gerade, wo ich ein Fahrrad habe, muß ich weg!«

»Na ja, du hast es dann, wenn du wiederkommst und kannst dich immer darauf freuen. Aber sag mir mal, wo wollt Ihr denn schlafen?«

»Na ja, das kann vielleicht doch ganz gut werden. Mein Vater hat gesagt, wir würden an einem See schlafen. Und wissen Sie, jetzt, wo ich schon ganz schön schwimmen kann, na ja, da weiß ich dann wenigstens, was ich tun kann.«

Ich erfahre nun, daß sich der Vater in der Türkei einen kleinen Bus mieten will, in dem dann auch die Familie schlafen kann, die Eltern, Osman und Ahmet. Der eigentliche Grund der Reise ist, einen Bauplatz zu finden und wenn möglich schon mit dem Bau eines Hauses zu beginnen.

Ahmet schaut nun auf seinen »Kämpfer«, den ich noch immer in der Hand halte.

»Wo soll der nun stehen? Was meinen Sie? Er muß einen guten Platz haben.«

»Ja, Ahmet, ich denke doch, er bleibt hier im Spielzimmer. Was meinst du?«

»Dacht' ich auch. Wissen Sie, und wenn ich wiederkomme, dann nehme ich ihn wieder mit. ... Uuund wenn ich wieder mal wegfahren muß, dann gebe ich ihn Ihnen wieder und immer weiter so. . . .«

»Ja, Ahmet, das ist eine gute Lösung. Er steht dann immer sozusagen als Ersatz für dich hier.«

Ich stellte ihn nun auf das untere Brett eines Regals: »Hier steht er gut, denke ich, von hier kann er auch alles überschauen.«

»Stellen Sie ihn doch auf das oberste Brett, dann kann auch kein anderes Kind drankommen.«

Ich stelle ihn auf das oberste Regal.

»Ich werde aufpassen, daß niemand ihn berührt.«

Nun sitzen wir eine kleine Weile schweigend nebeneinander. Ich mache ihm wieder Kaba mit Milch; noch ein Glas und noch ein Glas, weil er darum bittet. Als er das dritte große Glas geleert hat, sagt er: »Warum trinke ich bloß so viel?« Er legt seine Hände auf seinen gefüllten Magen: »Ich bin doch gar nicht durstig.«

»Das ist mir auch schon aufgefallen. Aber das gibt es, daß man etwas trinkt oder ißt, obwohl man weder durstig noch hungrig ist. Manchmal fühlt man sich eben für irgend etwas nicht stark genug, und dann glaubt man, sich dadurch Kraft zu holen.«

Er steht nun auf, setzt sich in die Schaukel und läßt sich schweigend hin und her pendeln. Als er – auf Befragen – von mir hört, daß wir noch über eine halbe Stunde haben, springt er sogleich aus der Schaukel: »Dann können wir ja nochmal mit der Eisenbahn spielen.«

Er will, daß wir zwei ganz lange und weit auseinanderliegende Schienenstränge legen. Jeder von uns arbeitet nun an seinem Strang. Als die von ihm gewünschte Länge erreicht ist, stellt er auf jede Seite einen Turm und verbindet dann beide Türme mit einem Bindfaden.

Er hat eine ganz deutliche Vorstellung von dem, was er tut: »Das ist eine Hängebrücke. . . . Die gibt es viel in armen Ländern. . . . Man kann nicht mit dem Auto drüberfahren, aber, wenn man will und wenn man sich gut festhält, dann kann man schon von einer Seite auf die andere kommen.«

»Und das genügt ja«, sage ich, »wenn man nur weiß, wie man hinüberkommen kann von einer Seite auf die andere.«

Er nimmt nun eine kleine Puppe aus dem Sceno-Kasten, einen Jungen, dem er die Hände und Arme so verbiegen kann, daß er am Seile hängend hin und herrutschen kann. Es scheint ihm wichtig zu sein, alles richtig zu machen, denn er gibt nicht eher auf, bis der Junge mit einem leichten Schubs das Seil auf meine Seite hinuntergleitet.

»Soll er nun hierbleiben, oder wieder zurückkommen?« frage ich und denke im Stillen, welche unbewußten Gefühle hier wohl sichtbar werden.

»Immer hin und her soll er rutschen«, antwortet er, und so setzen wir für eine Weile das Spiel fort. Zwischendurch fällt ihm ein, daß er mich von seinem Vater und seiner Mutter grüßen lassen sollte.

»Meine Eltern haben gesagt, daß ich Ihnen aus der Türkei auch etwas mitbringen darf. Wüßten Sie schon jetzt was? Es gibt zum Beispiel Wasserpfeifen.«

»Wasserpfeifen? Nein, keine Wasserpfeife, Ahmet!«

»Was denn, was denn, sagen Sie schon, was soll ich Ihnen mitbringen?«

Ich mußte einen Augenblick überlegen.

Nun fährt er fort in seinem Angebot, unruhig wie ein Händler, der Angst hat, einen Käufer zu verlieren: »Wie wäre es mit Briefmarken. Es gibt viele, schöne Briefmarken . . . oder Teppiche, ja Teppiche, für den Fußboden oder auch für die Wände, oder . . . oder, ja, es gibt Blusen, ganz schöne, bunte Blusen, wissen sie, gestickt mit den Händen. Emine hat auch so eine, oder . . . oder . . .«

Er bricht ab, es fällt ihm nichts mehr ein, was er mir anbieten könnte.

Ich sage nun ganz ruhig zu ihm: »Ahmet, immer wenn dich einer verläßt oder wenn du jemanden verlassen mußt, kommt so etwas wie Unruhe oder Angst in dir hoch. Wie ist das jetzt?«

Er sitzt zusammengesunken auf der Bank und nickt mit dem Kopf: »Ja, so ist es.«

Und da er weiter schweigt, sage ich zu ihm: »Das ist jetzt der kleine Ahmet, der Angst hat.«

Er nickt wieder mit dem Kopf: »Ja, so ist es wohl.«

»Aber der große Ahmet, der da oben auf dem Bord steht mit Lanze und Schutzhelm, das ist ein Kämpfer. Beide sind in dir, der große und der kleine Ahmet.«

Es war jedesmal erstaunlich, wie schnell sich seine Gefühle veränderten, wenn sie richtig angesprochen wurden, wie schnell man ihn dann aufrichten konnte.

Ich gebe ihm nun noch einen Auftrag an seinen Vater: »Sage ihm doch schöne Grüße von mir und sage ihm, daß ich mich sehr freuen würde, wenn er mit dir in Bilecik einmal über den Platz gehen würde, weißt du, den du doch einmal so schön aufgezeichnet hast, und daß er dir in dem gleichen Laden wie damals wieder eine solche Brezel kaufen soll. Eine für dich und eine für mich. Über eine solche Brezel würde ich mich sehr freuen.«

»Das ist wieder eine tolle Idee. Sie werden sich wundern, wie gut so eine Brezel schmeckt!«

Seine Zeit ist nun wieder zu Ende. Als er sich verabschiedet, fällt ihm ein, daß er Mücke gern noch mal gesehen hätte. Sie war aber nicht aufzufinden.

»Wissen Sie«, sagt er nun, »in der Türkei gibt es so viele arme Hunde, die niemandem gehören, und die vor Hunger sterben. So einen Hund möchte ich mir gerne mitbringen.«

Ich lege nur meine Hand auf seine Schulter und sage darauf nichts mehr.

Ich bringe Ahmet hinaus zu seinem Fahrrad. Er hatte nicht vergessen, sich den Lack und die Farbe mitzunehmen. Die Gegenwart behielt er im Auge. Ich schaue ihm nach und er winkt zurück, bis er um die Ecke biegt.

»Viel Glück, Ahmet, für die nächsten sechs Wochen!«

Wenn die äußeren Umstände für ihn einigermaßen günstig sind, so dachte ich, dann wird er sein Leben schon im Rahmen seiner Möglichkeiten bewältigen können.

Mein Vorhaben, einmal wieder mit Ahmets Klassenlehrerin, Frau Denker, zu sprechen, hatte ich schon zu lange vor mir hergeschoben.

Heute sollte es geschehen, noch bevor die großen Ferien begannen und die Lehrer dann nicht mehr zu erreichen waren. Leider hatte dieses Gespräch über Ahmets Schulsituation kein gutes Ende.

Frau Denker hatte bereits veranlaßt, daß Ahmet nach den großen Schulferien wieder in seine alte Klasse bei Herrn Pickmann zurückversetzt werden sollte. Die Gründe dafür seien ganz einfach. Ahmet zeige in den Hauptfächern zu große Lükken und könne darum am Unterricht überwiegend nicht teilnehmen. Der Schulwechsel sei lediglich ein Versuch gewesen, der aber fehlgeschlagen sei.

Ich wies auf die großen psychischen Schwierigkeiten für Ahmet hin, die mit Sicherheit bei einer Rückversetzung in die Pickmann-Klasse auftreten würden.

Auch dafür hatte Frau Denker großes Verständnis, konnte aber dennoch keine bessere Lösung als die Rückversetzung in die alte Klasse anbieten. So entschloß ich mich, sofort Ahmets früheren Rektor, Herrn Keune, aufzusuchen.

Als ich mich meldete, wußte er sogleich Bescheid. Zu Beginn unseres Gesprächs klagte der Rektor darüber, welch gewaltiges Problem die vielen Gastarbeiterkinder, die man einfach wegen der Sprachschwierigkeiten und zu großer Wissenslücken nicht richtig einordnen könne, für deutsche Schulen darstellen. Am Ende unseres Gespräches hatte Herr Keune, wie immer, eine vorerst bessere Lösung für Ahmet anzubieten. Er wollte dafür sorgen, daß Ahmet nicht in seine alte Klasse zurückversetzt würde, sondern in eine Parallelklasse.

Ich wies nochmals auf die großen psychischen Belastungen hin, die Ahmet dann wieder wegen des großen Altersunterschiedes zu seinen Mitschülern ertragen müßte. Wir verblieben so, daß Herr Keune selbst nach Ahmets Rückkehr mit ihm über das Schulproblem sprechen würde. Er wollte sich auch dementsprechend vorher mit Frau Denker in Verbindung setzen. Weiterhin wollte Herr Keune gemeinsam mit dem Lehrerkollegium überlegen, ob für Ahmet nicht grundsätzlich eine Umschulung in eine Sonderschule besser sei, weil er dort mit Gleichaltrigen zusammen käme, und die Lehrer sich wegen der kleineren Klassenstärke besser um den Einzelnen kümmern könnten. Für eine Umschulung in die Sonderschule wäre dann allerdings eine Genehmigung der Eltern notwendig.

»Es tut mir leid um den Jungen«, sagte er abschließend. »Er ist bestimmt durchschnittlich intelligent, aber seine Wissenslükken sind zu groß und machen jeden Versuch einer vernünftigen Einordnung zunichte. Leider ist er nicht der einzige, sondern nur einer unter sehr vielen.«

Grüße von Ahmet aus der Türkei

Zwei Wochen später traf eine Postkarte von Ahmet aus der Türkei ein. Er schrieb:

»Liebe Frau Ude, hier ist es immer sehr heiß. Wir wohnen nicht am See, und ich kann auch nicht schwimmen. Viele Grüße von Ihrem lieben Ahmet.«

Drei Wochen danach, also eine Woche vor seiner Rückkehr, traf die zweite Postkarte ein. Er schrieb:

»Liebe Frau Ude, ich freue mich schon auf Mücke, auf mein Fahrrad und auf unser Spielzimmer. Viele Grüße von Ihrem lieben Ahmet.«

Eine Woche nach dieser letzten Karte rief mich Ahmet an einem Vormittag vom Flugplatz aus an, wo er mit seinen Eltern und Osman gerade gelandet war. Alle warteten nun auf den Bus, der sie nach Hause fahren sollte.

Er bat mich, doch noch heute zu mir kommen zu dürfen, weil er mir etwas geben wolle, was er mir aus der Türkei mitgebracht habe: »Sie werden sich wundern. Ich halte es in meiner Hand, es geht mir von meinen Fingerspitzen bis zum Ellenbogen, ... aber mehr verrate ich nicht.«

Ich sagte ihm, daß ich ein Viertelstündchen Zeit für ihn hätte, wenn er in drei Stunden bei mir sein könnte. Ziemlich pünktlich trifft er auch mit seinem Fahrrad bei mir ein, dessen Schläuche leider die Luft nicht gut hielten, aber – Gott sei Dank – habe er ja eine gute Fahrradpumpe. Um seinen Hals hat er einen dicken Bindfaden, dessen beide Enden mit den Griffen einer Strohtasche verknotet sind. Darin transportiert er wohl sein geheimnisvolles Geschenk für mich.

Als ich ihn näher anschaue, bin ich betroffen: Diese Reise war offensichtlich für ihn voller Unruhe und Anstrengung gewesen. Man kann es ihm ansehen. Er sieht müde und abgespannt aus, tiefe Schatten unter den Augen.

Noch vor der Haustür holt er sein Geschenk hervor, eine wohl dreißig Zentimeter hohe, ganz dicht mit kleinen Muscheln beklebte Vase. Er hatte sie während der ganzen Reise nicht aus der Hand gegeben, aus Sorge, sie würde ihm zerbrechen.

Dieser Augenblick also, in dem die Vase sozusagen in meine Hände überging, war für ihn das große Ereignis! Ich merkte, wie sehr er ihn auskostete. Er erfand immer wieder neue Fragen, die um seine Vase kreisten, und er genoß sichtlich meine Antworten. Offenbar war es für ihn ungeheuer wichtig, mir eine große Freude zu machen.

Dann kam er von selbst auf die Brezel zu sprechen: »Sind Sie nun nicht doch enttäuscht, daß ich Ihnen keine Brezel mitgebracht habe?«

Sein Vater hätte keine Zeit gehabt, mit ihm auf den Marktplatz zu gehen, um dort in dem gleichen Laden wie damals eine Brezel zu kaufen.

»Schade«, dachte ich, »ich hatte es mir so sehr gewünscht, daß er dort noch einmal diese seine schöne Erinnerung hätte nacherleben können!«

»Ich bin aber allein dorthin gegangen«, sagte er dann, als habe er meine Gedanken erraten. ... »Ich habe den alten Laden gefunden und habe mir auch eine Brezel gekauft. ...«

Er verstummt für einen Augenblick, dann fährt er fort: »Sogar mehrere Brezeln habe ich gekauft, ... aber ich habe sie alle aufgegessen.«

»Das ist ja prima, Ahmet. Hoffentlich haben sie dir auch gut geschmeckt.«

Er schüttelt den Kopf: »Nein, sie schmeckten gar nicht so gut, wie ich gedacht hatte, und sie hätten Ihnen auch nicht gut geschmeckt. Aber der Brunnen war auch noch da, der ist wirklich so schön wie damals. Und ich habe mich auf die Bank gesetzt, ... wissen Sie, die ganz um den Brunnen herumläuft, ... und es saßen wieder viele Kinder da.«

Er verstummt ein Weilchen, ist traurig: »Aber alle Kinder waren mir fremd, ... und mich hat auch keiner erkannt.«

Er setzt sich nun in die Schaukel, pendelt hin und her und sagt: »Dieses hier hab ich sehr vermißt.«

»Ich habe dich auch vermißt, Ahmet, und freue mich, daß du jetzt wieder da bist.«

»Wirklich? Sie freuen sich wirklich?«

»Ich freue mich wirklich, Ahmet!«

Nun mußte er gehen. Ich hatte diesen Tag nicht länger Zeit für ihn. Noch schnell erkundige ich mich, ob denn seine Eltern Erfolg mit dem Kauf eines Grundstückes gehabt hätten und erfahre, daß man sogar schon mit dem Bau des Hauses begonnen habe.

Als er geht, sagt er noch, daß er auch seiner Lehrerin, Frau Denker, eine schöne Muschel mitgebracht habe und Ralph, seinem Banknachbarn, seinem Freund (?), eine kleine türkische Pfeife. Übermorgen würde seine Schule beginnen, und am nächstfolgenden Tag würde er wieder seine Stunde bei mir haben.

Ich sagte ihm nichts über die Gespräche mit Frau Denker und Rektor Keune. Seine Schulprobleme konnten nicht von mir gelöst werden, und darum hielt ich es für besser, ihn in Unwissenheit gehen zu lassen.

Als er auf seinem Fahrrad sitzt, erscheint er mir ganz froh und wohlgemut. Er versucht, den Augenblick seiner Abfahrt noch etwas hinauszuzögern. Vielleicht wollte er noch von mir hören, wie schön sein Fahrrad sei: die mit roter Farbe angestrichene Lenkstange, die lackierte Klingel und das kleine, dreiekkige Fähnchen mit dem Niedersachsen-Roß.

»Du hast ein schönes Fahrrad, Ahmet!«

Dann rollte er davon, und ich denke, wie gut es doch ist, daß man alles zu seinem Freund machen kann, sogar so ein altes Fahrrad. Diesen Freund braucht er jetzt dringend, da wieder eine große seelische Belastung auf ihn wartet: der erneute Schulwechsel.

»Ich weiß nicht mehr, wohin ich gehöre«

Drei Tage später ...

Waren wirklich nur drei Tage vergangen, seit mir Ahmet seine Vase zum Geschenk brachte und dann mit seinem Fahrrad frohen Mutes nach Hause fuhr?

Völlig erstarrt steht er in der Haustür. Sein Blick ist leer, fast ein bißchen irre. Wortlos folgt er mir, beinahe wie ein Schatten, ins Spielzimmer. Dann bleibt er einfach stehen, verloren, hilflos. Seine Lippen beben, bringen aber keinen Laut hervor. Erst als sich seine geröteten Augen mit Tränen füllen, scheint sich die Starre zu lösen. Tonlos beginnt er zu sprechen: »Gestern hab ich sehr geweint, weil ich wieder in eine andere Schule muß. ... Ich weiß nicht mehr, wohin ich gehöre.«

Dann verkriecht er sich in den Sessel. Es dauert eine ganze Weile, bis er neuen Mut zum Sprechen findet: »Und eben, als ich wegfahren wollte, habe ich es meinem Vater erzählt, das mit der Schule, und er hat mit mir geschimpft, weil ich es nicht geschafft hab in der Klasse.«

Er springt auf und tritt wütend gegen den Blecheimer: »Ich will weg von zu Haus! Ich will nicht mehr zu Hause bleiben! Ich will in ein Heim! Können Sie mir nicht helfen, daß ich ein Heim finde?«

Ich mache ihm erst einmal ein Glas warme Milch mit Kaba. Doch er lehnt ab: »Ich hab Bauchweh, ich mußte schon immerzu brechen, ich mag nichts trinken.« Stumm sackt er dann immer mehr in sich zusammen. Ich lasse ihm Zeit. Schließlich frage ich: »Ahmet, nun sag mir mal, was ist. Was empfindest du, was ist wohl am schlimmsten für dich jetzt?«

Er zögert nicht lange: »Das Schlimmste ist, daß ich ganz krank werde, überall.«

Er hämmert mit seinen Fäusten gegen den Kopf: »Und hier, hier im Kopf, da wird es am schlimmsten ...! Hier, hier, hier, hier, hier!« Dabei reißt er seinen Kopf hin und her: »Ich kann nicht mehr, ich kann nicht mehr, ich kann nicht mehr, ich kann nicht mehr ...!«

Dann springt er auf. Sein ganzer Körper ist in Aufruhr. Er hetzt durch den Raum wie ein gefangener Panther. Dann bleibt er plötzlich stehen, ... ganz still, ... wohl eine Sekunde lang, dann schreit er es heraus: »Alles mache ich falsch! Nichts mache ich richtig! Nirgends, nirgends kann ich bleiben. Immer weg, immer woandershin ...!«

Er stampft verzweifelt mit den Füßen auf den Boden. »Ich will nicht mehr, ich will nicht mehr! Ich will weg! Ich will in ein Heim! Ich will weg, weg, weg!«

Er ist wie in einem Taumel. In seiner Raserei greift er wieder nach dem Feuerzeug, läßt wie besessen die Flamme jäh herausschießen und wieder erlöschen. Sein altes Spiel, das längst vergessen schien, das Spiel mit dem Feuer, hält ihn wieder gefangen. Ein schwerer Rückfall.

Ich lasse ihn gewähren, gebe ihm Zeit. Minuten absoluter Stille vergehen.

Dann wendet er sich den Autos zu, von denen verschiedene Modelle im Sceno-Kasten liegen.

»Ein Auto, das möchte ich haben«, sagt er leise, wie zu sich selbst. »Ein Auto mit heißen Rädern!«

Fasziniert hält er das Feuerwehrauto in seinen Händen, zieht die Leiter aus und ein, läßt es über den Tisch rollen: »Das ist ein tolles Auto; das muß rasen können!« Dann plötzlich fragt er: »Wieviel Zeit haben wir noch?«

»Schau auf die Uhr, wir haben noch sehr viel Zeit.«

»Ich muß jetzt weg«, sagt er unvermittelt.

Ich sage nochmals: »Du hast noch viel Zeit, Ahmet, du kannst noch lange bleiben.«

»Nein, nein! Ich gehe jetzt.« Und fort ist er.

Ich verstand nun nichts mehr. Ich fühlte, er war mir unerreichbar geworden. Ich hatte keine andere Wahl, als ihn gehen zu lassen.

Um mich abzulenken, machte ich mich ans Aufräumen. Ich ging zum Sceno-Kasten: Zuletzt hatte er sich hier mit den Autos beschäftigt. Er hatte von einem Auto mit »heißen Rädern« gesprochen. Dann, ja, dann hatte er das Feuerwehrauto genommen, es über den Tisch und über den Fußboden sausen lassen und dann, ja dann hatte er plötzlich gehen wollen.

Wo war das Feuerwehrauto?

Ich suchte es im Sceno-Kasten, ... ich suchte es überall, es war nicht zu finden. Ahmet hatte es, ohne zu fragen, mitgenommen. Darum wollte er so plötzlich gehen! Warum gerade das Feuerwehrauto?

Ahmet geht nicht zur Schule

Am Tag der nächsten Behandlungsstunde wartete ich vergebens auf Ahmet.

Meine Versuche, telefonisch in Kontakt mit Emine zu kommen, waren ergebnislos.

Dann rief ich Rektor Keune an. Er sagte mir, daß er bereits am ersten Schultag mit Ahmet länger über seine Schulsituation gesprochen habe. Er habe ihm klarzumachen versucht, daß es wegen der großen Wissenslücken besser für ihn sei, wieder die Klasse zu wechseln. Ausdrücklich habe er ihm erklärt, daß er nicht wieder zu Herrn Pickmann zurückkäme, sondern in die Parallelklasse. Darüberhinaus habe er ihm auch gesagt, er erwäge, ihn zu Gleichaltrigen in eine Sonderschule zu versetzen.

Rektor Keune sei dann auch mit ihm zu dem neuen Klassenlehrer gegangen. Dabei habe Ahmet den Eindruck gemacht, als ob er die Notwendigkeit des Klassenwechsels eingesehen habe. Allerdings sei er sehr fahrig und niedergeschlagen gewesen. Rektor Keune sagte zu, sich gleich nochmals mit Ahmets neuem Klassenlehrer in Verbindung zu setzen.

Bei meinem erneuten Anruf teilte mir dann Rektor Keune mit, daß Ahmet nicht in der Klasse erschienen sei. Ich schilderte ihm meine Eindrücke über Ahmets schweren Rückfall, der mit Sicherheit durch den Klassenwechsel bedingt war und sagte ihm auch, daß Ahmet nicht zur letzten Behandlungsstunde erschienen sei. Sobald ich Näheres in Erfahrung gebracht hätte, würde ich ihm Nachricht geben.

Ich hatte Glück, Emine telefonisch zu erreichen, und erfuhr, daß sie Ahmet noch gestern abend zu Hause gesehen habe. Sie wußte auch von dem Klassenwechsel, und daß dic Eltern Ahmet deswegen große Vorwürfe gemacht hatten.

Ich berichtete ihr von meinem Telefongespräch mit Rektor Keune, daß Ahmet der Schule ferngeblieben sei.

Darüber war sie erstaunt, weil Ahmet, wie sonst immer, morgens das Haus verlassen habe. Ich versuchte ihr klarzumachen, daß Ahmet durch diesen Klassenwechsel in eine schwere Krise geraten sei. Ich wies auf seine Wissenslücken hin, an denen er nicht schuld sei, und erklärte ihr, daß die Umschulung in eine

Sonderschule wahrscheinlich die beste Lösung sei. Da wäre er wenigstens mit Gleichaltrigen zusammen. Allerdings sei dafür die Unterschrift der Eltern vonnöten.

Wir verblieben so, daß Emine versuchen sollte, den Eltern Ahmets Schulproblematik verständlich zu machen. Ich erklärte mich auch bereit, falls Emine es für gut und wünschenswert hielt, zusammen mit ihr ein Gespräch mit den Eltern zu führen. Emine sollte den Eltern und Ahmet gegenüber nichts von unserem Telefongespräch sagen, es sei denn, Ahmet würde von selbst versuchen, sich bei ihr auszusprechen. Emine sollte Ahmet lediglich den Eltern gegenüber in Schutz nehmen und ihnen begreiflich machen, daß der Klassenwechsel, eventuell auch die Umschulung in eine Sonderschule, nicht durch Ahmets Verschulden notwendig geworden sei.

Es war, aus meiner Sicht gesehen, besser, Ahmet jetzt Zeit zu lassen, um ihm die Chance zu geben, selbst wieder zurückzufinden und sich mit seinem Schulproblem wirklich auseinanderzusetzen, anstatt davor wegzulaufen. Er mußte auch seine Behandlung aus eigenem Antrieb wieder aufnehmen.

Ich gab Rektor Keune Nachricht von meinem Gespräch mit Emine. Herr Keune war mit mir der Meinung, einige Tage abzuwarten, zumal wir nun wußten, daß Ahmet nicht auch vom Elternhaus fortgelaufen war.

Rektor Keune wollte so schnell wie möglich in einer Sondersitzung der Lehrer klären, ob es für Ahmet nicht besser sei, sofort in eine Sonderschule überzuwechseln. Er erwähnte eine ganz besonders gute Schule, wohl die beste in Hannover, wo die Klassen sehr klein seien und sich die Lehrer wirklich mit dem einzelnen Schüler befassen könnten.

Ich sagte zu, daß ich mich um die Unterschrift der Eltern bemühen würde. Diese Lösung erschien auch mir die beste, zumal ich durch Herrn Keune erfuhr, daß Ahmet, falls er seine Wissenslücken ausgleichen könne, jederzeit in eine normale Schule zurückgehen könne.

»Ich bin immer durch die Kaufhäuser gegangen«

Auch zur nächsten Behandlungsstunde war Ahmet nicht erschienen. In der nächstfolgenden kam er. Voraus ging ein Telefongespräch.

Morgens, gegen halb elf, rief er an; er sprach so leise, daß ich ihn kaum verstehen konnte: »Ich bin's, Ahmet. ... Ich wollte fragen, ob ich wieder kommen kann?«

»Ja, das kannst du, Ahmet. Wo bist du denn jetzt?«

»In der Stadt.«

»Wo denn da?«

»In einer Telefonzelle, hier bei Brenninkmeyer.«

»Wollen wir deine Nachmittagsstunde auf heute vormittag verlegen? Ich habe jetzt Zeit.«

»Sssssie meinen, ich könnte jetzt gleich kommen?«

»Ja, Ahmet. Bist du mit deinem Fahrrad in der Stadt?«

»Das steht hier um die Ecke. Ich kann in zehn Minuten bei Ihnen sein.«

Ich riet ihm, sich Zeit zu nehmen. In zwanzig Minuten würde es auch noch früh genug sein. Ein zaghaft gehauchtes Dankeschön beendete das Gespräch.

Genau zwanzig Minuten später klingelt Ahmet an der Haustür. Ich begrüße ihn freundlich, und schweigend gehen wir nebeneinanderher ins Spielzimmer.

Hier versucht er, schnell in die Nähe des Sceno-Kastens zu kommen, um möglichst unbemerkt etwas hineinzulegen: Das Feuerwehrauto.

Dann setzt er sich auf die Bank. Er scheint von sich aus das Gespräch nicht eröffnen zu wollen oder zu können. So mache ich den Anfang: »Du hast mich heute morgen aus der Stadt angerufen. Muß ich annehmen, daß du nicht in der Schule warst?«

»Nein, war ich nicht, die ganze Woche nicht.«

Mein Blick fällt auf sein Handgelenk: »Du hast ja eine neue Armbanduhr. Die hab ich noch nie an dir gesehen.«

»Ich habe sie geschenkt bekommen.«

»Geschenkt bekommen? Von wem?«

»Von einem Mann an der Tankstelle. Ich habe ihm immer türkische Briefmarken gegeben, und dafür hat er mir diese Uhr geschenkt.«

»So? Da hast du ja einen guten Tausch gemacht.«
Dazu sagt er nichts.
»Wo ist denn diese Tankstelle?«
»Gleich bei uns um die Ecke«, antwortet er sofort.
»Und der Mann arbeitet dort immer noch?«
»Ja!«
Wieder Schweigen. Noch scheint er nicht bereit zu erzählen, was er vormittags, anstatt zur Schule zu gehen, gemacht hat. Auf meine Frage dazu kommt nur die knappe Antwort: »Ich bin immer durch die Kaufhäuser gegangen.«
»Durch welche?«
Er zählt auf: Brenninkmeyer, Karstadt, Kaufhof, Woolworth.
»Hast du was gekauft?«
Er schüttelt den Kopf: »Nein, ich habe nichts gekauft, aber ich wußte doch morgens nicht, wohin. Meine Eltern dachten, ich wäre in die Schule gegangen, ... und da bin ich dann immer durch die Kaufhäuser gelaufen bis mittags, und dann bin ich nach Hause gegangen. ... Aber heute morgen wurde es mit meiner Angst so schlimm, daß ich Sie angerufen habe.«
»Weißt du, warum du Angst hattest?«
Er zuckt mit den Schultern: »Wohl wegen allem, wegen meiner Eltern und wegen der Schule, und wohl auch, weil ich nicht mehr zu Ihnen gekommen bin.«
Ich lenke das Gespräch nun in eine neue Richtung: »Ahmet, wir beide müssen zusammen etwas herausfinden, was sehr wichtig ist. Warum hast du das Feuerwehrauto mitgenommen?«
Augenblicklich beginnt er zu zittern. »Ich weiß nicht, ich weiß nicht, ich habe es schon wieder zurückgelegt. ... Werden Sie jetzt alles meinen Eltern sagen?«
»Nein, Ahmet, ich werde ganz bestimmt deinen Eltern nichts davon erzählen, aber das erspart uns nicht, herauszufinden, warum du es eingesteckt hast!«
Er ist ganz in sich zusammengesunken und schweigt.
»Mit dem Kopf, Ahmet, kannst du es sicherlich nicht herausfinden. Was hattest du denn für ein Gefühl, als du es einstecktest und davonliefst?«
Er braucht viel Zeit, bis er endlich anfängt zu sprechen: »Ich weiß nicht, ... es war alles so schlimm, zu Hause, mit der Schule, mit mir. ... Ich mache auch wieder ins Bett, jede Nacht ... Ich wollte weglaufen, ganz weit weg ...«

Er stockt eine Weile, dann spricht er weiter: »Und als ich das Feuerwehrauto in der Hand hatte, da habe ich es einfach in die Hosentasche stecken müssen. ... Und dann mußte ich weglaufen!«

»Warum gerade das Feuerwehrauto?«

Seine Antworten kommen zögernd.

»Weil es so rasen kann, weil es so schnell ist ...«

»Ach so! Es gefiel dir also in diesem Augenblick so ganz besonders gut, weil es ein so schnelles Auto ist, weil man damit rasen kann?«

»Ich weiß es nicht. ... Ich wollte einfach weg, weg!«

Ich mache ihm klar, ein Feuerwehrauto könne ja auch noch mehr als nur rasen, es könne auch helfen, wenn etwas Schlimmes passiert.

»Vielleicht war das alles zusammen der Grund, warum du es in diesem Augenblick so dringend brauchtest? Wenn man wegrasen will, hat man ja auch gleichzeitig Angst.«

»Ich weiß es nicht.«

Oberflächlich betrachtet, verlief das Gespräch also ziemlich unergiebig. Doch ließ Ahmets Gesicht erkennen, daß seine innere Blockade sich etwas löste.

Ich bringe unser Gespräch wieder auf die Schule: »Was soll nun mit deiner Schule werden?«

Zu meiner Überraschung hat er ziemlich klare Vorstellungen. »Es wäre schon gut«, meint er, »wenn Sie mal mit Rektor Keune sprechen würden. Er hat mir gesagt, ich sollte am besten auf eine Sonderschule gehen. Da seien nur wenige in einer Klasse, und die Jungens wären alle so groß wie ich. ... Am liebsten möchte ich jetzt dahin gehen. Ich möchte nicht wieder mit so kleinen Jungens zusammensein, ... obwohl, ... na ja, Sonderschule ist ja ein Schimpfwort.«

»Nein, Ahmet, das ist kein Schimpfwort, höchstens für Menschen, die nichts davon verstehen.«

Seine Hände verkrampfen sich: »Ich hasse mich, weil ich es nicht geschafft hab mit dieser Schule!«

Ich überlasse ihn zunächst schweigend seinen Gefühlen. Dann, nach einer längeren Pause schlage ich vor, Rektor Keune anzurufen, weil dieser sich vielleicht auch Gedanken um ihn mache. Ja. Damit ist er einverstanden. Ob er mit mir zum Telefon gehen wolle, um vielleicht selbst mit Rektor Keune zu sprechen. Nein. Das solle ich mal allein machen.

Als ich ins Spielzimmer zurückkomme, sehe ich, daß er sich

die Eisenbahn geholt und die Schienen schon zusammengesteckt hat.

»Einen schönen Gruß von Rektor Keune, ich habe ihm alles erzählt.«

Er unterbricht mich: »Auch das mit dem Feuerwehrauto?«

»Nein, Ahmet, das bleibt unter uns. Ich habe aber Rektor Keune gesagt, daß du nicht in der Schule warst. Er möchte dich also heute mittag sprechen, um halb eins. Sicherlich will er dann auch mit dir über den Wechsel in die andere Schule sprechen. Am besten ist es wohl, du fährst jetzt gleich mit deinem Fahrrad los, und dann rufst du mich gleich nach eurem Gespräch noch einmal an.« Ich gebe ihm zwei Groschen zum Telefonieren. Er radelt davon.

Nach einer Stunde schon meldet er sich telefonisch: »Hier bin ich. ... Ich komme jetzt also auf die ›besondere‹ Schule. Rektor Keune hat mir ein Papier gegeben, das muß mein Vater oder meine Mutter unterschreiben.«

Ich frage ihn, ob er das mit seinem Vater selbst regeln wolle, oder ob ich helfen solle.

»Es wäre schon gut, wenn Sie das meinem Vater sagen würden. ... Heute abend ist Emine da, und meine Mutter hat Spätschicht. ... Da wäre es günstig. ... Vielleicht, wenn Sie heute abend kommen könnten?«

»Weißt du, ob Emine und dein Vater schon um fünf Uhr zu Hause sind?«

»Ja, die sind schon um drei Uhr zu Hause.«

»Gut, Ahmet, ich bin um fünf Uhr bei euch. Heb das Formular gut auf, weil wir das heute abend brauchen.«

»Mache ich«, sagt er.

»Ist sonst noch was, Ahmet?«

»Ja, hoffentlich geht alles gut heute abend. Mein Vater weiß ja noch nichts von der ›besonderen‹ Schule.«

»Mach dir keine Sorgen, Ahmet. Es geht schon alles in Ordnung.«

»Ja, ja, und wissen Sie, was Sie auch noch meinem Vater sagen können?«

»Nun, Ahmet?«

»Sie können ihm sagen, daß ich alle zwei Wochen zu Rektor Keune kommen soll. Ich soll ihm türkischen Unterricht geben.«

»Das ist ja fabelhaft, Ahmet. Siehst du, in Rektor Keune hast du einen guten Freund. Also, bis heute Abend. Tschüs.«

»Tschüs.«

Während ich den Hörer auflege, denke ich: »Wie gut, daß es einen Rektor Keune gibt.«

Vier Stunden später verabschiedete ich mich von Ahmet vor seiner Wohnung in der Lilienstraße, weil ich wieder nach Hause fahren wollte. Eigentlich war alles besser gegangen, als Ahmet erwartet hatte. Die Unterschrift für die Sonderschule wurde vom Vater gegeben, Emine wußte ihren Bruder sehr gut zu verteidigen und meine Bemerkungen zu übersetzen.

Morgen früh würde Ahmet nun mit diesem Formular wieder zu Rektor Keune fahren, und damit würde dann hoffentlich die größte Schwierigkeit des Schulwechsels überwunden sein.

»Ich fahre einfach nur so herum ...«

Drei Tage später. ... Ahmet kam wieder mit seinem Fahrrad. Aber heute schloß er es weder ab, noch nahm er seine ihm so wertvolle Fahrradpumpe mit in den Spielraum.

Ich sage nur, auf sein Rad zeigend: »Und deine Fahrradpumpe?«

Er gibt sich gleichgültig: »Ach, die laß ich da. Wird schon keiner klauen.«

Im Spielraum setzt er sich sogleich in die Schaukel. Er wirkt apathisch, unlustig.

Allmählich beginnt er von seinen ersten Eindrücken heute morgen in der Sonderschule zu berichten: »Die Kinder in dieser Klasse sind genau so groß wie ich.«

»Du meinst, ihr seid so ziemlich altersgleich?«

Er nickt mit dem Kopf: »Trotzdem, die Kinder sind ein bißchen komisch.«

»Wie meinst du das, Ahmet?«

»Na ja, ich weiß nicht, man merkt schon, daß dieses eine ...«, er stockt, fährt dann fort, »daß dieses eine ›besondere‹ Schule ist.«

Er empfand offenbar immer noch das Wort »Sonderschule« als ein Schimpfwort.

»Wieviel Kinder seid ihr denn, Ahmet?«

»Fünfzehn. Als ich heute morgen in die Klasse kam, hat der Lehrer gesagt: ›Nun sind wir ja fünfzehn im Bunde.‹«

»Eine kleine Klasse.«

»Das schon, aber ...«, er bricht ab, als habe es gar keinen Sinn weiterzusprechen.

»Ich kann verstehen, Ahmet, daß dieser Schulwechsel für dich sehr schwer gewesen ist. Du bist sehr mutig gewesen, heute morgen allein in die andere Schule zu gehen. Vieles wird von selbst besser, das wirst du sehen.«

Er seufzt: »Das Beste von allem ist der weite Schulweg. Ich muß ziemlich lange fahren mit meinem Fahrrad. Aber das macht Spaß!«

»Du scheinst dich jetzt gut zurechtzufinden in der Stadt, nicht wahr?«

Jetzt kommt wieder etwas Glanz in seine Augen: »Ich finde überall hin. Das Schönste ist, daß ich jetzt immer weiß, was ich machen kann. Ich kann jetzt immer mit meinem Fahrrad so ganz viel durch die Stadt fahren.«

»Hast du ein bestimmtes Ziel?«

»Nein, einfach nur so.«

»Ach, einfach nur so? Du läßt dich also mehr oder weniger treiben?«

»Ja, ich fahre einfach nur so herum.«

»Mir scheint, Ahmet, als ob dein Fahrrad jetzt dein bester Freund geworden ist. Es hilft dir, vor so schlimmen Gefühlen zu fliehen, wie du sie früher oft hattest, weißt du noch?«

»Ja, das war schlimm, wenn ich immer so auf dem Sofa saß und nicht wußte, was ich tun sollte.«

»Ahmet, aber sag mal, was machst du denn so in der Stadt? Fährst du immer nur so herum?«

»Nein, ich gehe dann immer so durch die Kaufhäuser.«

»Ach ja, du hast mir ja neulich schon aufgezählt, durch welche großen Kaufhäuser du gehst ... Und was siehst du dir denn da an? Was interessiert dich?«

Er schüttelt gleichgültig den Kopf: »Gar nichts, ich gehe da nur so durch.«

»Du läßt dich immer nur so weitertreiben wie mit dem Fahrrad? Du hast kein Ziel, nichts interessiert dich? Du gehst da nur so durch?«

Er nickt mit dem Kopf.

Ich frage ihn dann, ob er irgend einen Jungen wüßte, der sein Freund sein könnte.

»Ja«, sagt er sogleich, »der Ralph, der neben mir gesessen hat. Aber der ist ja nun in der Heideschule.«

»Du könntest dich aber doch trotzdem nach der Schule mal mit ihm treffen?«

»Ach«, sagt er unwillig, »das geht doch jetzt nicht mehr. Der weiß doch, daß ich jetzt in dieser«, er zögert, »›besonderen‹ Schule bin.«

»Nun, wenn dir an seiner Freundschaft etwas liegt, dann könntest du doch versuchen, ihm klarzumachen, warum für dich dieser Schulwechsel notwendig war. Du könntest ihm sagen, daß du erst mit acht Jahren eingeschult wurdest, wegen deiner Sprachschwierigkeiten zu den Sechsjährigen kamst, aber in einem Jahr kein Deutsch lernen konntest und darum eine Klasse zweimal machen mußtest. ... Nun, du weißt doch, wie schwer alles für dich war, und das kannst du doch erklären. Und dann wirst du sehen, ob er das alles versteht, Ahmet. Aber man muß etwas versuchen, etwas tun, sonst geht man immer leer aus.«

Auch dazu sagt er nichts. In seiner Mimik und Haltung zeigt er sich weiter lustlos, antriebsschwach.

Er findet heute auch zu keinem Spiel. Mit der Eisenbahn beschäftigt er sich nur oberflächlich. Er schweigt und scheint gequält das Ende der Stunde herbeizusehnen. Fünfzehn Minuten zu früh verabschiedet er sich: »Ich muß jetzt gehen. . . . Auf Wiedersehen, Frau Ude.«

Ich versuche nicht, ihn festzuhalten.

Ahmet beginnt, regelmäßig die Schule zu schwänzen

Zu seiner nächsten Behandlungsstunde erschien Ahmet nicht, rief mich aber doch noch an, um sich wegen Kopfschmerzen zu entschuldigen. Ich erkundige mich sogleich in der Sonderschule, ob Ahmet zum Unterricht gekommen sei. Nein, seit drei Tagen habe er gefehlt.

Durch Rückruf bei Emine erfahre ich, daß Ahmet jeden Morgen pünktlich zur Schulzeit von zu Hause weggefahren sei.

Ahmet beginnt also, regelmäßig die Schule zu schwänzen.

»Alles, alles mache ich falsch!«

Nach weiteren drei Tagen erscheint Ahmet – zu meiner freudigen Überraschung – zur gewohnten Stunde.

Im Spielraum legt er sofort eine ganze Handvoll kleiner Gegenstände auf den Tisch: »Das ist für Sie!«

Es waren ein Kugelschreiber mit einer Reklame für Zahnpasta, eine enge Glashülle mit Parfüm, wohl ein Reklamegeschenk aus der Drogerie, ein Notizblock und eine kleine Schale, unter der noch der Preis von drei Mark zwanzig klebte.

Auf meine Frage, ob und wo er denn diese Schale gekauft habe, gibt er eine ausweichende Antwort:

»Die hab ich schon lange. Weiß ich nicht.«

»Das weißt du nicht?«

Keine Reaktion.

Ich erkundige mich nach seinen Kopfschmerzen, weswegen er doch gefehlt habe.

»Ist alles wieder in Ordnung.«

»Und mit der Schule?«

Er wendet sich von mir ab, holt sich die Wurfpfeile, und »pfeffert« sie wieder und wieder auf die Holzscheibe.

Auf meine Frage nach der Schule bekomme ich keine Antwort.

Dafür gibt er mir nach einer Weile auch einen Wurfpfeil. »Werfen Sie auch mal!«

Ich bin schlecht im Treffen. Er weiß es, und ich bin es auch diesmal. Mein Pfeil fliegt an den äußersten Rand der großen Holzscheibe. Er wirft nun den zweiten, den dritten, ... und jedesmal trifft er genau die Mitte. Ich spare nicht mit Anerkennung.

Jetzt schlägt er mir ein Wettwerfen vor: »Der von uns beiden, der den schlechteren Wurf macht, muß dem anderen etwas geben.«

»Was denn zum Beispiel, Ahmet?«

Er ist unsicher und hartnäckig zugleich. »Na, irgend etwas!«

Ich bleibe fest: »Du hast vorgeschlagen, mit mir zu wetten, nun mußt du auch sagen, wie du dir das denkst.«

Er überlegt eine Weile: »Ja, was könnten Sie denn geben?«

»Was kannst *du* denn geben?« frage ich zurück.

Er hat nichts anzubieten.

»Nein, das ist kein Spiel für mich! Es sieht so aus, als ob du ohne eigenen Einsatz in diesem Spiel gewinnen willst. Das ist kein ehrliches Spiel.«

Pause. ... Dann hole ich seine »Geschenke« vom Tisch, Kugelschreiber, Notizblock, Parfüm und die Schale und frage ihn: »Warum hast du mir das alles geschenkt?«

Verstockt antwortet er: »Weiß ich nicht.«

»Nun, wenn du es nicht weißt, dann will ich dir sagen, was ich empfinde. Ich habe das Gefühl, daß es dir bei diesen Geschenken um das Gleiche ging wie eben bei deinem Vorschlag, mit mir zu wetten. Du möchtest für wenig oder gar keinen eigenen Einsatz etwas bekommen.«

Meine Worte trafen ihn sicherlich hart, ich schwieg auch lange danach. Er brauchte wohl Zeit, um seine Verstocktheit zu überwinden, sich zu verteidigen oder zu bekennen. Aber er tat nichts dergleichen. Schließlich unterbreche ich die lähmende Stille: »Schon einmal hab ich dir ein Geschenk zurückgegeben, Ahmet. Das möchte ich auch jetzt tun: Steck' alles dies wieder in deine Tasche. Ich möchte es nicht haben!«

Dagegen lehnt er sich auf. Er legt all die kleinen Dinge auf ein Regal mit dem Hinweis: »Das kann ja einfach hier liegen bleiben.«

Ich bleibe hartnäckig und gebe ihm alles in die Hand: »Nein, das möchte ich nicht. Steck' alles jetzt in deine Tasche. Ich will nicht, daß es hier herumliegt.«

Er tut es zwar, doch Wut und Zorn lodern in seinem Innern auf, treiben ihm die Röte ins Gesicht. Dann verschafft er sich Luft. Er beginnt ganz leise, wird aber schnell immer lauter: »Alles, alles, alles mache ich falsch, nichts ist richtig ... Und jetzt fangen Sie auch noch an, mit mir herumzuschimpfen, wie zu Hause, wie meine Mutter, mein Vater, wie alle, alle!« Er springt auf und boxt gegen den Punching-Ball und läßt an ihm seine Wut aus.

»Ich möchte weg, weg, weg!«

Aber er geht nicht, er bleibt, setzt sich mit grimmiger Miene auf die Bank.

»Glaubst du, Ahmet, glaubst du wirklich, daß Weglaufen, wie auch dein Schule-Schwänzen, deine Probleme löst?«

Keine Antwort. ... Dann, unversehens, schreit er mich an: »Alle Kinder, alle haben mehr als ich! Alle kriegen mehr Geld! ... Ich habe nichts, gar nichts, gar nichts, gar nichts habe ich!«

»Du hast recht, Ahmet, alle Kinder, beinahe alle Kinder haben mehr als du, und das immer zu sehen und zu erleben, ist schwer. Das kann ich verstehen, das kann ich wirklich verstehen. Trotzdem, es bringt dir nichts, wenn du versuchst, auf billigem Wege, ohne eigene, echte Leistung an etwas heranzukommen.«

Es folgt eine lange Periode des Schweigens. Wortlos sitzen wir beide nebeneinander, bis ich das Schweigen unterbreche: »Als du zu mir kamst, Ahmet, in deinen ersten Stunden, hast du mir einmal von deinen Träumen erzählt. Kannst du dich daran erinnern?«

Er reagiert nicht.

»Nun, ich kann mich noch genau an sie erinnern. Du hast immer geträumt, daß du ganz viel Spielzeug hättest. Du hast dir im Traum immer Spielzeug gewünscht, weil du in Wirklichkeit ja keins hattest. Dieses, so hast du gesagt, waren für dich schöne Träume. Du hast aber auch von bösen Träumen gesprochen: daß du winzig klein warst, dann aber schrecklich groß wurdest, immer größer und größer, weil du an etwas herankommen mußtest. Kannst du dich noch an diesen Traum erinnern?«

Jetzt nickt er mit dem Kopf.

»Und du hast über diesen Traum gesagt, daß er dir schreckliche Angst gemacht hat, weil du dich immer so hättest aufblasen müssen, weil du sonst nicht an das hättest herankommen können, was du haben mußtest.«

Ich habe den Eindruck, daß er mir jetzt besser zuhört.

»Und einmal, als wir in deinem Buch von den Dinosauriern lasen, hast du gesagt: ›Die Dinosaurier sind so etwas wie ein böser Traum.‹«

Hier mache ich eine lange Pause. Aber er sagt nichts. Ich unternehme einen neuen Anlauf, den immer noch verstockten Ahmet zu erreichen, indem ich versuche, seinen »bösen Traum« mit der Wirklichkeit seiner Lebenssituation in Beziehung zu bringen.

»Wenn sich der Ahmet so durch die Kaufhäuser treiben läßt, wo alles in Bergen herumliegt, alles, was er sich immer gewünscht, aber nie bekommen hat, dann habe ich das Gefühl, daß es immer noch der böse Traum ist, der ihn dort hinzieht. Aber das ist für dich ganz gefährlich. So, wie du selbst einmal von den Dinosauriern gesagt hast: ›Die waren so gefräßig, die hatten zweitausend Zähne und haben sogar die Eier ihrer eigenen Verwandten aufgefressen. Aber sie haben doch nicht überlebt!‹«

Er äußert sich wieder nicht.

Ich mache nun keinen weiteren Versuch, an ihn heranzukommen. Nie zuvor hatte er sich so abgekapselt.

Ohne Gruß verläßt er den Raum.

Nach dieser Stunde konnte ich mich nur mit Mühe der Zweifel und Sorgen um Ahmets Zustand erwehren. Würde er wiederkommen oder würde er schließlich doch in die Verwahrlosung abgleiten? Seine Tendenz zum Vagabundieren, zum Herumstreunen in Kaufhäusern, zum Schule-Schwänzen hatte in den letzten Wochen erschreckend zugenommen. Lag es nur am Schulwechsel oder hatte schon der sechswöchige Ausfall der Behandlungsstunden ausgereicht, den bis zur Reise in die Türkei erzielten Behandlungserfolg wieder in Frage zu stellen?

Ich war deprimiert, ja, offen gesagt, sehr niedergeschlagen.

Stellte Ahmets jetziges Verhalten einen ersten Schritt in die Verwahrlosung dar, die ja auch nur ein Glied in der langen Kette von krankhaften Zuständen ist, zu denen auch die Angstneurose, Zwangsneurose, Organneurose, Charakterneurose, hysterische Neurose, Perversion usw. gehören?

Diese vielen verschiedenen Typen von Neurosen sind zwar in ihrem äußeren Erscheinungsbild und in ihren Auswirkungen auf den Leidenden selbst, wie auf seine Umwelt, sehr unterschiedlich. Jedoch sind sie alle in ihrer Entstehung auf die gleiche Ursache zurückzuführen: auf ein Zuviel von seelischem wie auch körperlichem Schmerz. Wenn dieser verdrängt wird und somit dem Leidenden nicht mehr bewußt ist, sucht er sich in einer Vielfalt von Symptomen Fluchtkanäle, um damit vorübergehend den von ihm erzeugten psychischen und zumeist auch physischen Spannungszustand zu mildern. Der an einer Neurose leidende Mensch ist in der Tat ständig auf der Flucht nicht nur vor der Einsicht in die Realität seiner Beziehungen zur Außenwelt, sondern vor allem – und zwar ohne es zu wissen – vor seiner inneren Wirklichkeit, womit ich ganz spezifisch seine vom Bewußtsein abgespaltenen, verdrängten, schmerzhaften Gefühle meine. Er flieht vor ihnen in Symptome, ja besser: mit Hilfe von Symptomen.

Der Möglichkeiten zur Flucht sind unendlich viele. Er kann fliehen in die Betäubung, also in Alkohol, Zigaretten, Drogen, Medikamente, Essen, Schlaf, Sex, Arbeit, Macht usw. usw. Er kann fliehen in körperliche Erkrankung, in übersteigerte Einsamkeit oder unablässige, wahllos betriebene Geselligkeit. Der an einer Neurose leidende Mensch kann fliehen in übermäßiges

Habenwollen oder in selbstquälerischen Verzicht auf alles. Er kann fliehen in bizarre Ideen, in einen Fanatismus des Verteidigens überholter Vorstellungen (Reaktionär) oder des Verändernwollens um jeden Preis (Revolutionär). Und da er nicht weiß, daß er damit nur auf der Flucht vor seinem eigenen Schmerz ist, ist – fast immer – jede Diskussion über die Gültigkeit solcher Ideen zum Scheitern verurteilt. Im Gegensatz dazu kann der an einer Neurose leidende Mensch auch in die Passivität fliehen, sich für nichts verantwortlich fühlen, ja des Lebens vollends überdrüssig werden. Wo bei ihm die jeweilige Grenze der Überschreitung ins eine oder andere Extrem liegt, kann nur er selbst herausfinden.

Die Neurose ist unendlich erfinderisch im Suchen nach neuen Fluchtwegen, weil sie darin den einzigen Ausweg aus dem Leidenszustand des von ihr befallenen Menschen sieht. Der an einer Neurose leidende Mensch ist also ständig auf der Flucht vor seinem eigenen Schmerz und nicht, wie es oft mißverstanden behauptet wird, auf der Flucht vor sich selbst. Er kann sein Selbst nicht finden, weil das nur über das Wiederentdecken, das Wiederfühlen des verdrängten Schmerzes möglich ist.

Und wann und wie entsteht nun für den Menschen ein solcher Schmerz, der ihn in hoffnungsloser Suche auf immer neue Irrwege treibt?

Je kleiner ein Kind, desto größer ist seine Empfänglichkeit für Schmerzerlebnisse. Das Kind ist also besonders gefährdet in der embryonalen Zeit, Geburt, Säuglingszeit und frühen Kindheit.

Und warum gerade in dieser Zeit?

Weil infolge des noch nicht voll entwickelten Gehirns keine Abwehr, aber auch keine Verarbeitung des Schmerzes möglich ist. Der Schmerz wandert ab ins Unbewußte und wird dort gespeichert.

Solcher Schmerz entsteht vor allem, wenn Grundbedürfnisse, physische und psychische, nicht ausreichend befriedigt werden. Nicht geliebt werden verursacht Schmerz, auch ein Zuviel wie ein Zuwenig an Liebkosung und körperlicher Berührung. Nicht angenommen, allein gelassen, abgelehnt, ständig kritisiert oder ignoriert werden, zu etwas gezwungen werden (z. B. zu frühe Reinlichkeitserziehung), bevor Gehirn und Nervensystem entsprechend ausgereift sind, alles dies legt den Urgrund zum Schmerz. Eine schwere Geburt verursacht einen so tiefen Schmerz, daß er uns das Leben lang – wenn auch den meisten unbewußt – begleitet. Gerade in der frühesten Zeit unseres Lebens sind wir auf vielerlei Weise verletzbar, mit Folgen für das ganze Leben. Auch eine für das Kind zu leichte Geburt – wie es beim Kaiserschnitt der Fall ist – dürfte ein »schmerzliches« Erlebnis sein. Das Kind wird dadurch der Möglichkeit des Auslebens des in ihm angestauten Dranges zur Geburt, sozusagen seines ersten Erfolgserlebnisses, beraubt. Zumindest ist es dabei aus seinem Lebensrhythmus gefallen.

Aber zurück zu Ahmet! Er ist mit seinen Symptomen der Verwahrlosung noch immer auf der Flucht vor seinen verdrängten Schmerzen. Auf solche Weise versucht er, der Wirklichkeit zu entfliehen und sich durch Augenblicksbefriedigungen Erleichterung zu verschaffen. Sein Drang nach Wunscherfüllung ohne Gegenleistung ist sicherlich eine natürliche Folge seines emotional verarmten, liebeleeren Lebens. In seinen tieferen seelischen Schichten stehen alle diese Symptome gleichzeitig symbolisch für das sehnsuchtsvolle Zurückwollen in die Stille und Geborgenheit seines vorgeburtlichen Daseins, weil er mit der Welt nicht fertig wird.

Es geht allmählich wieder aufwärts mit Ahmet

Ahmet kam zwei Tage später wieder zu mir. Es folgten noch viele Wochen und Monate, in denen seine Behandlungsstunden das gleiche Grundmuster trugen, wie die zuletzt geschilderten. Es trat immer dann besonders deutlich hervor, wenn er mit Umweltschwierigkeiten konfrontiert wurde, die ihm unlösbar erschienen, wobei das Ringen um seine Integration in der Schule an erster Stelle stand. Er versuchte immer wieder, außerhalb und auch während der Behandlung, ohne eigene Leistung seine – zumeist infantil erscheinenden – Wunschvorstellungen zu befriedigen.

Seit ich von Ahmets ziellosen Wanderungen durch die Kaufhäuser wußte, verfolgte mich der bohrende Gedanke, daß er – getrieben vom Habenwollen – zum Ladendieb werden könnte oder gar schon geworden war. Das war für mich zwar nicht nachprüfbar, doch bei seiner Armbanduhr, die er von einem Tankwart im Tausch für türkische Briefmarken erhandelt haben wollte, konnte dies so gewesen sein.

Und so benutzte ich die erste Gelegenheit, als Ahmet ohne Fahrrad zu seiner Stunde gekommen war, ihn mit dem Auto nach Hause zu fahren. Unter dem Vorwand, dringend Benzin zu brauchen, bat ich Ahmet, mit mir zu seiner Tankstelle zu fahren, die doch bei ihm gleich um die Ecke liege. Dazu war er ohne Zögern bereit.

»Hallo, Ahmet«, begrüßt ihn der Tankwart. »Na, kommste jetzt schon mit 'nem Auto vorjefahren?«

Als ich meine Rechnung bezahle, sagt er so ganz nebenbei: »Na, Ahmet, jeht se denn noch, die Uhr?«

»Klar doch«, sagt Ahmet.

Ein Stein fiel mir vom Herzen.

Dennoch, die folgenden Monate waren für Ahmet eine Wanderung auf schmalem Grat. Es war dringend notwendig, ihn immer wieder – zwar gütig, doch unerbittlich – mit seiner Realität zu konfrontieren, ihn behutsam zu der tieferen Ursache seines Fehlverhaltens hinzuführen und vor allem ihn dabei trotzdem fühlen zu lassen, daß er von mir stets angenommen blieb.

Dank seines verständigen, einsatzbereiten Lehrers konnte allmählich eine zuverlässigere Bindung an die Schule hergestellt werden. Daraus entstand eine größere Leistungsbereitschaft und zunehmende Freude am Erfolg.

So verstrichen der Herbst, der zweite Winter und das zweite Frühjahr.

Es ging also allmählich aufwärts mit Ahmet, wie wir im folgenden sehen werden.

»Sie meinen wohl, weil jetzt alles besser mit mir ist ...«

Ahmets hundertsechzigste Behandlungsstunde ist mittlerweile gekommen.

Als er heute ins Spielzimmer tritt, weiß er sofort, was er tun will. Er will malen.

Nein, ihm dabei zuschauen soll ich nicht.

»Gleich ist mein Bild fertig«, sagt er nach einer Weile. »So, nun muß ich erst noch einen breiten Rahmen drummachen.« Mit großem Eifer ist er nun dabei, sein auf die Wandtafel gemaltes Bild mit vielen, vielen Kreidestrichen zu umrahmen. Ich freue mich über seine Aktivität, die jetzt so ganz mühelos aus ihm herauszufließen scheint, und denke unwillkürlich an seine erste Stunde, in der er nur schwarze Farbe über die Zeichenblätter gießen konnte, an seine »stillstehende« rote Lokomotive, mit der er symbolisch zum Ausdruck brachte, daß ein bedrohlich großer Teil seiner seelischen Energie blockiert war, festgehalten von einer tiefen Depression.

Weit lagen die ersten Stunden seiner Behandlung zurück. Aber es tut gut, sich manchmal daran zu erinnern. Ja, man braucht es einfach für sich selbst, um zu erkennen, daß sich aus den unendlich vielen, winzig kleinen Schritten nun doch ein entscheidend großer, sichtbarer Erfolg entwickelt hat. Ich überlege mir jetzt, ob es nicht an der Zeit ist, seine Behandlungsstunden bis auf eine wöchentlich zu reduzieren.

Inzwischen hat Ahmet sein Bild beendet. Er klatscht sich die Kreide von den Händen: »So, Frau Ude, jetzt können Sie gucken.«

In gerader Haltung stellt er sich vor sein Bild und sagt scherzhaft: »Das ist der große, starke Jumbo!«

»Oh«, sage ich voller Bewunderung und gehe auf sein Schauspielern ein: »Guten Tag, Jumbo. Woher kommst du, Jumbo?«

»Er kommt von sehr weit her, er ist durch einen großen Dschungel gegangen.«

»Aha, und wohin gehst du, Jumbo?«

»Das weiß er noch nicht, aber er geht immer weiter, immer weiter, denn er ist sehr stark.«

»Gehst du ganz allein, Jumbo, oder triffst du dich mit anderen großen und kleinen Elefanten?«

»Er geht ganz allein, aber er weiß den Weg. Er geht jetzt zu einer Tränke, und da sind dann meistens auch andere Tiere.«

Mich machte dieses Bild sehr froh, ja, ich war zutiefst davon ergriffen. Wie einfach Ahmet mit der Geschichte seines Jumbo seine Lebenssituation darzustellen wußte! Auch er kam von sehr weit her, war durch einen Dschungel von Gefühlen gegangen. Und man konnte ihm glauben, daß er sich jetzt viel, viel stärker fühlte, daß er seinen Weg kannte, und daß er wie sein Jumbo zu freundschaftlicher Begegnung fähig war.

Um ihn zu testen, schlage ich vor, die Behandlungsstunden auf nur eine wöchentlich zu reduzieren.

»Ach so, Sie meinen wohl, weil jetzt alles besser mit mir ist, darum brauche ich auch nicht mehr zu kommen?«

»Was meinst du mit ›alles besser‹, Ahmet?«

»Ich meine«, sagt er zögernd, »es ist ja jetzt wohl alles besser mit mir, weil ich schon lange nicht mehr ins Bett gemacht habe.«

»Ach so? Ich freue mich, das zu hören, Ahmet. Aber ich dachte eigentlich, daß du deine Zeit jetzt für so viele andere Dinge nötiger hast, und daß es darum genügt, wenn du nur einmal in der Woche zu mir kommst.«

Sein Gesichtsausdruck verrät Unsicherheit: »Wenn Sie meinen ...«

»Nein, Ahmet, darauf kommt es nicht an. Es kommt nicht auf das an, was ich meine, sondern nur auf das, was du empfindest. Wie fühlst du dich, wenn ich dir vorschlage, nur noch einmal in der Woche zu kommen?«

Er schweigt jetzt länger. Seine Augen schauen mich traurig an. Schließlich sagt er: »Dann soll ich also erst in einer Woche wiederkommen?«

Ich bleibe hartnäckig und spreche ihn wieder auf seine Gefühle an. Er schaut traurig zu Boden: »Es ist immer dasselbe, immer werde ich traurig, und eben, wie Sie mir das gesagt haben, wurde ich auch ganz traurig. Immer werde ich traurig, wenn man mich allein läßt, immer und immer wieder kommt dann so ein schreckliches Gefühl in mir hoch.«

Er drückt die Hand gegen seine Brust. Dann aber schaut er mir gerade in die Augen und sieht dabei eigentlich schon wieder ganz froh aus: »Aber wissen Sie, ich weiß jetzt, daß das dann immer nur der kleine Ahmet in mir ist, ... daß *der* traurig ist. ... Aber ich weiß jetzt auch, daß ich das tun will, was der große Ahmet in mir tun will. ... Und wissen Sie, ich glaube, es ist schon besser, wenn ich jetzt mehr Zeit zum Arbeiten und zum Trainieren habe. Sie haben schon recht, ich komme nur noch einmal in der Woche.«

Jetzt berichtete er weiter, daß er auf Anraten seines Lehrers einmal in der Woche in eine Türkenschule ginge. Dort bekäme er auch eine gute Hilfe im Lernen. Es war gut, von ihm zu hören, daß er sich eigentlich schon auf diese Schule freue: »Ich bin ja nun mal Türke, und da ist es ja doch ganz schön, wenn ich einmal in der Woche nur mit Türken zusammen bin.«

Ich frage ihn, wie er sich denn so fühlt, wenn er sagt, er sei ja nun mal Türke.

Er überlegt länger: »Früher, da habe ich immer so eine Wut auf die deutschen Jungens gehabt. Na ja, sie haben mich ja auch immer so geärgert. Na ja, Sie wissen ja, das habe ich Ihnen doch oft früher erzählt. Ich weiß nicht, wie es kommt, aber ich hab jetzt nicht mehr so eine Wut. Und eigentlich sind die jetzt alle zu mir genauso wie zu den anderen. Und darum ist es ja auch ganz egal, was man ist, ob man ein Türke oder ein Deutscher ist.«

»So ist es, Ahmet.«

»Ach so, ich hab Ihnen ja noch nicht erzählt, daß ich jetzt in einem Fußballverein bin. Wir haben neulich sogar gegen Sechsundneunzig gespielt. Raten Sie mal, wie das ausgegangen ist?«

»Das ist schwer zu raten, Ahmet. Gut oder schlecht?«

»Ach, schlecht ist gar nichts. Wir haben verloren: neun zu null.« Er lacht.

»Aber wissen Sie, gegen die konnte man auch gar nichts machen, daß waren ja alles so lange Latten!«

»Na ja, dann braucht ihr euch deswegen ja keine Sorgen zu machen.«

»Hab ich denen auch gesagt, ... trotzdem, jetzt muß ich immer tüchtig trainieren.«

Seine Stunde ist wieder zu Ende. Als er sich verabschiedet, sagt er von sich aus: »Also dann in einer Woche!«

»Und was wird, wenn meine Reifen platzen?«

Eine Woche später. Ich wartete vor meinem Haus auf Ahmet, weil die Sonne schien und Mücke auf die Straße wollte. Da kam er auch schon um die Ecke gefahren, mit seinem alten Fahrrad, dessen purpurrote Lenkstange in der Sonne leuchtete. Als er mich sah, hob er sofort beide Arme in die Luft. Er konnte freihändig fahren, ... ja, das sah ich!

»Mücke, Mücke, Mücke!« ruft er dann und beeilt sich, möglichst schnell sein Fahrrad wegzustellen und Mücke auf den Arm zu nehmen.

»Das ist ja Ihr Auto ...«

»Ja, das ist mein Auto, Ahmet.«

»Hm ... ich muß schon sagen, ... es ist sehr schmutzig!«

»Du hast Recht, Ahmet. Ich hätte es schon längst waschen lassen müssen.«

Er beschäftigt sich weiter mit Mücke; dann, nach einer Weile fragt er: »Und wieviel müssen Sie zahlen für das Waschen?«

»Fünf Mark, Ahmet.«

Er überlegt: »Wenn ich es Ihnen wasche, haben Sie es billiger. Ich wasche es Ihnen für drei Mark und genausogut.«

»In Ordnung, Ahmet. Und wenn du es genausogut machst wie in der Tankstelle, dann zahle ich dir auch den gleichen Preis. Aber das bedeutet, das Auto von außen und innen saubermachen, außen waschen und innen abstauben.«

»Mache ich, mache ich ganz prima. Sie werden sich wundern, wie gut ich das mache!«

»In Ordnung, Ahmet.«

Nun zieht er ein Stück Papier aus seiner Hosentasche. Es scheint ihm sehr wichtig zu sein, dieses kleine, zerknüttelte Fetzchen Papier, das er mit flinkem Griff zwischen vielen, wohl ebenso »wichtigen« Dingen aus seiner Hosentasche hervorgezaubert hat. Es war eine kurze Notiz in seiner Handschrift. Er schaut ziemlich lange auf den Zettel, scheint dabei angestrengt nachzudenken: »Ja«, sagt er nach einer ganzen Weile, »wenn es so ist, wenn das geht, ... wenn ich heute noch Ihr Auto waschen kann, und wenn Sie mir heute auch das Geld dafür zahlen könnten, dann ist es vielleicht noch früh genug, dann kann ich vielleicht doch noch mitmachen. Hier!«

Er reicht mir seinen Zettel und tippt auf eine Telefonnummer: »Wenn Sie jetzt gleich hier anrufen könnten, und wenn Sie sagen würden, daß ich heute noch das Geld für die Anmeldung bringe, dann ist es vielleicht noch früh genug, dann kann ich vielleicht doch noch mitmachen beim großen Radrennen durch die Eilenriede.«

»Was für ein Radrennen, Ahmet?«

Er war genauestens informiert. Am kommenden Sonntag war von der Stadt ein Radrennen für Jugendliche durch den großen Stadtwald, die Eilenriede, angesetzt, an dem er nun gerne teilnehmen wollte.

»Ich sage Ihnen, es gibt Preise, Preise!«

Seine Augen leuchten: »Vielleicht, vielleicht werde ich sogar Sieger, vielleicht kriege ich den tollsten Preis!«

»Gut, Ahmet! Dann wollen wir überlegen, wie wir am besten vorgehen. Ich rufe also für dich jetzt diese Nummer an, und du mußt dir überlegen, wann du den Wagen waschen willst, nach deiner Stunde oder . . .«

»Das muß ich gleich machen, jetzt gleich. Nach der Stunde muß ich sofort nach Hause, das hab ich Emine versprochen, wegen . . .«

Er stockt: »Ach so, ich hab Ihnen ja noch was mitgebracht.«

Und nun fischt er wieder etwas aus seiner Hosentasche heraus. Es war ein kleines Foto, völlig unversehrt, ohne Knick oder Eselsohren. Ich wunderte mich. Welche geheime Ordnung brachte es wohl fertig, daß verschiedene Papierstücke in seinen Hosentaschen völlig verschiedene Schicksale erfuhren? Manches war total zerknüllt, zerrissen, und anderes, wie dieses kleine Foto jetzt, blieb unversehrt, in makelloser Sauberkeit.

»Da«, sagte er und drückte mir das Foto mit einem schelmischen Lächeln in die Hand. »Nun haben Sie ein Bild vom kleinen und vom großen Ahmet.«

Das Foto zeigte Ahmet mit einem Baby im Arm, Emines Baby, das genau an Ahmets Geburtstag vor vier Monaten geboren worden war und darum den Namen »Ahmet« bekam. Es war also ein Bild vom kleinen und vom großen Ahmet, wie er gesagt hatte.

Er bemerkt meine Freude: »Ich wußte, daß Sie sich darüber freuen würden, und darum habe ich auch noch einen Rahmen um das Bild gemacht.«

Der Rahmen bestand aus schmalen Papierstreifen, die er mit bunten Blumen bemalt und um das Foto geklebt hatte.

»Das ist aber ein wunderbares Geschenk, Ahmet, und ich

werde einen schönen Platz finden für diese beiden hier, die beiden Ahmets, den großen und den kleinen.«

Er lächelt und winkt ein bißchen verlegen ab, wie er das immer tut, wenn er spürt, daß er Freude bereitet hat.

»Schon gut«, sagt er, kommt aber dann gleich nochmals auf den kleinen Ahmet zu sprechen: »Wissen Sie, ich verstehe den kleinen Ahmet. Wenn er weint, dann nehme ich ihn einfach auf den Arm, und dann lacht er wieder. Und darum muß ich auch nach dieser Stunde gleich nach Hause. Das habe ich Emine versprochen, weil sie fort will in die Stadt, und ich dann auf den kleinen Ahmet aufpasse.«

»Ach ja, ich verstehe, und darum willst du auch jetzt gleich den Wagen waschen.«

Er spricht aber weiter über den kleinen Ahmet: »Und wissen Sie, was ich glaube? Ich verstehe den kleinen Ahmet so gut, weil Sie mir mal gesagt haben, ... das ist schon lange her, ... wenn ich in der Schule oder so traurig war, daß das der kleine Ahmet in mir drinnen ist.«

»Und stimmt das, was ich gesagt habe?«

»Stimmt genau. Wissen Sie, wenn jetzt meine Mutter mal weggeht oder auch mein Vater, und wenn ich dann ganz allein bin zu Hause und traurig werde, dann weiß ich, daß das nur der kleine Ahmet in mir ist. Wissen Sie, als meine Mutter wegging nach Deutschland, als ich noch so klein war, da habe ich so viel geweint. Jetzt weiß ich, ich bin nur noch traurig dann, weil ich früher immer so traurig war.«

»Da hast du aber etwas Wichtiges erkannt, Ahmet.«

Er nickt ernst: »Den verstehe ich, den kleinen Ahmet.«

Dann aber kommt er zurück auf sein Radrennen durch die Eilenriede: »Schnell, schnell, Sie müssen jetzt telefonieren! ... Hoffentlich klappt es noch. ... Ich wasche jetzt gleich das Auto.«

Ich fuhr das Auto nun auf einen Platz, wo er es mit dem Schlauch sauber spritzen konnte und gab ihm alle notwendigen Reinigungsmittel.

Er macht sich sogleich an die Arbeit, ich gehe ins Haus, um zu telefonieren.

Ahmet hatte Recht, der Anmeldetermin war schon längst überschritten. Dennoch konnte ich ihm sagen, daß alles in Ordnung sei und er am Radrennen teilnehmen könne, aber nur, wenn er noch heute die Anmeldegebühr dafür einzahle.

Himmel, ist seine Freude groß! Für einen Augenblick unterbricht er seine Arbeit: »Kikeriki, kikeriki, kikeriki!« Sein Ausdruck höchster Lebensfreude!

Dann aber macht er sich immer schneller und eifriger über den Wagen her. Er nimmt seine Arbeit ernst, wohl weil er weiß, daß er so der Erfüllung seines großen Wunsches näher kommt. Der Wagen glänzt. Die Säuberung des Innenraums muß allerdings verschoben werden, sonst hätte er nicht mehr pünktlich seinen Obolus abliefern können.

»So«, sagt er, »jetzt fahre ich in die Fundstraße.«

»Weißt du denn, wo die ist?«

»Klar doch, ich kenne jede Straße in Hannover! ... Und wenn nicht, am Bahnhof gibt's einen Stadtplan!«

»Prima, du kennst dich aus. Dann wünsche ich dir also viel Glück beim großen Rennen am Sonntag.«

Er ist ganz aufgeregt: »Toll wär's, wenn ich den Ersten machte.« Dann aber betrachtet er etwas skeptisch sein altes, klappriges Fahrrad: »Und was wird, wenn meine Reifen platzen?«

Kleine Pause.

Schon gibt er sich selbst die Antwort: »Dann fahre ich eben mit geplatzten Reifen weiter.«

Mit Mut und Zuversicht braust er davon.

Am Sonntagabend meldet er mir am Telefon: »Hallo, Frau Ude, nun raten Sie mal, warum ich anrufe?«

»Na, Ahmet, vielleicht wegen des Rennens?«

»Erraten, ich bin Sieger geworden! Ich habe eine Urkunde von der Stadt bekommen und eine goldene Medaille und dann noch ..., was glauben Sie ..., einen freien Urlaub in einem schönen Ferienlager an der Ostsee, für drei Wochen!«

Ich gratuliere und erkundige mich, ob denn die Reifen gehalten hätten.

»Alles prima, wissen Sie, ich hatte sie ja vorher auch ganz durchgeflickt. Mein Fahrrad hat alles hergegeben, was es hatte. Ich sage Ihnen, es war ganz große Klasse!«

»Und was haben deine Eltern gesagt zu diesem großen Sieg?«

Er schweigt.

»Hallo, Ahmet?«

Zögernd kommt seine Antwort: »Na ja, die haben sich wohl auch gefreut, aber mein Vater hat gemeint, die Schule wäre wichtiger als Sport. ...«

Dazu konnte man nun nichts mehr sagen. Dann aber berichtete er noch ganz erfreut über seine Mutter.

»Sie hat einen schönen Kuchen gebacken, und den wollen wir

jetzt alle zusammen essen. Wissen Sie, wir feiern jetzt gleich meinen Sieg!«

Ich wünschte ihm einen schönen Abend und bestellte auch Grüße an die Eltern.

Zehn Tage später konnte Ahmet einen weiteren Sieg feiern: Wegen guter sportlicher Leistungen durfte er als einziger seiner Klasse an den Bundesjugendspielen teilnehmen. Auf seiner Siegerurkunde stand:

Ahmet Savas hat bei den Bundesjugendspielen im Dreikampf mit 184 Punkten gesiegt. Als Anerkennung verleihen wir diese Urkunde:

Der Präsident des Deutschen Sportbundes
Der Niedersächsische Kultusminister

Ahmets Siegerurkunden

Als Ahmet wieder in seine Behandlungsstunde kommt, überreicht er mir sogleich seine Urkunden, nicht alle auf einmal, sondern langsam, eine nach der anderen, damit jede einzelne durch Vorlesung des Textes nochmals ihre Würdigung erfährt.

Als ich aus der ersten Urkunde vorgelesen hatte, daß er bei den Bundesjugendspielen mit 184 Punkten gesiegt habe, fügt er hinzu: »Bedenken Sie, von 200 Punkten habe ich 184 erreicht ... Ich hab zu meiner Mutter gesagt: ›Da wird Frau Ude staunen!‹«

»Ja, Ahmet, darüber muß ich wirklich staunen, das ist ein großer Erfolg!«

Ich lese langsam den Text der zweiten Urkunde vom Radrennen durch die Eilenriede. Dazu sagt er:

»Wissen Sie, was der Mann am Start gesagt hat?«

»Nun, Ahmet, was hat er gesagt?«

»Er hat gesagt: ›Wenn du mit diesem Fahrrad siegst, dann zählt das aber doppelt‹.«

Nun überreicht er mir die dritte Siegestrophäe. Sie liegt in seiner offenen Hand.

»Sehen Sie hier, wie sie schimmert! Eine goldene Medaille!«

Diese scheint für ihn die Krönung des Ganzen zu sein. Ganz andächtig liest er mir vor, was auf dieser Medaille eingraviert ist:

»Landeshauptstadt Hannover
600 Jahre Eilenriede«

Als er mir dann die Medaille in die Hand gibt, lächelt er verschmitzt: »Sie werden sich wundern, ich hab noch mehr.«

Er hatte tatsächlich noch zwei weitere Urkunden. Ganz langsam und bedächtig liest er vor: »Ahmet Savas hat bei dem go-cart-Rennen von HARRY-BROT gesiegt: 200 m in 50 Sek.«

Ich zeige ihm meine Bewunderung!

Er liest weiter, den Wortlaut der nächsten Urkunde: »II. Preis für Ahmet Savas beim go-cart-Rennen von HARRY-BROT: 200 m in 53 Sek.«

»Fabelhaft, Ahmet. Sag mal, wann hast du denn diese letzten beiden Urkunden bekommen?«

»Da steht's doch drauf auf der Urkunde. Gestern.«

»Gestern?«

»Ja, gestern hab ich an dem Rennen teilgenommen. Zufall, reiner Zufall!«

»Wieso?«

»Na ja, vorgestern hab ich es erst gelesen, auf einem Plakat, ... das hing in einem Laden.«

»Und was stand drauf!«

Er überlegt einen kurzen Augenblick. »Na ja, HARRY, HARRY-BROT oder so, ... großes go-cart-Rennen von HARRY ... Wer will mitmachen, ... schöne Preise und so ... Und da bin ich nach der Schule gleich mit meinem Fahrrad hingefahren. Eigentlich kam ich schon zu spät, aber na ja, ich hatte doch noch Glück und konnte mitmachen.«

»Und hast du außer den Urkunden noch Preise bekommen?«

»Ach, was meinen Sie wohl, 'ne ganze Menge Preise. Ganz viel von HARRY, Brote und Kekse und so. Darüber hat sich meine Mutter gefreut! Und dann auch noch ein Bastelbuch, eine Kasperle-Schallplatte, einen Kugelschreiber und ...«, er winkt ab, »ich weiß gar nicht, was noch alles.«

Ich halte nun all die Urkunden und die Goldmedaille in meinen Händen.

Ahmet läßt sich in den weichen Sessel fallen. Er ist völlig entspannt, hat Arme und Beine weit von sich gestreckt. ...

Nach einer Weile kommt: »Sagen Sie mal, Frau Ude, Sie haben doch bestimmt viele Freunde?«

»Warum fragst du das?«

»Na ja, wissen Sie, es ist so: Ich habe schon in vielen Läden und Tankstellen nach Arbeit gefragt, aber es ist schwer. Bis jetzt hatte ich kein Glück. Und ich dachte, wenn Sie Freunde hätten, und die haben doch auch alle bestimmt ein Auto oder vielleicht auch einen Garten, dann könnte ich vielleicht da ein bißchen arbeiten.«

»Ach so, du möchtest dir durch eigene Arbeit etwas Geld verdienen. Das finde ich gut, da könnte ich dir schon helfen. Möchtest du, daß ich deswegen gleich mal ein paar Freunde anrufe?«

Er ist begeistert. »Das wäre toll, Klasse, Klasse! Und wissen Sie, wenn man Sie fragt, wie alt ich bin, dann könnten Sie ja ruhig ein Jahr älter sagen, damit die mich auch nehmen.«

Ich schaue ihn an. »*Was* soll ich tun, Ahmet??«

Er winkt ab: »Stimmt, hat ja auch keinen Sinn, ja nicht lügen.«

Ich telefoniere und kann ihm auch gleich einige Adressen geben, bei denen er wegen leichter Arbeiten vorsprechen soll.

»Gleich heute noch?« fragt er aufgeregt.

»Wenn du willst, kannst du sofort fahren. Man hat mir gesagt, daß du am besten nachmittags zwischen vier und sechs Uhr kommen kannst.«

Er steckt sich sorgfältig die Adressen in die Hosentaschen: »Ich kenn mich aus, ich weiß die kürzesten Wege.«

»Gut Ahmet. Und wie ist es mit deinen Urkunden und der Goldmedaille?«

»Das lasse ich alles hier liegen, und wenn ich es mal brauche, dann sage ich es schon.«

Und er braust davon.

Als Ahmet heute vor der Haustür stand, war er wirklich kaum wiederzuerkennen. Er war einfach piekfein, aber vor allem war es seine himmelblaue Jacke, die sofort ins Auge stach. Er trug wieder etwas in den Händen und lächelte verschmitzt: »Das ist für Sie.«

Ich merkte sofort, daß es Blumen waren. Sie waren fachkundig verpackt. Es waren Tulpen, sieben rote Tulpen.

»Die hast du für mich gekauft, Ahmet?«

Jetzt kam wieder seine übliche Handbewegung: »Ist schon gut. Wissen Sie, es sollten eigentlich Rosen sein, aber die waren mir doch zu teuer, eine Tulpe hat schon sechzig Pfennig gekostet.«

Unwillkürlich mußte ich ein wenig lächeln. Ahmet schien es zu spüren: »Sagen Sie, sagen Sie, warum finden Sie das komisch, das, was ich eben gesagt hab, warum?«

»Nein, Ahmet, ich fand das nicht komisch, aber mir kam nur etwas in den Sinn, und das war's.«

Er bleibt hartnäckig und will unbedingt wissen, was mir in den Sinn gekommen war.

»Nun, ich kann es dir sagen, es ist ganz einfach. Ich dachte an eine Oper. Sie heißt: ›Der Rosenkavalier‹.«

Mehr sagte ich nicht.

Ahmet schwieg, überlegte einen kurzen Augenblick, dann merkte man, wie es bei ihm klickte.

»Ach so, dann bin ich also heute der Tulpenkavalier.«

Nun lachen wir beide darüber. Wir gehen in den Spielraum, und ich stelle die Tulpen in eine Vase.

Er schaut zu.

»Schön sind die Tulpen. Aber du hast viel Geld ausgegeben. Vier Mark zwanzig. Das ist viel Geld für dich.«

Er wehrt großzügig ab: »Das ist nicht schlimm, nur einmal Autowaschen!«

»Ach so. Hattest du Glück? Hat es geklappt mit den Namen, die ich dir gegeben habe?«

Freudig berichtet er, daß er jetzt schon »ganz viele Kunden« habe, wo er Autos waschen oder im Garten arbeiten könne. Das brächte ganz schön viel Geld. Nebenher sammele er noch leere Flaschen ein.

»Und, na ja, ich werde wohl noch mehr Kunden kriegen, wenn die erst merken, daß ich gute Arbeit leiste.«

Dann geht er in die Kochecke: »Ich koche jetzt Spaghetti.«

Er setzt das Wasser auf, und wirft, als es zu Kochen anfängt, ein dickes Bündel Spaghetti hinein. Vorher rückt er Tisch und Stühle zurecht und meint: »So, jetzt wir sind in einem italienischen Restaurant.«

Er schiebt mir einen Stuhl zu. »Bitte, nehmen Sie Platz!«

Er deckt den Tisch, stellt Blümchen darauf und sagt, indem er sich elegant eine Serviette über den linken, leicht angewinkelten Arm legt: »Ich bin ein Garçon. Das ist Französisch und heißt Ober.«

Ich gehe nun auf sein Spiel ein und sage: »Garçon, bitte die Speisekarte!«

Mit einer eleganten Bewegung überreicht er mir die »Speisekarte«. Auf meine Frage, was denn heute besonders zu empfehlen sei, entfaltet er mit flinken Worten seine ganze südländische Lebendigkeit. Mit leuchtenden Augen und lebhafter Gestik preist er seine Spaghetti an: »Die besten Spaghetti in ganz Italien, mit Butter und geriebenem Käse.«

Er notiert auf seinem Block, wie es ein richtiger Garçon tut: »Spaghetti mit Butter und geriebenem Käse.«

Ich frage nach Wein. Er empfiehlt seine Weine, rote und weiße: »Was immer Sie haben wollen!«

Zwischendurch geht er in die Kochecke, um nachzuschauen, ob die Spaghetti schon gar sind. Ich brauche nichts zu tun. Wir verzehren dann beide genußvoll die dampfenden Nudeln. Zwischendurch sagt er manchmal: »Ach, Spaghetti mit Butter und Käse, das ist jetzt mein Lieblingsessen!«

Nach dem Essen räumt er den Tisch ab, spült die Teller und Schüsseln, die ich abtrockne und ins Regal stelle.

Deutlich sichtbar hatte sich seine Art zu spielen gewandelt. Er war aktiv geworden, bat nicht mehr um kleine Häppchen, um Verwöhnung.

Er konnte sich jetzt auch leicht nach seiner Stunde lösen. »Tschüs – bis zur nächsten Woche!«

Der Leser wird spüren, daß sich in den Spielstunden jetzt nichts »Dramatisches« mehr ereignet. Eigentlich unterscheidet sich Ahmets Verhalten im Spiel und bei der Arbeit so gut wie nicht von dem eines »normalen« Jungen in seinem Alter, wie die folgende Szene erkennen läßt.

Wir sitzen im Garten. Ahmet meint, daß es heute draußen

schöner sei als im Spielraum. Während wir rote Johannisbeeren pflücken, die ihm gut schmecken, schaut er zuweilen auf seine linke Handfläche. Ein Herz ist darauf zu sehen, durchbohrt von einem Pfeil. Er lächelt verschmitzt: »Raten Sie mal, was das heißt?« Damit meint er die beiden Buchstaben A und F.

»Nun, mit Sicherheit heißt dieses ›A‹ hier ›Ahmet‹, aber das ›F‹?«

Er schließt seine Hand wieder: »Friederike heißt das, Ahmet und Friederike.«

»Ahmet und Friederike?«

»Es ist noch nichts Ernstes, aber sie ist hübsch. Ich habe sie erst zweimal gesehen, wie sie ihren Bruder von meinem Fußball-Club abgeholt hat.«

»Sie ist dann also die Schwester von einem Fußballfreund von dir?«

»Nein, mein Freund ist das nicht so richtig, er spielt nur mit mir in meinem Fußball-Club.«

Mit den Worten: »Ich will erst mal den Rasen sprengen«, bricht er das Gespräch ab.

Es zeigte sich aber sehr schnell, daß ihn das Sprengen nicht sonderlich interessierte. Vielmehr war es ihm eine große Freude, mit dem harten Wasserstrahl bestimmte Ziele anzupeilen, ihn durch Öffnungen schießen zu lassen, durch weite wie durch enge, oder aber über Hecken und Bäume. Oftmals sprang er mit dem Schlauch in die Höhe, um ja auch den Wasserstrahl über den angepeilten Punkt hinwegzischen zu lassen.

Von diesem Spiel war er offensichtlich fasziniert.

Es ist gut, wenn ein Kind von selbst bestimmte Spiele findet, die in sich selbstregulierende Wirkung für seine Entwicklung haben. Dieses Spiel mit dem Wasserstrahl war offenbar für Ahmet ein solches. Er nahm es in den folgenden Stunden immer wieder auf. Ich hielt es für richtig, mich während des Spiels völlig zurückzuhalten.

Allmählich aber veränderte er sein Spiel. Er legte den Schlauch nur auf seine geöffnete Handfläche, hielt ihn nicht mehr fest, so daß er sich durch den Wasserdruck von selbst hin und her bewegte. Dann bat er mich, den Wasserhahn langsam abzustellen. Ich tat es, und der Druck wich aus dem Schlauch. Häufiger sollte ich nun den Wasserhahn auf- und wieder zudrehen. Offensichtlich ging es ihm darum, zu sehen, wie sich dadurch der Schlauch veränderte, mal prall und steif wurde und wiederum schlaff herunterfiel.

Schließlich fragte ich ihn: »Gibt es etwas, was dich jetzt so ganz besonders an diesem Spiel reizt? Ich hab das Gefühl, daß da was ist ...«

Er braucht einige Zeit, um sich zum Sprechen zu überwinden: »Ich glaube, ich muß mal zu Dr. Simmel gehen und ihn fragen, was das bei mir ist.«

Nun spreche ich ihn direkt an: »Weißt du, Ahmet, Jungens, die in ein bestimmtes Alter kommen, wie du jetzt, erleben an sich so etwas Ähnliches, wie du es eben an diesem Schlauch beobachtet hast. Sie erleben, daß ihr Glied, oder man nennt es auch Penis, manchmal steif wird und daß etwas herauskommt. Aber das ist kein Grund zur Beunruhigung. Das ist etwas ganz Natürliches, was in diesem Alter, in dem du jetzt bist, einfach dran ist. Weißt du, es ist so, der Körper macht in deinem Alter jetzt von Zeit zu Zeit so etwas wie Proben, ob alles funktioniert, ob alles richtig ineinandergreift, wenn man das später nötig hat.«

Ich warte einen Augenblick, um ihm Gelegenheit zum Sprechen oder Fragen zu geben.

Er sagt aber nur: »Ach, so ist das.«

Als ich dann vorsichtig versuche, über dieses Thema weiterzusprechen, wehrt er ab: »Ich weiß ja schon alles. Im Fernsehen wurde ein Film gezeigt, und jetzt weiß ich schon alles.«

Obwohl er deutlich gemacht hatte, daß er nicht darüber sprechen wollte, ließ ich ihn doch wissen, daß so ein Film wohl keine ausreichende Auskunft geben könne. Ich schlug ihm deshalb vor, sich in einem Aufklärungsbuch über all diese Fragen nochmals zu informieren. Im Spielzimmer gab ich ihm dann ein solches Buch mit der Empfehlung, es in aller Ruhe von Anfang bis Ende durchzulesen. Falls dann noch manches unklar geblieben sei, möge er sich entweder an mich oder vielleicht auch an Dr. Simmel wenden, der sich nebenbei auch sicherlich mal freuen würde, ihn wiederzusehen.

Er hört sich alles ruhig an, sagt aber weiter nichts mehr dazu.

Seine Stunde ist wieder zu Ende. Während ich ihn hinausgehen sehe, denke ich: »Wie gut, daß er die Chance einer Behandlung eineinhalb Jahre vor Beginn seiner Pubertät erhielt, da in dieser Phase Psychotherapie ganz besonders schwierig wird.«

Telefonanruf von Dr. Simmel

Einige Tage später ruft mich Dr. Simmel an, um mir zu sagen, wie überrascht er über Ahmets erfreulichen Entwicklungsprozeß sei, von dem er sich soeben durch einen unerwarteten Besuch des Jungen habe überzeugen können. Ahmet sei zu ihm gekommen, um sich über einige noch unklare Fragen zu unterhalten, über die er mit seinem Vater nicht sprechen könne. Das kleine Aufklärungsbuch habe er bei sich getragen. Dr. Simmel berichtet, er habe sich mit Ahmet eingehend über sexuelle Aufklärungsfragen unterhalten. Ahmet habe sich bei diesem Gespräch als ein sehr vernünftiger und aufgeschlossener Junge gezeigt. Er sei übrigens selbstbewußt aufgetreten, aber ohne Wichtigtuerei. Hätte er früher unsicher »genuschelt«, so sei jetzt seine Sprechweise klar und deutlich. Auf Befragen hätte Ahmet auch mitgeteilt, daß das Bettnässen abgeklungen sei; auch seine Kopfschmerzen und Einschlafstörungen seien praktisch verschwunden.

Dr. Simmel fragt mich dann, ob die Behandlung noch andauere. Ich sage, daß sie jetzt allmählich ausläuft.

Wieder einmal entschloß ich mich, mehr als nur den Verlauf der Behandlungsstunde in meinen Aufzeichnungen festzuhalten. Daß ich vermerken konnte, Ahmets Hauptsymptom, das Bettnässen, sei nun schon längere Zeit nicht mehr aufgetreten, war an sich – auch für mich – erfreulich. Aber die Beseitigung dieses Symptoms war nicht das eigentliche Ziel der Behandlung. Dies bestand vielmehr darin, an die tieferen Wurzeln seiner Krankheit, die unter vielen anderen auch dieses Symptom hervorgebracht hatte, heranzukommen, und von hier aus den Heilungsprozeß zu betreiben. Die tiefste Ursache seiner seelischen Erkrankung war die große Verlassenheitsangst, die unserem Ahmet in der Behandlung bis ins vierte Lebenjahr zurück bewußt gemacht werden konnte, die aber ganz sicherlich ihren Ursprung in der frühesten Säuglingszeit hatte. Da er in seinem Leben immer wieder Verlassenheit und Entwurzelung erlebt hatte, mußte diese Angst sich chronisch in ihm festsetzen, dergestalt, daß sie zeitweise gar zu einer Gedächtnisblockade führte, wie wir am Anfang der Behandlung gesehen haben.

Will man einem Kind – das gleiche gilt auch für einen Erwachsenen – helfen, aus dem Labyrinth seiner Neurose wieder herauszufinden, so muß man es in der therapeutischen Geborgenheit immer wieder zum Erleben und Heraussetzen seiner *Gefühle* hinführen, um so allmählich die Beziehung von gegenwärtigen Gefühlen zu »vergessenen«, in der Frühe der Kindheit erlittenen, herzustellen. Ich betone, nicht das Fühlen der gegenwärtigen Ängste und Schmerzen bewirkt den Heilungsprozeß, sondern die Herstellung der Beziehung zwischen gegenwärtigen Schmerzgefühlen und den vergangenen. Diese Schritte in die Vergangenheit müssen sehr, sehr behutsam gegangen werden, vor allem stufenweise, also beginnend in der Gegenwart, zum »Gestern«, zum »Vorgestern«, zum »Vorvorgestern« und immer weiter zurück ins Dunkel der Vergangenheit. Es kann zuweilen besser sein, in der Zurückführung beim »Gestern« stehenzubleiben, wenn die Rückkehr ins »Vorgestern« oder sogar »Vorvorgestern« noch zu risikoreich ist. Der Therapeut muß sich immer der großen Gefahren bewußt sein, wenn er einen Patienten im emotionalen – im Gegensatz zum verstandesmäßigen – Erleben in sein Unbewußtes hinabgleiten läßt.

Wenn dies nicht stufenweise geschieht, wenn man eine Stufe verläßt, die noch nicht genügend abgesichert ist, dann kann ein gefährliches Abrutschen ins Unbewußte geschehen, weil dem Patienten keine sichere Leiter geschaffen wurde, die ihm die Rückkehr in die Realität seiner gegenwärtigen Lebenssituation immer wieder sichert. Deshalb können Drogen so gefährlich werden, weil sie bei unbedachter Anwendung einen unkontrollierten Absturz in das Dunkel des Unbewußten bewirken und dann den Süchtigen häufig – ohne Rückkehrmöglichkeiten – aus der Wirklichkeit seines Lebens herauswerfen.

Deshalb ist andererseits das »Spiel« eine so ungefährliche Therapie für das Kind, weil hierbei das Unbewußte stets richtig dosiert angesprochen wird.

Dabei kann das Spiel zwei Funktionen erfüllen: Einmal kann dem Kind ins Unbewußte verdrängtes und so von ihm »vergessenes« Leid wieder bewußt werden. Es kann dabei »lernen«, »alte« und »neue« Gefühle miteinander in Beziehung zu setzen. So kann es Einsicht in seinen gegenwärtigen seelischen Zustand gewinnen. Aber auch wenn beim Kind durch Spielen die Hebung »alten« Schmerzes ins Bewußtsein nicht erreicht wird – und das ist bei Kindern überwiegend so –, kann das Spiel selbst – und das ist seine zweite Funktion – in dauernder Wiederholung, natürlich mit Abwandlungen, als therapeutisches Mittel unbewußt den Heilungsprozeß fördern.

Zur weiteren Erläuterung sei hinzugefügt, daß es um mehr als nur das verstandesmäßige Erinnern an »vergessene« Erlebnisse geht, sondern vielmehr darum, »alte« Gefühle, »alte« Schmerzen als etwas wiederzuerleben, das wirklich geschehen ist. Und die soeben angesprochene Verknüpfung »alter« und »neuer« Gefühle verfolgt das Ziel, die Schmerzensquelle aus dem Unbewußten – wo sie unerkannt gespeichert ist und ihren »Träger« besonders empfänglich für alle möglichen ähnlichen Schmerzgefühle macht, gegen die er sich, weil er seinen »Jäger« nicht kennt, nicht wehren kann – ins Bewußtsein zu heben, und damit die Schmerzensquelle als Ergebnis eines ganz speziellen Ereignisses so klar zu erkennen, daß der Abbau der neurotischen Verallgemeinerung – zwar allmählich – stattfinden kann, daß dann also die neurotische Übertragung z. B. von »alten« Gefühlen gegenüber der Mutter auf Frauen im allgemeinen oder gegenüber dem Vater auf Autoritäten im allgemeinen schließlich ein Ende findet. Es ist diese neurotische Verallgemeinerung, die vom Leidenden unbewußt ständig immer wieder vollzogen wird, ja, die ihm, dem Wehrlosen, von innen her geradezu aufgezwungen wird; durch diese ständige neurotische Übertragung wird der Neurotiker auch als Plage seiner Umwelt empfunden.

Ahmet hatte im Laufe der Behandlung auf diese Weise auch die Fähigkeit erworben, eine in der Gegenwart erlebte Angst auf ein früheres Erlebnis zurückzuführen. Er hatte sich damit die Möglichkeit erschlossen, Wege aus seiner Hilflosigkeit, aus seinem Ausgeliefertsein an die ihn aufs äußerste bedrängenden Ängste zu finden, und zwar ohne Hilfe anderer.

An dem Bilde vom kleinen und vom großen Ahmet erkennt man z. B., wie er an die Bewältigung seiner Ängste herangeht. Gleichzeitig wird dadurch deutlich, daß er schon einen hohen Bewußtseinsgrad für seine inneren Probleme erreicht hat.

Je tiefer ein Mensch sein Unbewußtes erfühlen kann, um so größer wird natürlich für ihn die Übersicht über seinen Zustand und damit die Chance, aus dem so verhängnisvoll eng vermaschten Netz einer Neurose wieder herauszufinden. An frühe Ereignisse und Erlebnisse dadurch heranzukommen, daß man sie im – oft schmerzhaften und dramatischen – »Nach-Erfühlen« aus dem Dunkel des Vergessenhabens ins Licht des Bewußtseins bringt, ist natürlich ein langwieriger, sehr diffiziler Prozeß. Entscheidend aber ist, daß er möglich ist, allerdings nur dann, wenn der Patient Einsicht, Leidenswilligkeit und Ausdauer mitbringt.

Ich bin zutiefst davon überzeugt, daß eine Behandlung, bei der die Probleme des Patienten im wesentlichen unter Ausklammerung seiner Gefühle, lediglich vom Verstand her analysiert werden, höchstens eine vorübergehende Linderung herbeiführt.

»Hoffentlich klappt auch alles!«

Ahmet hatte wohl während seiner ganzen Kindheit, jedenfalls aber während der Jahre, die er in Deutschland lebte, nie die Möglichkeit gehabt, gelegentlich zu einem anderen Kinde zu sagen: »Komm doch mal zu mir nach Haus, oder hol mich doch mal ab«. Vielleicht hätte er es sagen können, aber er hatte einfach nie den Mut dazu, weil er, genau wie seine Eltern, glaubte – vielleicht auch durch Erfahrung in diesem Glauben immer wieder bestärkt worden war –, daß ein deutsches Kind doch nicht zu Türken kommen würde. Sicherlich fehlte ihm auch weiter der Mut dazu, weil er immer mit einer Mutter zu rechnen hatte, in deren Gegenwart man immer ganz leise sein mußte, weil sie ständig Kopfschmerzen hatte, ja, weil die Familienatmosphäre stets so spannungsgeladen war wie kurz vor einem schweren Gewitter.

Ich konnte es daher nachempfinden, mit welcher Freude er mich heute anrief, um mir zu berichten, daß er nun endlich vier deutsche Jungen aus seinem Fußball-Club eingeladen habe, und daß alle auch gerne kommen würden. Allerdings müßten sie es noch ihren Eltern sagen. Wir hatten übrigens die Möglichkeit einer solchen Einladung schon vor geraumer Zeit ins Auge gefaßt.

Ahmet war ganz aufgeregt und erkundigte sich, wie man es denn den Jungens ein bißchen schön machen könnte.

»Natürlich, das müssen wir! Wenn man Gäste hat, muß man es ihnen ganz schön machen. Was schlägst du denn vor?«

»Na ja, was zu trinken. Wenn es geht, vielleicht Milch mit Kaba. . . . Ich könnte ja auch Kaba mitbringen, damit es nicht zu teuer für Sie wird.«

»Ja, und zu essen, was geben wir denen zu essen? Soll ich vielleicht dann den Kuchen mitbringen?«

Mir fiel ein, daß ich ein Waffeleisen hatte. Ich schlug ihm vor, daß wir den Teig vorher anrühren und er dann selbst die Waffeln backen könne.

Er war selig.

Ich dachte aber, daß es doch wichtig sei, ihn mit kleinen Zugaben zu beteiligen und schlug ihm vor, daß er die Marmelade mitbringen könne, die besonders gut auf warmen Waffeln schmeckt. Ja, seine Mutter und Emine hätten viel Marmelade eingekocht, und seine Mutter würde ganz bestimmt etwas davon hergeben. Wir legten den übernächsten Freitagnachmittag für diesen Besuch fest.

Er war ungeduldig: »Ach, das ist ja noch so lange, können wir nicht schon eher kommen?«

»Leider geht das nicht, Ahmet. Du weißt doch, der Spielraum ist nicht immer frei. Aber am übernächsten Freitag könnt ihr zwei Stunden ungestört darin spielen.«

Das sah er ein, zumal die Jungens auch noch zu Hause nach Erlaubnis fragen müßten. Er versprach noch, sich gleich wieder zu melden, wenn alles klar sei.

Ahmet rief aber vor seiner Behandlungsstunde nicht mehr an, um mir zu melden, daß mit dem Besuch der Jungens »alles klar« ginge. Ich wunderte mich ein wenig darüber.

Als er wieder zur gewohnten Zeit in seine Behandlungsstunde kommt, ist mir alles klar. Wie so oft früher, steht auch heute wieder auf seinem Gesicht Enttäuschung und Traurigkeit. Trotzdem hat er einen kleinen Blütenzweig in der Hand – sicherlich irgendwo abgebrochen –, den er schweigsam auf den Tisch legt. Dann spricht er sofort seine Enttäuschung aus: »Sie kommen nicht, die Jungens, die Eltern haben es ihnen verboten!«

Er läßt sich in den Sessel fallen und schweigt.

Das hatte ich nicht erwartet, aber vorerst sage ich noch nichts dazu. Seine Traurigkeit verwandelt sich zunehmend in Bitterkeit, schließlich in Resignation.

Ich sage dann nur: »Verboten?«

Sein Mund wird schmal, er beißt die Lippen aufeinander.

»Ist mir ja auch egal, ganz egal. ... Ich will gar nicht mehr, daß sie kommen, mir ist es ganz egal.«

»Es ist dir nicht egal, Ahmet, betrüge dich nicht selbst! Nun erzähl mir doch mal die ganze Geschichte!«

Er berichtet, daß der Rolf, einer von den vier Jungens, vor dem Fußballspiel zu ihm gekommen sei und gesagt habe, daß sie doch nicht kommen dürften. Ich frage weiter nach und erfahre, daß Ahmet sofort nach dieser Bemerkung, ohne auch nur ein Wort dazu zu sagen, fortgelaufen sei.

»Warum bist du einfach weggelaufen, warum hast du den Rolf nicht wenigstens gefragt, warum er nicht kommen darf?«

»Weil es wieder dasselbe ist, weil sie nicht zu mir kommen dürfen, weil ich Türke bin. Das ist es, weil ich Türke bin!«

»Hat man dir das gesagt?«

»Nein.«

»Dann kannst du es doch auch nicht wissen. ... Nur weil du früher immer so gedacht hast, muß es doch heute nicht auch noch so sein.«

Er schweigt.

Ich frage ihn nun, ob ich die Eltern einmal anrufen solle, um dann wirklich die Gründe des Besuchsverbots zu erfahren. Bereitwillig gibt er mir die Namen, teilweise auch die Telefonnummern.

Ich rufe sofort bei einer Mutter an und erfahre nun von ihr, daß Ahmet den Jungen gesagt hatte, er wolle sie zu seiner Freundin einladen. Seine Freundin sei sehr nett, und es würde bestimmt ein schöner Nachmittag für sie alle. Ihr und den übrigen Eltern sei das zu undurchsichtig gewesen. Sie hätten es sonderbar gefunden, daß eine Freundin von Ahmet die anderen Jungens einladen wolle, und deshalb hätten sie den Besuch verboten.

Als ich der Mutter nun ausführlich den ganzen Vorgang schildere, auch erwähne, warum Ahmet in psychotherapeutischer Behandlung ist, zeigt sie sich sehr aufgeschlossen und bietet an, auch die anderen Eltern dementsprechend über den wahren Sachverhalt aufzuklären.

Wir verbleiben so, daß die Jungens in der folgenden Woche nachmittags für zwei Stunden zu Besuch kommen sollten. Ich hinterließ meine Telefonnummer, falls sich bei den anderen Eltern aus irgendwelchen Gründen Widerstände ergäben.

Als ich Ahmet die gute Nachricht bringe, ist seine Traurigkeit schnell verflogen. Der Besuch der Jungens war ihm eben doch sehr wichtig.

Solche Erlebnisse sind natürlich therapeutisch für Ahmet von großem Nutzen, weil er daran ganz intensiv erleben kann, wie er noch immer wieder alte Gefühle der Enttäuschung auf gegenwärtige Situationen überträgt, ja, sie geradezu erwartet. Es war wichtig, ihm seine Haltung immer wieder als Fehlhaltung bewußt werden zu lassen, damit er allmählich solche Übertragungen vermeiden lernt.

Ich erkläre ihm dann, wie es zu dem Verbot der Eltern gekommen war. Zunächst kann er nicht begreifen, warum die Bezeichnung »Freundin« so irreführend gewesen sei: »Eigentlich sind Sie doch auch meine Freundin.«

Ich sage ihm, daß man unter Freundin etwas anderes versteht: daß man zum Beispiel eine Freundin irgendwann auch einmal heiraten kann und ich in diesem Sinne ja nun nicht seine Freundin bin.

Das sieht er sofort ein, er muß nun sogar darüber lachen.

Mit großer Begeisterung spricht er nun über den zu erwartenden Besuch.

»Hoffentlich klappt auch alles, ich bringe also die Marmelade mit. . . .«

Dann erkundigt er sich ganz ausführlich nach allem: dem Waffeleisen, nach Kaba, ob auch genug Tassen und Teller da seien usw. usw. Es ist ihm sehr, sehr wichtig, daß alles funktioniert: ob er nicht eine halbe Stunde vorher kommen solle, um den Tisch zu decken und alles schön zu machen? Er holt sich Papier und Bleistift, um alles aufzuschreiben, was er für nächsten Freitag mitzubringen hat.

Er schreibt: Marmelade. Dann fügt er hinzu: schwarze und rote. »Was noch, was muß ich noch mitbringen?«

Er ist glücklich. Wenn ihm etwas Neues einfällt, strahlt er übers ganze Gesicht: »Kerzen, ja das ist schön, Kerzenlicht auf dem Tisch . . . und Blumen. Ja, die kann ich selbst pflücken, im Garten beim Bonsarts. Wissen Sie, da arbeite ich am nächsten Donnerstag, das paßt ja gut. Was noch, was kann ich noch mitbringen? Ja, ich weiß, Papierservietten. Das macht sich gut! Meine Mutter hat so welche, wissen Sie, so ganz feine, duftige aus China.«

Er überlegt: »Wie viele Servietten brauche ich denn? Die vier Jungens, ich und Sie, also sechs Servietten. . . . Das ist nicht viel, die gibt mir meine Mutter schon.«

Als ihm schließlich nichts mehr einfällt, sage ich: »Du hast ja noch eine ganze Woche Zeit, Ahmet. Da wird dir sicher noch manches einfallen können.«

»Da haben Sie recht, Frau Ude. Ich werde alles aufschreiben, damit ich nichts vergesse.«

Bevor er den Spielraum verläßt, schreibt er noch schnell an die Tafel:

»Frau Ude, das war schön heute, ich freue mich ja schon so auf nächsten Freitag.«

Er radelt geradezu übermütig davon.

»Mensch, das ist doch kein Problem, daß du ein Türke bist!«

Der »große« Freitag war gekommen, und Ahmet erschien wie verabredet eine halbe Stunde, bevor seine Freunde eintreffen sollten. Er war mit vielen Plastiktüten beladen, in denen Marmelade, Servietten, Kerzen, Blumen und für jeden der Jungens eine kleine Tafel Schokolade als Geschenk verstaut waren. Zur Feier des Tages hatte er wieder seine himmelblaue Jacke angezogen und darunter ein schneeweißes Hemd.

Während er mit flinkem Griff seine Jacke auszieht, bemerkt er mein Erstaunen.

»Sehen Sie hier, ich bügele jetzt alle meine Hemden selbst.«

»Ist ja fabelhaft, Ahmet, du siehst großartig aus!«

»Ist schon gut«, sagt er und winkt mit seiner üblichen Handbewegung ab, die aber immer nur dann kommt, wenn es ihm wirklich gut geht.

Ich mußte ihn zunächst allein lassen, weil ich noch anderweitig beschäftigt war. Ich hatte vorher alles, Geschirr zum Tischdecken, Waffeleisen usw. im Spielzimmer bereitgestellt. Um vier Uhr würde ich zurück sein. So war Ahmet seiner eigenen Initiative und Phantasie überlassen.

Als ich zurückkam, war der Tisch gedeckt, alle Tassen, Teller, Löffel, Gabeln so zueinander geordnet, daß es hübsch anzusehen war. In der Mitte des Tisches stand sein bunter Blumenstrauß und an jedem Ende eine Kerze.

Die kleinen Tafeln Schokolade für die Jungens hatte er in die Papierservietten gesteckt. Auf dem Fußboden hatte er die Eisenbahn aufgebaut und auf die Wandtafel mit großen Buchstaben geschrieben »Kikeriki«.

Es war jetzt genau vier Uhr. Wenn die Jungens pünktlich kämen, müßte es gleich an der Haustür klingeln.

Jede Minute Verspätung bedeutete für Ahmet eine neue Zerreißprobe. Er konnte nun nichts weiter tun als nur warten. Und er wartete auf seine Fußballfreunde mit einer solchen Intensität, daß sein Gesicht zu glühen begann.

Ich versuchte, ihn etwas abzulenken und ließ auf den schwach angeheizten Schalen des Waffeleisens ein wenig Butter zerfließen.

Jetzt war die Zeit schon um zehn Minuten überschritten. Das war zu viel für Ahmet. Nun wollte er nicht mehr länger im

Spielzimmer warten. Er entschloß sich, zur Straßenbahn zu gehen ...

»Vielleicht sind sie schon längst da und können nur unser Haus nicht finden.«

Wenige Minuten später stehen dann alle Jungens froh und munter vor der Tür: Werner, Rolf, Hannes, Felix und dahinter, mit strahlendem Gesicht Ahmet. Es hatte stark geregnet, und als Werner und Rolf die feuchten Schuhe auf der Matte etwas trocken reiben, meint Ahmet: »Ihr braucht eure Schuhe nicht auszuziehen, hier könnt ihr die ruhig anbehalten.«

Dann läuft er vorweg, um die Türen zu öffnen und ihnen den Weg ins Spielzimmer zu zeigen.

»Los, kommt schon, kommt schon! ... Nur bis sechs Uhr können wir hierbleiben, da müssen wir uns mit dem Spielen beeilen!«

»Mensch Ahmet«, sagt der Rolf, als er ins Spielzimmer tritt, »hast du es aber toll hier!« ... Ahmet strahlt und zeigt ihnen mit einem geradezu rührenden Eifer all die vielen Möglichkeiten des Spielens, die es hier gibt. Zunächst aber müßten wir uns alle um den Tisch herumsetzen: »Es gibt Waffeln, herrliche Waffeln mit Milch und Kaba.«

Ahmet backt mit großer Begeisterung die Waffeln, und den Jungens schmeckt es prima. Sie wundern sich über die kleinen Tafeln Schokolade, die sie unter ihrer Serviette finden.

»Ist die von Ihnen?«

»Nein, von Ahmet!«

Als sie sich bedanken, winkt er lässig ab: »Schon gut ...«

Jetzt spricht mich Rolf an: »Der Ahmet hat zu uns gesagt, seine Freundin würde uns zu sich einladen, ... stimmt denn das? ... Aber Sie sind doch nicht seine Freundin?«

Also mußte ich den Jungen den Sachverhalt erklären: »Weißt du, das kommt darauf an, was man unter einer Freundin versteht. Ahmet hat sicherlich etwas anderes darunter verstanden als du oder ihr alle. Für Ahmet war das Wort ›Freundin‹ so was wie ein ›Freund‹, mit dem man sich versteht, auf den man sich verlassen kann, nun, ihr wißt schon, was ihr euch unter einem wirklichen Freund vorstellt.«

Ahmet hatte inzwischen seine Waffeln alle gebacken und sich mit an den Tisch gesetzt.

Der Felix, wohl der kleinste und jüngste unter den Jungen, setzt nun das Gespräch über den Freund fort: »Klar doch, so'n richtiger Freund, der hält eben immer zu einem, sonst ist es kein

Freund. . . . Und wenn man mal Probleme hat, na ja, dann ist es schon Klasse, wenn man dann so'n Freund hat, mit dem man dann mal so über alles reden kann.«

»So'n Quatsch, Probleme? So'n Quatsch!« mischt sich Rolf ein. Doch Felix läßt sich nicht beirren: »Meine Mutter hat gesagt, daß Ahmet Probleme hat, . . . und daß er darum auch hierherkommt. . . . Stimmt das, Ahmet, hast du Probleme?«

Alle Jungen schauen nun Ahmet an. Er schweigt zunächst und man spürt, daß ihm diese Frage unangenehm ist. Auch vor vielen, vielen Monaten, als ich ihn zum ersten Male in seiner Klasse besuchen sollte, hatte ihn diese Frage sehr beschäftigt: »Was sind Sie denn dann für nich? Sie können doch nicht sagen, warum ich zu Ihnen komme.«

Werner, der neben ihm sitzt, knufft ihn nun leicht in die Seite: »Sag, Ahmet, hast du Probleme?«

Alle Jungen lachen.

Dann sagt Ahmet ganz ruhig und gelassen und schaut dabei dem Werner direkt in die Augen: »Klar hab ich Probleme, ich bin ja schließlich Türke und ihr sei Deutsche.«

Eine bessere Antwort konnte er ihnen nicht geben, damit traf er den Kern, und das fühlten die Jungen. Vor allem aber war er so überzeugend in seiner klaren, sicheren Haltung. Seine Stimme klang nicht mehr nuschelig, man hatte das Gefühl, er wußte, wovon er sprach.

Sehr kameradschaftlich sagt dann der Rolf: »Mensch, Ahmet, das ist doch kein Problem. Du bist doch genau so einer wie wir, Mensch. Das ist doch kein Problem, daß du ein Türke bist.«

Alle waren seiner Meinung, aber die Gedanken des kleinen Felix schienen ein besonderes Ziel zu verfolgen: »Ich finde es toll, daß du hierherkommen kannst, Ahmet.«

Er schaut mich an: »Was muß man denn tun, daß man hier herkommen kann. Kann man denn auch hierherkommen, wenn man ein Deutscher ist?«

»Sicher kann man das, Felix, es ist unwichtig, was man ist.«

»Ach los jetzt«, versucht Ahmet dieses Gespräch zu beenden, »los jetzt, wir müssen uns jetzt mit dem Spielen beeilen!«

Darin sind sich alle gleich einig. Zunächst stehen sie etwas unschlüssig im Raum. Ich halte mich im Hintergrund, beschäftige mich mit Schreibarbeit, um dabei etwas unauffällig für kurze Zeit das Spiel der Jungens beobachten zu können.

»Was wollen wir denn spielen?«

»Pfeile-Werfen«, schlägt Ahmet als erster vor.

»Los, wir wollen sehen, wer am besten trifft.«

Das war natürlich seine Stärke. Er traf am besten und bekam großen Applaus, was ihm sichtlich gut tat.

Der Felix hatte sich aber inzwischen als Indianer verkleidet und sich mit einem Gewehr in das kleine Zelthaus verkrochen.

»Au ja«, meinen dann auch die anderen.

»Das ist Klasse, wir spielen jetzt Indianer!«

Im Handumdrehen findet jeder seine Rolle. Nur Ahmet nicht. Jetzt wird er überrollt. Der Werner greift ihn am Arm und zerrt ihn zum Zelt. Blitzartig hat er einen Bindfaden zur Hand und versucht, ihn dort festzubinden: »So, dies ist der Marterpfahl, und da wirst du jetzt festgebunden.«

Rolf und Hannes tanzen inzwischen wie wildgewordene Indianer um das Opfer herum, während Felix aus dem Zelt heraus mit der Pistole auf ihn schießt. Alles dauert aber nur Sekunden, da verändert sich das Spiel. Ruckartig bäumt sich Ahmet mit seiner ganzen Energie gegen die ihm aufgezwungene Rolle des Unterlegenen, des Gemarterten auf.

»Nicht mit mir«, ruft er, »nicht mit mir! Dafür sucht euch einen anderen!«

Dann drückt er lachend den Werner zur Seite, befreit sich blitzschnell von seiner Umschnürung und agiert mit der Pistole in der Hand, genau wie die anderen Jungens, als mutiger Krieger.

Damit ist aber das Spiel etwas durcheinandergeraten. Alle tanzen nur noch für einen Augenblick mit wildem Indianergeheul herum, dann überlegen sie, was sie nun spielen wollen. Felix schlägt vor: »Los, wir setzen uns jetzt erst mal alle ins Zelt und beraten.«

Dieser Vorschlag findet Beifall.

Ich verließ jetzt den Spielraum mit dem sicheren, guten Gefühl, daß Ahmet, wenn auch mit leichter Verzögerung, sich im Umgang mit den Jungen zu behaupten wußte. Von seiner alten, unterwürfigen Haltung war nicht mehr viel zu spüren. Auch die Kehrseite davon, die Überaggressivität, die ihn ebenfalls in die Isolation trieb, war abgebaut und dadurch der Weg zum normalen, kameradschaftlichen Umgang mit seinen Freunden frei geworden.

Als ich um sechs Uhr in den Spielraum zurückkam, spielten Ahmet und Werner Tischtennis miteinander. Die anderen drei Jungen hockten auf dem Fußboden und spielten mit der Eisenbahn. Sie waren alle noch so intensiv ins Spiel vertieft, daß sie kaum Notiz von mir nahmen. Ich schaute mich etwas um und konnte an den hinterlassenen Spuren erkennen, daß sie fast jede der vielen Spiel- und Beschäftigungsmöglichkeiten erprobt hatten.

Die große Wandtafel war voll von verschiedenen Zeichnungen. Aber keine davon trug Ahmets Handschrift. Mich interessierte natürlich vor allem das, was von Ahmet gezeichnet war. Zu meiner größten Freude fand ich dann auch eine Zeichnung von ihm auf einer kleineren Tafel, die gegen die Kasperbude gelehnt war.

Mit kräftigem, entschlossenen Strich hatte er auf die linke Seite der Tafel einen großen Pferdekopf gemalt, auf die rechte Seite eine türkische Flagge und in die Mitte, sozusagen ins Zentrum des Bildes, einen selbstbewußten Türken mit Schnurrbart, Achselklappen und einem Fes auf dem Kopf.

Diese Zeichnung stimmte mich froh. Ahmet konnte sich jetzt offensichtlich stolz zu seinem Türkentum bekennen. Wußte er nun wohl, wohin er gehörte?

Ahmet stand jetzt neben mir: »Wie gefällt Ihnen mein Türke?«

»Sehr gut, Ahmet. Dieser herrliche Türke mit dem Pferd und mit eurer Flagge! Das Bild lassen wir stehen.«

Gleich versammeln sich alle Jungens um uns herum.

»Prima«, sagt Felix, »du kannst ja toll zeichnen! Dieser Türke mit dem Hut auf dem Kopf ...«

Ahmet lacht: »Das ist kein Hut, Felix. Das ist ein Fes.«

»Ein Fes?« wiederholt Felix. »Nie gehört!«

Jetzt fragt Hannes: »Können wir denn mal wiederkommen, das war große Klasse heute.«

»Natürlich Hannes, ihr müßt euch da mit Ahmet absprechen.«

»Wie ist es, Ahmet? Wann wollen wir hier alle wieder zusammenkommen?«

Jetzt schlägt sich Ahmet mit der Hand vor die Stirn: »Ja, das hab ich Ihnen ja noch gar nicht erzählt. ... Ein Brief ist gekommen, gestern abend. Ich kann jetzt in zehn Tagen abreisen, ins Jugendheim, für drei Wochen an die Ostsee. ... Sie wissen doch, das war der erste Preis beim Eilenriede-Rennen.«

»Schade«, sagen die Jungens im Chor, »schade, daß wir hier nicht bald wieder spielen können.«

Ahmet winkt ab: »Das können wir ja danach tun. Ich bin ja in drei Wochen wieder zurück.«

Nun war die Reihe an mir, Wermuth in den Wein der Erwartungsfreude zu gießen und zu sagen, daß ich von der kommenden Woche ab für sehr lange Zeit, wohl beinahe drei Monate, nicht in Hannover sein würde. Dabei registrierte ich – fast zu meiner Überraschung –, daß dieser Nachmittag dann wohl auch das Ende von Ahmets therapeutischer Behandlung gewesen war. Ahmets Ferien im Jugendheim setzten so gewissermaßen einen »natürlichen« Schlußpunkt. Doch davon sagte ich jetzt noch nichts; und man konnte ja sehen, wie es nach meiner Rückkehr in einem Vierteljahr mit Ahmet aussehen würde.

»Freust du dich aufs Jugendheim, Ahmet?«

Er strahlt: »Klasse!«

Die Jungens boxen ihn übermütig in die Seite: »Mensch Ahmet, drei Wochen an die Ostsee, . . . das ist ja toll!«

Wir gehen nun alle hinaus.

Ahmet holt sein Fahrrad: »Ich bringe euch jetzt alle bis zur Straßenbahn. Ich fahre dann hiermit nach Haus.«

Felix schaut auf das Fahrrad: »Junge, Junge, ist das ein altes Klappergestell!«

Doch Ahmet zeigt sich unbeeindruckt, ja gelassen: »Laß man, das fährt!«

Und so zogen sie alle mit einem im Chor gerufenen »Auf Wiedersehen« fröhlich von dannen, die Jungens zu Fuß und Ahmet im Schrittempo nebenherradelnd.

Nachwort

Ich habe Ahmet nur wenige Male wiedergesehen.

Nachdem ich von meiner monatelangen Auslandsreise zurückgekehrt war, kam er – in länger werdenden Abständen – noch einige Male vorbei, um sein neues Fahrrad vorzuführen, das er sich selbst verdient hatte, um mir zu berichten, daß es in der Schule immer besser gehe, daß er nun eine deutsche Freundin habe. Ja, auch Fußball spiele er weiter in seinem Verein, doch wichtiger sei für ihn, in seiner Freizeit etwas nebenher zu verdienen. In den Ferien arbeite er gern in einer Gärtnerei ... eigentlich ganz wie viele deutsche Jungen seines Alters.

Seine Familie ist in Deutschland geblieben, die Eltern der Kinder wegen. Emine und ihr Mann konnten sich eine Rückkehr einfach nicht mehr vorstellen, und so ging es wohl auch Osman und Ahmet, der – auch wenn er gewollt hätte – den Weg zurück ohne erneute Erschütterung seines jungen Lebens nicht mehr hätte finden können.

Was er aus seinem Leben in Deutschland machen wird, wer weiß das schon? Alle meine Erfahrung läßt mich jedoch die Zuversicht haben, daß Ahmet auf dem Wege ist, hier seine Heimat zu finden, wahrzumachen, was er in einer seiner späteren Behandlungsstunden angekündigt hatte: »Hier will ich etwas schaffen.«

Individuum und Gesellschaft (Auswahl)

Elisabeth Badinter · Emilie, Emilie
Weiblicher Lebensentwurf im 18. Jahrhundert. Aus dem Franz. von Friedrich Griese
1984. 395 Seiten. Geb.

Bruno Bettelheim · Gespräche mit Müttern
Aus dem Amerik. von Friedrich Griese. 6. Aufl., 27. Tsd. 1985. 234 Seiten.
Serie Piper 155

Bruno Bettelheim/Daniel Karlin · Liebe als Therapie
Gespräche über das Seelenleben des Kindes. Aus dem Franz. von Friedrich Griese.
1983. 256 Seiten. Serie Piper 257

Willi Butollo · Die Angst ist eine Kraft
Über die konstruktive Bewältigung von Alltagsängsten. 2. Aufl., 12. Tsd. 1984
201 Seiten. Kt.

Einführung in pädagogisches Sehen und Denken
Herausgegeben von Andreas Flitner und Hans Scheuerl. 1984. 248 Seiten. Serie Piper 32

Carol Gilligan · Die andere Stimme
Lebenskonflikte und Moral der Frau. Aus dem Amerik. von Brigitte Stein.
1984. 222 Seiten. Kt.

Bernhard Hassenstein · Verhaltensbiologie des Kindes
3. Aufl., 25. Tsd. 1980. 459 Seiten mit 29 Abbildungen. Geb.

Bernhard und Helma Hassenstein · Was Kindern zusteht
2. Aufl., 14. Tsd. 1978. 188 Seiten. Serie Piper 169

Louise J. Kaplan · Die zweite Geburt
Dein Kind wird zur Persönlichkeit. Mit einem Nachwort von Margaret S. Mahle
Hrsg. von Reinhard Fatke. Aus dem Amerik. von Hainer Kober.
3. Aufl., 17. Tsd. 1984. 258 Seiten. Serie Piper 257

Rainer Schrage · Kinderwunsch-Sprechstunde
Ursache und Behandlung der Kinderlosigkeit. 1984. 192 Seiten mit
25 Abbildungen. Geb.

Edward Shorter · Der weibliche Körper als Schicksal
Zur Sozialgeschichte der Frau. Aus dem Amerik. von Hainer Kober. 1984. 347 Seiten. K

Wolfgang Wickler / Uta Seibt · männlich weiblich
Der große Unterschied und seine Folgen. 2. Aufl., 9. Tsd. 1984. 182 Seiten.
Serie Piper 285

Piper